OEUVRES COMPLÈTES

DE M. LE VICOMTE

DE CHATEAUBRIAND.

—

TOME V.

DE L'IMPRIMERIE DE CRAPELET,
RUE DE VAUGIRARD, N°. 9.

ŒUVRES COMPLÈTES

DE M. LE VICOMTE

DE CHATEAUBRIAND,

MEMBRE DE L'ACADÉMIE FRANÇOISE.

TOME CINQUIÈME.

ÉTUDES HISTORIQUES.

TOME II.

PARIS.

POURRAT FRÈRES, ÉDITEURS.

M. DCCC. XXXVI.

ÉTUDES
HISTORIQUES.

SECOND DISCOURS.

SECONDE PARTIE.

DE JULIEN A THÉODOSE Ier.

Lorsque Julien fut relégué à Athènes par Constance, saint Basile et saint Grégoire de Nazianze s'y trouvoient. Le dernier nous a laissé un portrait de l'apostat où se reconnoît l'inimitié du peintre. « Il étoit de médiocre taille, le cou
« épais, les épaules larges, qu'il haussoit et remuoit
« souvent, aussi bien que la tête. Ses pieds n'étoient
« point fermes, ni sa démarche assurée. Ses yeux
« étoient vifs, mais égarés et tournoyants : le re-
« gard furieux, le nez dédaigneux et insolent, la
« bouche grande, la lèvre d'en bas pendante, la
« barbe hérissée et pointue : il faisoit des grimaces
« ridicules, et des signes de tête sans sujet ; rioit
« sans mesure, et avec de grands éclats ; s'arrêtoit
« en parlant, et reprenoit haleine ; faisoit des ques-
« tions impertinentes, et des réponses embarrassées
« l'une dans l'autre qui n'avoient rien de ferme et
« de méthodique [1]. »

---

[1] Cette traduction n'est pas tout-à-fait exacte, et n'a pas surtout l'âpreté de l'original ; mais il y a quelque chose de si simple, de si naturel, de si grave dans le style de Fleury, que je n'ai pas eu la témérité d'entreprendre de refaire ce qu'il a fait. Fleury

Ammien Marcellin, qui voyoit Julien en beau, conserve pourtant, dans le portrait de ce prince, quelques traits de celui de Grégoire de Nazianze [1]; et Julien lui-même, dans le *Misopogon*, semble attester la fidélité malveillante du pinceau chrétien.

« La nature, comme je le présume, n'a pas donné « beaucoup d'agréments à mon visage, et moi, mo-« rose et bizarre, je lui ai ajouté cette longue barbe « pour lui infliger une peine, à cause de son air « disgracieux. Dans cette barbe je laisse errer des « insectes [2], comme d'autres bêtes dans une forêt. « Je ne puis boire ni manger à mon aise, car je « craindrois de brouter imprudemment mes poils

et Tillemont sont deux hommes qui ne permettent pas qu'on retouche ce qu'ils ont touché. Le dernier a du génie à force de savoir, de conscience et d'exactitude. Il est en présence des faits et des hommes, comme un chrétien des premiers siècles en présence de la vérité : il aimeroit mieux mourir que de faire un mensonge. Son style incorrect, sauvage et nu, est mêlé de choses qui étonnent. C'est ainsi que, peignant les derniers moments de Julien, il dit, dans le langage des Pères de l'Église : « Il mourut dans la « disgrâce de Dieu et des hommes. »

[1] *Mediocris erat staturæ, capillis tanquam pexisset mollibus, hirsuta barba in acutum desinente vestitus, venustate oculorum micantium flagrans, qui mentis ejus angustias indicabant, superciliis decoris et naso rectissimo, ore paulo majore, labro inferiore demisso, opima et incurva cervice, humeris vastis et latis, ab ipso capite usque unguium summitates lineamentorum recta compagine, unde viribus valebat et cursu.* (Amm., lib. xxv, cap. iv.) D'après ce portrait, Julien avoit les cheveux doux, les sourcils charmants, le nez tout-à-fait grec ; la beauté de ses yeux étincelants annonçoit que son âme étoit mal à l'aise dans l'étroite prison de son corps. Si on lit *argutias* au lieu d'*angustias* dans le texte, on retrouveroit les yeux vifs, mais *égarés et tournoyants*, qu'attribue à Julien saint Grégoire de Nazianze.

[2] *Discurrentes in ea pediculos.*

« avec mon pain. Il est heureux que je ne me soucie
« ni de donner ni de recevoir des baisers......

« Vous dites qu'on pourroit tresser des cordes
« avec ma barbe : je consens de tout mon cœur
« que vous en arrachiez les brins ; prenez garde
« seulement que leur rudesse n'écorche vos mains
« molles et délicates.

« N'allez pas vous figurer que vos moqueries me
« désolent ; elles me plaisent ; car enfin, si mon
« menton est comme celui d'un bouc, je pourrois,
« en le rasant, le rendre semblable à celui d'un
« beau garçon ou d'une jeune fille sur qui la na-
« ture a répandu sa grâce et sa beauté. Mais vous
« autres, de vie efféminée et de mœurs puériles,
« vous voulez, jusque dans la vieillesse, ressembler
« à vos enfants : ce n'est pas comme chez moi, aux
« joues, mais à votre front ridé, que l'homme se
« fait reconnoître.

« Cette barbe démesurée ne me suffit pas : ma
« tête est sale ; rarement je la fais tondre ; je coupe
« mes ongles rarement, et j'ai les doigts noircis par
« ma plume.

« Voulez-vous connoître mes imperfections se-
« crètes ? Ma poitrine est horrible et velue comme
« celle du lion, roi des animaux. Je n'ai jamais voulu
« la peler, tant mes habitudes sont brutes et ab-
« jectes. Je n'ai jamais poli aucune partie de mon
« corps : franchement, je vous dirois tout, quand
« j'aurois même un poireau comme Cimon [1]. »

[1] Spanheim a traduit le *Misopogon ;* La Bletterie en a donné
une autre traduction avec celle des *Césars* et de quelques lettres.

Et c'est le maître du monde qui parle de lui de cette façon! Mais cette brutale humilité est l'orgueil de la puissance.

Julien avoit des vertus, de l'esprit et une grande

choisies; le marquis d'Argens a traduit, sous le nom de *Défense du paganisme*, ce que saint Cyrille d'Alexandrie nous a conservé de l'ouvrage de Julien contre les chrétiens; enfin, M. Tourlet a publié une traduction complète des œuvres de cet empereur. Je me suis aidé des excellents travaux de mes devanciers, sans adopter tout-à-fait leur version. La traduction du *Misopogon* de La Bletterie, que M. Tourlet a conservée en la corrigeant, est élégante, mais elle ne dit pas tout l'original. La Bletterie, d'ailleurs homme d'esprit, de raison, d'instruction et de talent, est resté dans l'ironique; il n'a pas osé aborder le sardonique; il a eu peur de l'effronterie des mots : je ne parle pas du collectif *messieurs* adressé aux habitants d'Antioche, petite politesse de notre bonne compagnie, qu'il étoit aisé de faire disparoître. La Bletterie croit que Julien calomnie sa barbe; je le pense aussi; il est probable qu'il répétoit les railleries des Antiochiens, ou qu'enchérissant lui-même sur ces railleries, il exagéroit ses défauts pour tomber de plus haut sur les vices contraires de ses détracteurs. Nous voyons Julien se baigner dans une maison de campagne, se faire couper les cheveux en arrivant à Constantinople; cela n'annonce pas un homme si indifférent au soin de sa personne. Saint Augustin, dont la philosophie n'étoit pas, il est vrai, celle de Julien, pense que la propreté est une demi-vertu.

M. Tourlet a réuni plusieurs fragments de Julien qui ne se trouvent pas dans les anciennes éditions de ses œuvres. Il a rendu ainsi un véritable service aux lettres; mais la grande découverte à faire seroit celle de l'*Histoire des guerres de Julien dans les Gaules*. Cet ouvrage est perdu, tandis que des discours assez insignifiants se sont conservés. Cela vient en partie de l'esprit du siècle où vivoit Julien : on attachoit une extrême importance aux écrits dogmatiques de l'apostat pour les admirer ou les combattre, et l'on se soucioit peu de ce qui étoit en dehors des controverses religieuses. C'est ainsi que Cyrille d'Alexandrie, dans ses dix livres *Pro sancta christianorum religione adversus libros athei Juliani*, nous a transmis une grande partie de l'ouvrage de cet empereur contre la religion chrétienne.

imagination : on a rarement écrit et porté une couronne comme lui. Il détestoit les jeux, les théâtres, les spectacles ; il étoit sobre, laborieux, intrépide, éclairé, juste, grand administrateur, ennemi de la calomnie et des délateurs. Il aimoit la liberté et l'égalité autant que prince le peut ; il dédaignoit le titre de seigneur ou de maître. Il pardonna dans les Gaules à un eunuque chargé de l'assassiner.

Un jour on lui signala un citoyen qui, disoit-on, aspiroit à l'empire, parce qu'il faisoit préparer en secret une chlamyde de pourpre. Julien chargea l'officieux ami du prince légitime de porter à l'usurpateur une paire de brodequins ornés de pourpre, afin qu'il ne manquât rien au vêtement impérial [1] La loi défendoit, sous peine de mort, de fabriquer pour les particuliers une étoffe de pourpre ; un usurpateur étoit réduit, dans le premier moment de son élection, à voler la pourpre des enseignes militaires et des statues des dieux.

Maris, évêque arien de Chalcédoine, insultoit Julien qui sacrifioit dans un temple de la Fortune. Julien lui dit : « Vieillard, le Galiléen ne te rendra « pas la vue. » Maris étoit aveugle. — « Je le remer« cie, répondit l'évêque, de m'épargner la dou« leur de voir un apostat comme toi [2]. » L'empereur supporta cet accablant reproche.

---

[1] *Jubet periculoso garritori pedum tegmina dari purpurea ad adversarium perferenda.* (AMM.).

[2] *Illum (Julianum) graviter objurgavit, impium et apostatam vocans et religionis expertem. At ille conviciis reddens convicia cœcum eum appellavit : Neque vero, inquit, Deus tuus galilæus*

Delphidius, célèbre avocat de Bordeaux, plaidoit devant Julien contre Numérius, accusé de concussion dans le gouvernement de la Gaule Narbonnoise; Numérius nioit les faits. « Qui ne sera innocent, s'écria l'avocat, s'il suffit de nier ? » — « Qui sera innocent, repartit Julien, s'il suffit d'être accusé[1]? »

D'autres avocats louoient Julien : « Je me réjouirois de vos éloges, leur dit-il, si vous aviez le courage de me blâmer[2]. »

Un certain Thalassius étoit dénoncé par le peuple d'Antioche, comme exacteur et comme ancien ennemi de Gallus et de Julien. « Je reconnois, dit l'empereur, qu'il m'a offensé; c'est ce qui doit suspendre vos poursuites jusqu'à ce que j'aie tiré raison de mon ennemi. » Il pardonna à l'accusé[3].

Un homme vint se prosterner à ses pieds dans un temple, criant merci pour sa vie. « C'est Théodote, lui dit-on, chef du conseil d'Hiéraple, qui jadis demandoit votre tête à Constance. » — « Je savois cela depuis long-temps, répondit l'empereur. Retourne en paix à tes foyers, Théodote. J'ai à cœur de diminuer le nombre de mes

---

te unquam sanaturus est. *Gratias*, inquit Maris, *ago Deo, qui me luminibus orbavit ne viderem vultum tuum qui in tantam prolapsus est impietatem.* (Socrat., *Hist. eccles.*, lib. II, cap. XII, pag. 150.)

[1] *Ecquis innocens esse poterit, si accusasse sufficiet?* (Amm.)

[2] *Gaudebam plane præ meque ferebam, si ab his laudarer quos et vituperasse posse adverterem, si quid factum sit secus aut dictum.* (Id.)

[3] *Agnosco quem dicitis offendisse me justa de causa; et silere vos interim consentaneum est, dum mihi inimico potiori faciat satis.* (Id.)

« ennemis et d'augmenter celui de mes amis [1]. »

Une femme plaidoit contre un domestique militaire renvoyé du palais, elle n'avoit osé l'assigner tant qu'il avoit été en faveur. Celui-ci se présente à l'audience impériale avec la ceinture de son emploi; la femme se croit perdue, présumant que son adversaire est rentré en grâce : « Femme, dit Julien, « soutiens ton accusation; le défendeur n'a mis sa « ceinture que pour marcher plus vite dans la boue; « elle ne peut rien contre ton droit [2]. »

La publication du *Misopogon* tient à la même élévation de nature : à part l'orgueil cynique de cet ouvrage, un homme investi du pouvoir absolu, environné d'une armée de Barbares dévoués à ses ordres, un prince qui pouvoit d'un seul signe faire exterminer ses insolents détracteurs, et qui se contente de tirer raison d'un libelle par un pamphlet, est un exemple unique dans l'histoire des peuples et des rois. César, dans l'*Anti-Caton*, n'eut à se venger que de la vertu, et il ne la put vaincre, même en joignant les armes à la satire.

Les Césars sont encore plus extraordinaires que le *Misopogon*. Quel souverain a jamais jugé ses prédécesseurs avec autant de rigueur et de supériorité? Jules César entre le premier au banquet des dieux : Silène avertit Jupiter que ce convive pourroit bien

---

[1] *Abi securus ad lares, exutus omni metu, clementia principis, qui ut prudens definivit, inimicorum minuere numerum augereque amicorum sponte sua contendit ac libens.* (Amm.)

[2] *Prosequere, mulier, si quid te læsam existimas : hic enim sic cinctus est ut expeditius per lutum incedat : at parum nocere tuis partibus potest.* (Id.)

songer à le détrôner, et Jupiter trouve que la tête de ce mortel ne ressemble pas mal à la sienne. Vient Auguste, dont les couleurs du visage changent comme celles du caméléon; Tibère, à la mine fière et terrible, et au dos couvert de lèpre; Caligula, monstre sur-le-champ précipité dans le Tartare; Claude, pauvre prince qui n'est rien sans Pallas, Narcisse et Messaline; Néron, une couronne de laurier sur la tête, une lyre à la main, et qu'Apollon jette dans le Cocyte; ensuite des gens de toutes sortes, les Galba, les Othon, les Vitellius; Vespasien qui accourt pour éteindre le feu mis aux temples [1]; Titus qu'on envoie à la Vénus publique; Domitien qu'on enchaîne auprès du taureau de Phalaris; Nerva, à propos duquel Silène s'écrie: « Vous autres dieux, vous laissez quinze années un « monstre sur le trône, et ce vieillard affable et « juste n'a pas régné un an entier! » Jupiter apaise Silène en lui annonçant que des princes vertueux vont suivre Nerva.

Trajan paroît: aussitôt Silène recommande à Jupiter de veiller sur celui qui verse à boire aux immortels. Que cherche Adrien? son Antinoüs? il n'est point dans l'Olympe. Antonin, modéré, excepté en amour, s'arrêteroit à couper en portions égales un grain de cumin. A la vue de Marc-Aurèle, Silène déclare qu'il n'a rien à lui reprocher.

Survient un débat entre Alexandre et César, joûteurs de gloire. César affirme qu'il a effacé les

---

[1] Allusion à l'incendie du temple de Jérusalem et du Capitole.

grands hommes ses contemporains et les grands hommes de tous les siècles et de tous les pays. Que prétend Alexandre avec sa conquête de la Perse? Peut-il opposer quelque chose à la journée de Pharsale? Quel étoit le capitaine le plus habile de Pompée ou de Darius? Où étoient les meilleurs soldats? « Toi, Alexandre, tu as égorgé les citoyens de « Thèbes, incendié les villes des malheureux Grecs; « moi, César, j'ai conquis les Gaules, passé le Rhin, « franchi l'Océan, sauté sur le rivage des Bretons. « Tu as vaincu dix mille Grecs : j'ai défait cent cin« quante mille Romains.

Alexandre, qui commençoit à entrer en fureur, apostrophe Jupiter et lui demande quand enfin ce babillard romain cessera de se donner des éloges. Il a triomphé de Pompée! Pompée, pauvre homme qui profita des triomphes de Lucullus! on lui donna le nom de grand par flatterie; mais pouvoit-on le comparer à Marius, aux deux Scipion, à Camille? « Tu as battu Pompée, César? Pompée, si amou« reux de sa coiffure qu'il ne s'osoit gratter la tête « que du bout du doigt! Tu ne soumis les Gaulois « et les Germains que pour asservir ta patrie : fut-il « jamais rien de plus impie et de plus détestable! « Ne traite pas avec tant de dédain les dix mille « Grecs que je me vis forcé d'accabler. Vous, Ro« mains, qui à peine avez pu vous rendre maîtres de « la Grèce dans sa décadence, vous qui vous êtes « épuisés à soumettre un petit État presque ignoré « aux beaux jours de l'Hellénie, que seriez-vous deve« nus s'il vous eût fallu combattre les Grecs unis et

« florissants ? Il vous sied bien de parler avec mépris
« de ma conquête de la Perse, fameux conquérants
« qui, après trois siècles de guerre, êtes parvenus,
« à la sueur de votre front, à vous emparer de quel-
« ques villages au-delà du Tigre ! Moins de dix ans
« ont suffi à Alexandre pour dompter la Perse et
« les Indes. » La satire continue de cette manière im-
pitoyable, haute et juste, jusqu'à Constantin, outra-
geusement traité par le restaurateur de l'idolâtrie :
il le livre à la déesse de la mollesse qui l'embrasse,
le revêt d'une robe de femme de diverses couleurs,
et le conduit par la main à la Luxure. Auprès d'elle
Constantin trouve un de ses fils (Crispus) qui crioit
incessamment : « Corrupteurs de femmes, homi-
« cides, sacriléges, scélérats, vous tous qui avez
« besoin d'expiation, approchez ! avec un peu d'eau
« je vous rendrai purs. Si vous retombez dans vos
« fautes, frappez-vous la poitrine, battez-vous la
« tête : tout vous sera remis [1]. »

Ici il y a triple calomnie et haine atroce : on ne
reconnoît plus le souverain supérieur qui condamne
les mauvais princes, et le grand homme qui juge
ses pairs.

[1] Ὅστις φθορεὺς, ὅστις μιαιςφόνος, ὅστις ἐναγής καὶ βδελυρὸς, ἴτω θαρρῶν ἀποφανῶ γὰρ αὐτὸν τουτωὶ τω ὕδατι λούσας, αὐτίκα καθαρόν. Κἄν πάλιν ἔνοχος τοῖς αὐτοῖς γένηται, δώσω τὸ στῆθος κλήξαντι, καὶ τὴν κεφαλήν πατάξαντι καταρῶ γένεσται. Quisquis mulierum corruptor, quisquis homicida est, quisquis piaculo aut exsecrando scelere se obstrinxit, fidenter huc adito. Etenim simul atque hac aqua ablutus fuerit, illico ego cum purum reddam. Quod si iisdem rursus se flagitiis contaminarit, efficiam uti, tunso pectore et capite percusso, expietur. (*In Cæsar.*, pag. 336. B.)

Julien étoit musicien et poëte de talent : nous avons de lui deux épigrammes élégantes, l'une contre la bière, l'autre où l'orgue est décrit à peu près tel que nous le connoissons [1]. Ses lettres

[1] Il existe en manuscrit, dit-on, un poëme de Julien sur le soleil, et quelques harangues non publiées. D'une grande quantité de lettres sorties de la plume féconde de Julien, on n'en connoît guère plus de soixante-quatre. Vossius assure que *les Césars* étoient intitulés, dans les anciens manuscrits, *les Saturnales et le Banquet*; mais Suidas distingue *les Césars* des *Saturnales*, et cite de ce dernier ouvrage des choses qui ne se trouvent point dans *les Césars*. Suidas indique encore deux ouvrages perdus de Julien, l'un sur *les trois figures*, l'autre sur *l'origine du mal contre les ignorants*. Eunape, dans ses Vies des sophistes, parle souvent de Julien ; il en avoit écrit l'histoire ; peut-être faisoit-elle partie de son *Histoire des empereurs depuis Alexandre Sévère*. On croit que celle-ci se retrouve en partie dans les deux livres de Zosime, qui se seroit contenté de retoucher le travail d'Eunape ; Calliste, au rapport de Socrate, avoit mis en vers la vie de Julien. On présumoit, dans le dix-septième siècle, que l'histoire politique d'Eunape étoit dans les bibliothèques d'Italie. Le monde littéraire doit au savant M. Boissonade une édition grecque d'Eunape, dont M. Cousin, juge compétent, parle ainsi ; son suffrage sera d'un tout autre poids que le mien : « Personne, en effet, « n'étoit mieux préparé à donner une édition critique d'Eunape « que M. Boissonade, qui a déjà si bien mérité de la philosophie « néoplatonicienne en publiant une nouvelle édition de la Vie « de Proclus par Marinus, et le commentaire inédit de Proclus « sur le *Cratyle*. Et comme si ses propres ressources ne lui suffi- « soient point, sa modestie lui a fait un devoir de se procurer « tous les matériaux amassés par ses devanciers. Le *specimen* de « Carpzow le mettoit en possession des notes de Fabricius, et « par l'intermédiaire de Schœfer, Erfurt, entre les mains duquel « étoient tombés les travaux inédits de Wagner, les a obligeam- « ment communiqués à M. Boissonade, avec des notes de Rei- « nésius. Pour la vie de Libanius, il a eu les notes inédites de « Valois ; et deux exemplaires d'Eunape, qui avoient appartenu « a Walckenaer, lui ont fourni quelques corrections heureuses, « déposées sur les marges par Walckenaer, ou par lui recueillies

sont instructives, quoique d'un style peu naturel [1]; en voici une où il y a trop de Néréides, de Grâces, de Nymphes, de lieux communs de mythologie, et qui ressemble assez à ces épîtres toutes fleuries de lis et de roses, que le grand Frédéric écrivoit à des gens de lettres la veille d'une bataille; mais le sujet en est touchant et les descriptions agréables; elle nous apprend quelque chose d'intime de la vie et de la jeunesse de Julien.

L'aïeule maternelle de Julien lui avoit laissé une petite terre en Bithynie : l'empereur écrit à un ami dont on ignore le nom, pour lui en faire présent. Quel est le roi d'une province de l'empire romain qui ne croiroit aujourd'hui déroger à sa puissance, démembrer le domaine de sa couronne, et compromettre la dignité de son sang, en offrant d'aussi bonne grâce l'héritage de sa grand'mère à un ami?

« La maison n'est pas à plus de vingt stades de la « mer, mais on n'y est point étourdi par le mar-

---

« sur l'exemplaire de Vossius conservé à la bibliothèque de Leyde;
« sans compter les conjectures de l'illustre évêque d'Avranches,
« Huet, que contient un des exemplaires de la bibliothèque de
« Paris, et d'autres secours qu'il seroit trop long d'énumérer, et
« qui tous disparoissent devant la vaste collection de remarques
« de toute espèce dont Wyttenbach a enrichi l'ouvrage de notre
« savant compatriote : de sorte que les deux volumes dont se
« compose cette édition d'Eunape présentent les travaux des
« maîtres de différents pays et de différents siècles, habilement
« employés par un des maîtres du siècle présent. »

[1] Libanius prétend avoir atteint la perfection du style épistolaire, et il accorde la seconde place à Julien. Pline le jeune offre le modèle de ce bel-esprit élégant et recherché, imité par Julien et les Grecs de son temps.

« chand, ou par le matelot criard ou querelleur. Ce-
« pendant on y jouit des présents des Néréides, et
« l'on peut y avoir le poisson frais et palpitant. Si tu
« montes sur un tertre peu éloigné de la maison, tu
« verras la Propontide, ses îles et la ville qui porte
« le noble nom d'un empereur. Là tu ne seras point
« au milieu des algues, des mousses et des autres
« plantes désagréables et inconnues que la mer jette
« sur ses grèves, mais au milieu des saules, parmi
« le thym et les herbes parfumées. Couché, un livre
« à la main, après une lecture attentive, tu pour-
« ras reposer tes yeux fatigués : la mer et les vaisseaux
« te seront un charmant spectacle. Dans mon en-
« fance, ce lieu me plaisoit, parce que j'y trouvois
« des fontaines qui n'étoient pas à mépriser, des
« bains assez propres, un potager et des arbres.
« Lorsque je devins homme, je désirai ardemment
« de revoir ce lieu; j'y suis maintes fois retourné en
« compagnie de quelques amis. Je m'y suis même
« assez occupé d'agriculture pour y laisser, comme
« un monument, une petite vigne qui donne un vin
« suave et parfumé. Tu verras dans mon clos Bac-
« chus et les Grâces : la grappe pendante au cep,
« ou portée au pressoir, exhale l'odeur des roses ;
« la liqueur dans le tonneau est déjà du nectar,
« si nous en croyons Homère. Tu me demanderas
« peut-être, puisque les vignes viennent si bien dans
« ce sol, pourquoi je n'en ai pas planté davantage ?
« Mais d'abord je ne suis pas un cultivateur bien
« habile; ensuite les Nymphes tempèrent pour moi
« la coupe de Bacchus : je ne voulois de vin qu'au-

« tant qu'il en falloit pour moi et mes convives, dont
« tu sais que le nombre n'est pas grand. Accepte
« donc ce présent, ô tête chérie [1] ! Il est petit, sans
« doute ; mais ce qui va d'un ami à un ami, de la
« maison à la maison, est très doux, comme le dit
« le sage poëte Pindare [2]. »

Les discours de Julien ont les défauts de la littérature de son temps ; mais celui qu'il adresse aux Athéniens, en partie purgé de ces défauts, montre avec quelle gravité il avoit pu écrire l'histoire des guerres des Gaules et de la Germanie. Il est fâcheux que l'apostat, dans deux panégyriques, ait si bien loué Constance, son persécuteur, et qu'il ait été si froid dans l'éloge d'Eusébie, sa bienfaitrice, et peut-être quelque chose de plus [3].

Grand admirateur du passé, Julien a voulu faire

---

[1] Φίλη κεφαλή ! *O carum caput!* Horace a transporté ce tour dans le latin, et Racine dans le françois.

[2] Epist. XLVI.

[3] Cette princesse, aussi belle qu'humaine, dit Julien (*Paneg. Eus.*), est représentée comme aimant les lettres, et pleine de compassion pour les malheureux : *in culmine tam celso humana*. On la voit protéger Julien, le défendre contre ses ennemis, lui fournir des livres, prendre pour lui tous les soins de la puissance et de la tendresse ; ensuite on la voit donner un breuvage à Hélène pour la faire délivrer de son fruit avant terme. Comment Eusébie, qui avoit élevé Julien à la pourpre, et qui conséquemment ne sembloit pas craindre son ambition, vouloit-elle le priver de postérité ? Eusébie étoit stérile ; Hélène n'étoit pas jeune, mais elle étoit féconde. Ces contradictions s'expliqueroient par la folie d'une passion. Dans cette hypothèse, Eusébie auroit désiré placer Julien sur le trône du monde, mais elle n'auroit pu souffrir qu'une femme, plus heureuse qu'elle, fût la mère des enfants de Julien.

remonter le vocabulaire dont il s'est servi aux jours classiques de la Grèce : assez souvent il habille à l'antique des idées modernes; on peut se faire une idée de ce contraste par un exemple en sens opposé. L'auteur des *Vies des grands hommes* a écrit en grec dans un idiome complet et vieilli, et il a été traduit en françois dans un idiome incomplet et naissant; d'où il est arrivé une chose assez extraordinaire : le génie de Plutarque étoit naïf, et sa langue ne l'étoit plus ; Amyot est venu, et il a donné à Plutarque la langue qui manquoit à son génie. Mais Amyot échoue dans les *morales* : le gaulois, qui s'étoit si bien prêté aux récits du biographe, n'a pu rendre les idées complexes et les expressions métaphysiques du philosophe.

De grandes imperfections balançoient dans Julien ses éminentes qualités : il gâtoit son caractère original en copiant d'autres grands hommes, et sembloit n'avoir de naturel que sa perpétuelle imitation. Il s'étoit surtout donné pour modèles Alexandre et Marc-Aurèle; sa mémoire envahissoit ses actions ; il avoit fait entrer son érudition dans sa vie. Lorsqu'il renvoya aux évêques le traité de Diodore de Tarse, en faveur du christianisme, avec ces trois mots : *anegnón, egnón, categnón :* Ἀνέγνων, ἔγνων, κατέγνων : *J'ai lu, j'ai compris, j'ai condamné* ; il rappeloit mal le *veni, vidi, vici* de César. Ses actes de clémence étoient peu méritoires, le dédain y ayant plus de part que la générosité. Léger, railleur, pétulant, questionneur sans dignité, d'une loquacité intarissable, il eût été cruel s'il se fût laissé aller à son penchant[1]. Dans des emportements involontaires, il s'abaissoit jusqu'à frapper de la main et du pied les gens du peuple qui se présentoient à ses audiences[2]. On pourroit soupçonner sa pudicité : bien que Mamertin assure que son lit étoit plus chaste que celui d'une vestale, il est probable, s'il n'est certain, qu'il eut des enfants naturels. Telle est la puissance d'un mot : le nom d'Apostat, donné à Julien, suffit pour flétrir sa mémoire, même aujourd'hui que nous sommes séparés de ce prince par quatorze siècles, et que tombent les institutions qu'il proscrivoit.

L'antipathie de Julien pour le culte des chrétiens se fortifia de la haine que lui inspira le prince qui massacra son père, livra son frère au bourreau, et menaça long-temps sa vie : les anciens autels étant devenus les autels persécutés, Julien s'y attacha comme un caractère généreux s'attache à la patrie, à la foiblesse et au malheur; il voulut croire à des absurdités que sa raison condamnoit; il employa son génie, comme les philosophes de son temps, à expliquer par des allégories le culte de ces divinités, personnifications des objets de la nature, ou passions matérialisées. La beauté des cérémonies du paganisme enchantoit son imagination poétique nourrie des songes de la Grèce : à la renaissance des lettres, au seizième siècle, quelques écrivains de la France et de l'Italie, ravis des

---

[1] Socrat., lib. III, cap. XXI.   [2] Naz., pag. 121.
[3] Julian., epist. XI. *Educator meorum liberorum.*

belles fables, devinrent de véritables païens, et firent abjuration entre les mains d'Homère et de Virgile. Julien attribuoit son salut à sa piété envers les dieux qui l'avoient excepté seul de la juste condamnation prononcée contre la maison impie de Constantin.

Son aversion pour le christianisme se put augmenter encore du spectacle qu'offroit la société lorsqu'il parvint à l'empire. L'hérésie d'Arius avoit tout divisé et subdivisé; ce n'étoient qu'anathèmes lancés et reçus; les catholiques même ne s'entendoient plus; les évêques se disputoient des siéges, et le schisme ajoutoit ses désordres à ceux de l'hérésie. Julien avoit remarqué que les chrétiens sont plus cruels entre eux que les bêtes ne le sont aux hommes [1] (c'est un auteur païen qui l'affirme). Athanase fait la même remarque sur les ariens [2]. Ces querelles dans toutes les villes, dans tous les villages, dans tous les hameaux, affoiblissoient l'Empire au dehors, paralysoient le pouvoir au dedans, rendoient l'administration périlleuse et difficile. Les juges et les gouverneurs n'étoient occupés qu'à réprimer les délits et les séditions des chrétiens. Le fameux Georges, évêque arien d'Alexandrie, persécuteur des païens et des catholiques, avoit désolé l'Égypte par ses rapines et ses cruautés. Diodore, un de ses adhérents, coupoit de sa propre autorité la chevelure des enfants;

---

[1] Nullas infestas hominibus bestias, ut sunt sibi ferales plerique christianorum expertus. (Amm., lib. xii, cap. v.)

[2] Ariani Scythis ipsis crudeliores. (Ath., His. Arian.)

chevelure que l'idolâtrie maternelle laissoit croître en l'honneur de quelque divinité protectrice. Le peuple lassé se souleva, massacra Georges, pilla sa bibliothèque dont Julien recommanda au préfet d'Égypte de rassembler soigneusement les débris. La folie des Galiléens, dit le même prince dans sa lettre à Artabius, a presque tout perdu,[1].

Julien, qui n'auroit pu reconnoître la vérité chrétienne parmi des hommes qui ne s'entendoient pas sur la nature du Christ, put donc croire qu'il supprimeroit à la fois tous les maux en étouffant toutes les sectes sous l'ancien culte : erreur d'un juge préoccupé qui prit les effets pour la cause; qui ne vit que l'extérieur des troubles, qui ne fut frappé que du mouvement à la surface, et n'aperçut pas l'idée immobile reposant au fond de ces troubles. Une révolution étoit accomplie, un changement opéré dans l'espèce humaine.

Cependant l'éducation d'enfance du grand ennemi de la croix avoit été toute chrétienne; il avoit disputé de dévotion à Macellum avec son frère Gallus; il paroît même qu'après avoir été *lecteur* dans l'église de Nicomédie, il s'étoit fait tondre pour se faire moine[2]; intention qu'on a voulu attribuer à l'hypocrisie, et qu'il est plus équitable de regarder comme le mouvement d'une âme exaltée. Julien ne pouvoit être ni chrétien, ni philo-

---

[1] *Etenim Galilæorum amentia, propemodum omnia afflixit ac perdidit.* (JULIAN., epist. VII.)

[2] *Et ad cutem usque tonsus monasticam vitam simulavit.* (SOCRAT.)

sophe à demi; la nature ne lui avoit laissé que le choix du fanatisme.

Quoi qu'il en soit, aussitôt que ce prince fut séparé de Gallus, il s'abandonna à la passion de l'étude, que lui avoit inspirée Mardonius, son premier maître. Il visita à Pergame Édésius, dont l'école jetoit un grand éclat.

Chef du néoplatonisme dont Plotin étoit le fondateur, Édésius, disciple et successeur de Jamblique, étoit un vieillard dont l'esprit vigoureux s'élevoit vers le ciel à mesure que son corps se penchoit vers la terre. Julien vouloit en tirer toute la science, mais le vieillard lui dit : « Aimable poursuivant de « la sagesse, mon corps est un édifice en ruine « prêt à tomber : interrogez mes enfants [1]. »

Ces enfants d'Édésius étoient ses disciples : Maxime, Priscus, Eusèbe et Chrysanthe. Julien s'adressa d'abord aux deux derniers. Eusèbe ne croyoit point à la théurgie, et parloit à Julien contre les opérateurs de prodiges; il lui raconta que Maxime avoit fait sourire devant lui, au moyen d'un grain d'encens purifié, et d'un hymne chanté à voix basse, la statue de la déesse au temple d'Hécate; qu'ensuite les flambeaux s'étoient allumés d'eux-mêmes [2]. Aussitôt Julien, transporté de curiosité, ne voulut plus écouter les raisonnements d'Eusèbe, et s'empressa d'aller chercher Maxime à Éphèse.

Maxime, d'un âge approchant de la vieillesse, portoit une longue barbe blanche; son éloquence

---

[1] EUNAP., *Vit. Jambl., Vit. Max.* [2] *Id., ibid.*

étoit entraînante; le son de sa voix se marioit si bien avec l'expression de ses regards, qu'on ne lui pouvoit résister[1]. Pressé par Julien, il fit venir Chrysanthe, et tous les deux l'instruisirent. Maxime conduisit le jeune prince dans le souterrain d'un temple : après les évocations on entendit un grand bruit, et des spectres de feu apparurent. Julien, saisi de frayeur, fit involontairement et par habitude le signe de la croix : tout s'évanouit. Julien ne se pouvoit empêcher d'admirer la puissance du signe des chrétiens, lorsque le philosophe lui dit d'une voix sévère : « Croyez-vous avoir fait peur « aux dieux ? ils se sont retirés, parce qu'ils ne « veulent pas avoir de relations avec des profanes « tels que vous[2]. »

On ignore le reste de cette initiation; mais on assure que Maxime prédit l'empire à Julien, s'il juroit d'abolir le christianisme et de rétablir l'ancien culte.

Au surplus, quels que fussent les nuages dont le néoplatonisme environnoit sa doctrine, on sait qu'il admettoit des puissances subordonnées avec lesquelles on commerçoit par la science de la Cabale. Comme les philosophes ne pouvoient justifier les folies du polythéisme pris dans le sens absolu, ils composoient un système d'allégories dans lesquelles ils renfermoient les vérités de la physique, de la morale et de la théologie. Ils admettoient un Dieu-Principe dont les attributs devenoient des

---

[1] Eunap., *ibid.*; Liban., *Paneg.*, 175.
[2] Theodor., lib. iii, cap. iii; Greg. Naz., or. iii, pag. 71.

divinités inférieures. Les astres, la terre, la mer, les royaumes, les villes, les maisons, de même que les vertus et les arts, avoient leurs génies : ceux qui tout à la fois rougissoient et se glorifioient des anciennes superstitions, chargeoient ainsi l'imagination d'inventer, pour les justifier, un système digne d'elles.

Le fond de l'ancienne doctrine platonicienne subsistoit : l'intervalle incommensurable qui sépare l'homme de Dieu, étant rempli par des êtres plus ou moins sublimes à mesure qu'ils sont plus voisins de Dieu ou de l'homme, notre âme, selon le degré de sa vertu, remonte cette longue chaîne de héros, de génies et de dieux, et va s'abîmer dans le sein du grand Être, beauté, vérité, souverain bien, science complète.

Plutôt alléché aux mystères que rassasié de secrets, Julien alla chercher jusqu'au fond de la Grèce un vieux prêtre d'Éleusis, qui passoit pour ne rien ignorer. Si nous en croyons Eunape, seule autorité pour ce récit, Julien, au moment de rompre avec Constance, appela ce prêtre dans les Gaules, et lui fit part du projet qu'il n'avoit révélé qu'à Oribase, son médecin, et à Évhémère, son bibliothécaire.

Julien étoit versé dans la théurgie et les deux divinations : ses croyances se composoient d'un mélange de néoplatonisme et de quelque souvenir de sa première éducation chrétienne, le tout enveloppé dans l'hellénisme, ou les mythes homériques. Le néoplatonisme joignoit à la doctrine de Platon des idées empruntées aux écoles pythagoricienne, stoïcienne et péripatéticienne. En vertu de la loi de la métempsycose, Julien pensoit avoir hérité de l'âme d'Alexandre : superstition naturelle du courage, du génie et de la gloire.

Libanius compare la vérité rentrant dans l'esprit de Julien, purifiée du christianisme, à la statue des dieux replacée dans un temple autrefois profané. Selon le même Libanius, des divinités amies éveilloient le disciple impérial en touchant doucement ses mains et ses cheveux [1]; il distinguoit la voix de Jupiter de celle de Minerve, et ne se trompoit point sur la forme d'Hercule ou d'Apollon : platonicien par l'esprit, stoïcien par le caractère, cynique par quelques habitudes extérieures, Julien prioit et jeûnoit en l'honneur d'Isis, de Pan ou d'Hécate, comme les Pères du désert ses contemporains jeûnoient et prioient aux jours de vigiles et d'abstinence. Si, à cette époque, la philosophie affectoit des austérités et prétendoit opérer des prodiges, c'est qu'elle avoit été conduite à opposer quelque chose aux vertus et aux merveilles des chrétiens.

En effet, peu de temps après le règne de Julien, une persécution s'éleva contre les hommes accusés de magie; cette magie n'étoit que la réaction et la contre-partie des miracles. Le christianisme avoit forcé l'hellénisme à l'imitation pour maintenir sa puissance. La cérémonie du taurobole ou du crio-

---

[1] LIBAN., *Paneg.*

bole, qui se rattachoit dans son principe à la plus haute antiquité, étoit devenue une simple parodie du baptême. Au bord d'une fosse couverte d'une pierre percée, le sacrificateur égorgeoit un taureau ou un bélier; le sang de la victime couloit au travers des trous, sur le prosélyte placé au fond de la fosse, et les taches de ce pécheur se trouvoient effacées au moins pour vingt ans. Les philosophes étoient les *solitaires* de la religion de Jupiter; comme les ermites du christianisme, ils s'attribuoient un pouvoir surnaturel. Plotin évoquoit, à l'aide d'un Égyptien, son propre démon; quand il mourut, un dragon sortit de dessous son lit et traversa une muraille. Jamblique s'élevoit en l'air, et tout son corps paroissoit resplendissant : au son d'une parole il fit un jour sortir les génies de l'amour, Éros et Anteros, du fond d'un bain. Édésius forçoit les dieux à descendre, et il en recevoit des oracles en vers hexamètres [1]. Vous venez de voir les jongleries de Maxime et Chrysanthe. Simon le magicien, Apollonius de Tyane, avoient eu les mêmes prétentions aux vertus théurgiques. Celse avoit opposé aux miracles de Jésus-Christ les prestiges d'Esculape, d'Apollon, d'Aristes, et d'Abaris. Les philosophes affectoient un tel air de ressemblance avec les ascètes, que Julien, dans un moment d'humeur contre les cyniques, les compare aux moines galiléens [2] : vous allez bientôt voir ce

---

[1] EUNAP., *Vit. Soph.*; BRUKER., *Hist. philosoph.*; JULIAN., apud S. Cyril., lib. VI.

[2] JULIAN., contra imperitos canes. or. VI.

prince essayant de régler la police des temples d'après la discipline des églises. Enfin, les idolâtres réformés avoient placé une Trinité à la tête de leurs dieux : vaincu de toutes parts, le paganisme étoit, pour ainsi dire, obligé de se faire chrétien.

Toutefois, dans cette transfusion du sang social, dans l'accomplissement de la plus grande révolution de l'intelligence, on doit aussi remarquer, afin d'être juste et sincère, ce que le christianisme pouvoit avoir admis de la philosophie et du paganisme.

Le christianisme a-t-il reçu de la philosophie les dogmes de la Trinité, du Logos ou du Verbe ?

J'ai déjà eu l'occasion de traiter ailleurs cette matière : j'ai fait observer [1] que la Trinité pouvoit avoir été connue des Égyptiens, comme le prouvoit l'inscription grecque du grand obélisque du Cirque-Majeur, à Rome ; j'ai cité un oracle de Sérapis, rapporté par Héraclides de Pont et Porphyre [2], lequel oracle exprime nettement le dogme de la Trinité [3].

---

[1] *Génie du Christianisme*, tom. I, liv. I, chap. III.

[2] Porphyre appartient au néoplatonisme, postérieur à la prédication de l'Évangile : sous ce rapport, son témoignage est suspect.

[3] La belle découverte de la lecture des hiéroglyphes a pu jeter de nouvelles lumières sur le système religieux des Égyptiens. Je dois à M. Charles Le Normant, qui a suivi M. Champollion en Égypte, la note savante qu'on va lire. L'auteur, en traitant de la triade égyptienne, dit aussi quelques mots du taurobole. (Voyez la Préface de ces *Études historiques*.)

« La triade égyptienne, identiquement semblable à la triade
« hindoue, repose sur une croyance panthéistique : les deux prin-

HISTORIQUES.

Les mages avoient une espèce de Trinité dans leur Metris, Oromasis, et Arimanis, ou Mitra, Oro-

« cipes fondamentaux (Ammon-Ra et *Mouth*, la grande mère, dans
« la forme la plus élevée) représentent l'esprit et la matière; ils
« ne sont pas même corrélatifs, car il est dit qu'Ammon est *le*
« *mari de sa mère* *, ce qui veut dire que l'esprit est une émanation
« de la matière préexistante, du chaos. Dans le *Rituel funéraire* **,
« la pièce capitale et le résumé de la théologie égyptienne,
« Ammon dit à Mouth : *Je suis l'esprit, toi, tu es la matière;* plus
« loin, dans la prière adressée à *Mouth*, sous la forme secondaire
« de Neith, on lit ces mots : *Ammon est l'esprit divin, et toi, tu es le*
« *grand corps, Neith, qui préside dans Saïs.* De leur union provient
« *Chons*, la plus haute manifestation de l'esprit, la troisième per-
« sonne de la triade thébaine. Chons est tellement le même que
« le *Logos* de l'Inde, et même de la Perse, de Platon et de saint
« Jean, qu'à Thèbes, dans le temple qui lui est dédié ***, il est
« nommé *Chons Toth*, c'est-à-dire *parole*. Cette triple unité de Dieu
« se retrouve ainsi dans toutes les dégradations du théisme égyp-
« tien, jusqu'à la triple manifestation corporelle de Dieu dans
« les personnes d'Osiris, d'Isis et d'Horus. Puis vient un person-
« nage complémentaire, un résumé des formes multiples de la
« Divinité, *Ammon-Horus* ou *Horus-Ammon*, qui réunit les deux
« anneaux opposés de cette chaîne immense, et renferme l'unité
« panthéistique du monde concentré dans les trois personnes de

* Sur le Pylone du temple de *Chons* à Karnak, appelé le *grand temple du Sud*, dans le grand ouvrage d'Égypte.

** Troisième partie, section III, traduction communiquée par M. Champollion.

*** Le même que ci-dessus ; le dernier signe, qui est l'Ibis, est le symbole du dieu *Toth*, et se résout phonétiquement dans le mot.... *tot*, qui commence tous les discours des dieux.............. *parole d'Ammon-Ra, roi des dieux*, etc. (Renseignement communiqué par M. Champollion.)

mase et Arimane. Platon semble indiquer la trinité dans le Timée, l'Épinomis; et dans une lettre à Denis-le-Jeune, il énonce le Verbe de la manière la plus claire. Selon lui le Verbe très divin a arrangé

« l'esprit, de la matière et du verbe. Ammon-Horus est le *Pan* des
« Grecs.
« La trinité chrétienne est fondée sur l'existence d'un Dieu
« préexistant à la matière, qui a tiré le monde du néant; ce Dieu
« se manifeste incessamment dans son fils; l'esprit est l'intermé-
« diaire de cette manifestation, qui, dans la triplicité, constitue
« l'unité de Dieu. On voit donc que, pour établir un rapport de
« cette trinité à la triade égyptienne, il faudroit supposer dans
« cette dernière l'abstraction du principe féminin et la division de
« l'esprit en principe générateur et en esprit proprement dit. La
« différence fondamentale des deux doctrines a pour base l'opi-
« nion différente que les panthéistes et les chrétiens professent
« sur l'origine du mal : l'optimisme panthéistique le plus exalté ne
« peut détruire l'inhérence du mal à la matière éternelle, et par
« conséquent la nécessité du mal; Nephtis, la sœur d'Isis, partage
« sa couche entre Osiris et Typhon.
« Les premiers apologistes ont aussi attribué au désir de con-
« tre-balancer l'influence des cérémonies chrétiennes l'usage fré-
« quent des sacrifices tauroboliques, à compter de la dernière
« moitié du second siècle de notre ère. Mais il est plus que pro-
« bable que ces sacrifices avoient une autre source que l'imitation
« des rites du baptême, ou même que l'idée de réhabilitation
« d'où la cérémonie baptismale est dérivée. La purification expia-
« toire par le sang est universelle dans les cultes de l'Orient; on
« en retrouve la trace jusque dans le Lévitique : *Et sanguinem qui
« erat in altari aspersit super Aaron et vestimenta ejus, et super filios
« illius ac vestes eorum* (VIII, 30). Tous les témoignages anciens
« s'accordent à rattacher les tauroboles au culte phrygien de
« Cybèle. Or, ce culte, bien qu'introduit à Rome deux cent sept
« ans avant Jésus-Christ, ne fut long-temps que toléré, et ne
« passa tout-à-fait dans la chose publique que sous le règne
« d'Antonin. M. de Boze* a très bien rappelé les causes de la
« vénération superstitieuse de cet empereur pour les mystères de

* Tom. II des *Mém. de l'Acad. des Inscript.*

l'univers et l'a rendu visible[1]. Platon avoit emprunté le dogme de la Trinité de Timée de Locres, qui le tenoit de l'école italique. Les pythagoriciens avouoient l'excellence du ternaire : le TROIS n'est point engendré et engendre toutes les autres fractions; d'où il prenoit, dans l'école pythagoricienne, la qualification de nombre sans *mère*. Les stoïciens professoient la même théologie, ainsi que le témoigne Tertullien qui cite Zénon et Cléanthes[2].

Aux Indes et au Thibet proprement dit, les livres

« Cybèle : il a montré en même temps que Faustine la mère étoit
« la première impératrice qui eût pris sur les médailles le nom
« de *mère des dieux*. Or, le plus ancien taurobole que nous trou-
« vions constaté par une inscription se rapporte à l'an 160 de
« Jésus-Christ, et a été célébré pour la conservation des jours
« d'Antonin et de sa famille[*]; la plupart des monuments de ce
« genre ont, comme le précédent, une couleur politique. Que les
« idées de régénération répandues par le christianisme dans tout
« le monde aient contribué à étendre l'usage des sacrifices tau-
« roboliques, c'est ce qu'il est difficile de nier; mais les apolo-
« gistes eux-mêmes montroient la différence de principe, et par
« conséquent d'origine, qui existoit entre le baptême et le tau-
« robole : Le sang du taureau, disoit Firmicus[**], ne rachète pas,
« il souille. C'est qu'effectivement l'idée de réhabilitation puri-
« fiante et celle d'expiation sanglante appartiennent à deux sys-
« tèmes opposés, dont le second a été aboli par le sacrifice de la
« grande victime du christianisme. S'il étoit permis d'assigner une
« origine encore plus ancienne que les mystères de Cybèle au
« sacrifice taurobolique, nous en retrouverions la trace dans le
« mythe persan de Mithra et dans l'immolation du taureau, qui
« en est le symbole principal; or, on sait que la religion de la
« mère des dieux n'est, en grande partie, qu'une émanation des
« doctrines persanes. »

[1] PLAT., tom. II, pag. 986, in Epinomid.
[2] TERTULL., *Apologet.*

[*] Mémoire précité. [**] Cité par M. de Boze.

sacrés mentionnent le Verbe et la Trinité. Enfin, les missionnaires anglois croient avoir retrouvé la Trinité jusque dans la religion des sauvages d'Otaïti[1].

Les principaux Pères de l'Église, presque tous sortis de l'école platonicienne, ont avoué que leur ancien maître s'étoit quelquefois approché de la pure doctrine : c'est ce qu'on voit dans Origène, dans Tertullien, dans saint Justin, saint Athanase[2], et dans saint Augustin. Ce dernier raconte qu'ayant lu les traités des platoniciens, il y découvrit les vérités de la foi, relatives au verbe de Dieu, telles qu'elles sont énoncées dans le premier chapitre de l'Évangile de saint Jean. Il fait observer que plusieurs platoniciens ayant entendu parler du christianisme, convinrent que le Messie étoit l'Homme-Dieu, en qui la Vérité permanente, l'immuable Sagesse s'étoit incarnée[3]. Platon avoit déclaré que, si le Juste venoit sur la terre, il seroit méconnu et crucifié. Une tradition confuse des incarnations du dieu indien s'étoit répandue à travers la Perse jusqu'au fond de l'Occident.

Constantin, dans la harangue que j'ai rappelée, signale Platon comme le premier philosophe qui attira les hommes à la contemplation des choses divines[4].

Qu'un homme du génie de Platon ait approché

---

[1] *Génie du Christianisme*, tome I, liv. I, chap. III.

[2] S. Justin, *Apolog.*; Origen. contr. Cels.; Tertull., *Apolog.*; Athan., *de Incarn. verbi Dei*, pag. 83.

[3] Aug. *Confess.*, lib. VII; id., *epist.* CXVIII.

[4] Constant. mag., *in Orat. Sanctor. cœl.*, cap. IX.

de la vérité révélée par la force de sa pénétration, rien de plus naturel : les vérités de l'intelligence, comme toutes les autres vérités, nous sont plus ou moins accessibles, selon le plus ou le moins de supériorité de notre esprit. Mais la philosophie de Platon est mêlée de tant d'obscurités, de contradictions et d'erreurs, qu'il est difficile d'en tirer le système des chrétiens. Ensuite Aristobule, Joseph, saint Justin, Origène, Eusèbe de Césarée[1], ont avancé et prouvé que Platon avoit eu connoissance des livres hébreux, qu'il y avoit puisé cette partie de sa philosophie si peu ressemblante à ce qui lui appartient en propre, ou plutôt à Pythagore : les exemplaires des idées et de l'harmonie des sphères.

Mais aucune induction raisonnable ne peut être tirée des doctrines qui ont eu cours après l'avénement du Christ : le néoplatonisme, au lieu d'avoir donné aux chrétiens la trinité, la lui auroit plutôt dérobée : Plotin et Porphyre ont rajusté leur système confus de triade sur le système positif et clair de la nouvelle religion. Alors parut le dogme trinitaire païen plus nettement énoncé, les trois dieux,

---

[1] ARISTOBUL., *apud Euseb.*, lib. XIII; *Præp. Evang.*, cap. XII; JOSEPH., lib. II, *contra Appion.*; S. JUST., *Apologet.*; ORIG., lib. XII, cont. Cels.; EUSEB., lib. XI, *Præp. Evang. in proœmio.* La version des Septante est postérieure au voyage de Platon en Égypte : mais il est prouvé par Aristobule (*apud Euseb.*, lib. XIII. *Præp. Evang.*, cap. XII), et par Démétrius (*in epist. ad Ptolorem. Eg. Reg. apud Joseph. Arist. et Euseb.*), que des parties considérables des livres hébreux étoient traduites en grec long-temps avant la version complète des Septante. (Voyez *Défense des SS. Pères accusés de platonisme*, liv. IV, pag. 618 et suivantes.) Baltus sur ce point a complétement raison contre Leclerc.

les trois entendements, les trois rois réunis dans l'unité demiurgique. Les philosophes avoient une grande admiration pour ces premières paroles de l'Évangile selon saint Jean : « *Au commencement étoit le Verbe, et le Verbe étoit en Dieu, et le Verbe étoit Dieu;* ils disoient qu'il falloit les écrire en lettres d'or au frontispice des temples [1]; saint Basile [2] assure qu'ils étoient allés jusqu'à s'emparer de ces paroles et à les insérer, comme leur appartenant, dans leurs ouvrages. Amélius, disciple de Plotin, est atteint et convaincu par Eusèbe de Césarée, Théodoret et saint Cyrille d'Alexandrie, d'être un plagiaire de l'Évangile de saint Jean, de cet apôtre qu'Amélius appelle dédaigneusement un Barbare [3]. Théodoret compare les néoplatoniciens, imitateurs des fidèles (et en particulier Porphyre), à des singes et à la corneille d'Ésope [4].

Je ne puis que vous indiquer, dans ces *Études*, des sujets qui demanderoient un développement considérable. Il conviendroit d'examiner si, avant le christianisme révélé, il n'y a pas eu un christianisme obscur, universel, répandu dans toutes les religions et dans tous les systèmes philosophiques de la terre; si l'on ne retrouve pas partout une idée confuse de la Trinité, du Verbe, de l'Incarnation,

---

[1] *Solebamus audire aureis litteris conscribendum et... in locis eminentissimis proponendum esse dicebat.* (Aug., *de Civit. Dei,* l. x, c. xxix.)

[2] Basil., *Hom.* 16, *in verba illa : In principio erat Verbum.*

[3] Euseb., *Præp. Evang.,* lib. xi, cap. xix; Theod., *Sermo* xi, *ad Græc.;* Cyrill. Alex., lib. viii, *in Julian.*

[4] Theodor., *Serm.* vii, *ad Græc.*

de la Rédemption, de la chute primitive de l'homme; si le christianisme ne fit pas sortir du fond du sanctuaire les doctrines mystérieuses qui ne se transmettoient que par l'initiation; si, portant en lui sa propre lumière, il n'a pas recueilli toutes les lumières qui pouvoient s'unir à son essence; s'il n'a pas été une sorte d'éclectisme supérieur, un choix exquis des plus pures vérités.

Il y a long-temps qu'on s'est enquis du degré d'influence que la philosophie a pu exercer sur la doctrine des Pères de l'Église : d'un côté, on a soutenu qu'ils avoient transformé le christianisme moral des apôtres dans le christianisme métaphysique du concile de Nicée; de l'autre, on a combattu cette assertion.[1]

Ceux qui vouloient défendre les Pères accusés de platonisme auroient pu faire valoir l'autorité même de Julien, qui prétend prouver la fausseté du système des chrétiens en lui opposant celui du chef de l'Académie : dans un passage d'une grande beauté de style et d'une grande élévation de pensée, il compare la création racontée par Moïse à la création telle que l'a supposée Platon. Le dieu de Moïse, dit-il, n'a créé, ou plutôt n'a *arrangé* que la nature matérielle, le *monde des corps;* il n'avoit aucune puissance pour engendrer la nature spirituelle, le

---

[1] Les lecteurs qui seroient curieux de connoître à fond cette controverse peuvent lire *la Défense des saints Pères accusés de platonisme*, par BALTUS, 1 vol. in-4°, Paris, 1711; MOSHEM., *de turbata per Platonicos Ecclesia*, ap. Cudworth., System. intell., tom. II, Lugd. Batav., 1783.

monde animé; tandis que le dieu de Platon enfante d'abord les êtres intelligents, les puissances, les anges, les génies, lesquels créent ensuite, par délégation du Dieu suprême, les formes ou la nature visible qui les représentent, les cieux, le soleil et les sphères qui sont les vêtements ou les images des puissances, des anges et des génies.

Le principe essentiel de l'âme est un des mystères sur lesquels on s'est fixé le plus tard; les Pères hésitent et présentent différentes opinions : dans les neuvième, dixième et onzième siècles, le champ des discussions étoit encore resté ouvert sur ce point aux écrivains ecclésiastiques.

Tout ceci ne fait rien à la question fondamentale : fût-il possible de prouver que les doctrines du christianisme ont été plus ou moins connues antérieurement à son ère, il n'auroit rien à perdre à cette preuve. Je vous l'ai déjà dit : des esprits puissants ont pu atteindre à des vérités mères, avant que ces vérités eussent été acquises au genre humain par une révélation directe. Loin de détruire la foi, ce seroit un nouvel et merveilleux argument en sa faveur; car alors il seroit démontré qu'elle est conforme à la religion naturelle des plus hautes intelligences.

Telles sont les relations qui existoient entre la philosophie et le christianisme. Quant au paganisme, le christianisme a pris quelques formules applicables à toute religion, quelques rites, quelques prières, quelques pompes qui n'avoient besoin que de changer d'objet pour être véritablement saintes : l'encens, les fleurs, les vases d'or et d'argent, les lampes, les couronnes, les luminaires, le lin, la soie, les chants, les processions, les époques de certaines fêtes, passèrent des autels vaincus à l'autel triomphant. Le paganisme essaya d'emprunter au christianisme ses dogmes et sa morale; le christianisme enleva au paganisme ses ornements : le premier étoit incapable de garder ce qu'il déroboit; le second sanctifioit ce qu'il avoit ravi.

L'apostasie du cousin de Constance, d'abord soigneusement cachée à la foule, fut donc connue d'un petit nombre de philosophes et de prêtres qui attendoient la réhabilitation des anciens jours, comme des hommes, étrangers au monde où ils vivent, rêvent parmi nous l'impossible retour du passé. Cependant, le secret du changement de Julien ne put être si bien gardé, qu'il n'en transpirât quelque chose au dehors. Il nous reste une lettre de Gallus, de l'an 351 ou 353, dans laquelle le césar fait mention des bruits répandus dans Antioche. « On prétendoit, écrit-il à Julien alors en Ionie, que vous aviez abandonné la religion de nos *ancêtres* pour embrasser l'hellénisme, mais j'ai été promptement détrompé. OEtius m'a dit que vous étiez au contraire plein de zèle pour bâtir des oratoires, et que vous vous plaisiez aux tombeaux des martyrs. » Gallus appelle le christianisme la religion de ses *ancêtres* : saint Grégoire de Nazianze le nomme l'*ancienne religion*. Que le monde romain étoit changé ! combien avoit été rapide la conquête de l'Évangile !

Mais si le christianisme avoit fait de pareils progrès extérieurs, le développement de sa puissance intérieure n'étoit pas moins étonnant. Déjà l'on pouvoit reconnoître son caractère universel, non-seulement dans le sens de sa diffusion parmi les peuples, mais dans le sens de sa convenance avec les diverses facultés de l'homme : le voilà expliquant, à l'aide du plus beau langage, les idées les plus sublimes, ce christianisme qui fut prêché par des esprits obtus, de grossiers compagnons sans éducation et sans lettres. Comment Pierre le pêcheur avoit-il produit Grégoire le poëte, Basile le philosophe, Jean bouche d'or l'orateur ? C'est que Jésus le Christ étoit derrière Pierre l'apôtre, et que le Verbe incréé contenoit la vertu de la parole humaine : fils de Dieu, source de toutes lumières et de tous biens, il les distribuoit à ses serviteurs en proportion des besoins successifs de la société, donnant à propos la simplicité et l'éloquence, la force des mœurs ou les clartés de l'esprit. De cette croix si rude, de ce bois qui ne présenta d'abord à l'adoration de l'univers qu'un gibet et un condamné, découlèrent graduellement les perfections de l'Essence divine.

Julien, parvenu à l'empire, publia un édit de tolérance universelle. Les évêques et les prêtres, à quelque communion qu'ils appartinssent, ariens, donatistes, novatiens, eunomiens, macédoniens, catholiques, furent également protégés par celui qui les méprisoit tous, et qui espéroit les affoiblir en les divisant. Néanmoins, il fait lui-même observer qu'il rappela les évêques exilés à leurs *foyers*, non à leurs *siéges*. Il assembloit les chefs des sectes, et, quand ils s'emportoient, il leur crioit : « Écoutez-moi! les Franks et les Allamans m'ont bien écouté[1]. » Dans ses lettres il recommande la modération envers les chrétiens, mais c'est en grimaçant qu'il conserve l'impartialité philosophique; sa haine perce à travers sa tolérance affectée, et lui arrache des mots sanglants.

Athanase, par une préférence méritée, fut excepté de l'amnistie de Julien. « Il seroit dangereux, » dit l'apostat dans sa lettre aux habitants d'Alexandrie, « de laisser à la tête du peuple un intrigant, « non pas un homme, mais un petit avorton sans « valeur qui s'estime d'autant plus grand qu'il ap-« pelle plus de dangers sur sa tête[2]. » Et dans une lettre à Ecdicius, préfet d'Égypte, Julien ajoute : « Les dieux sont méprisés. Chassez le scélérat Atha-« nase; il a osé, sous mon règne, conférer le bap-« tême à des femmes grecques d'une naissance il-« lustre[3]. »

Eunape ne nous laisse aucun doute sur la sincérité religieuse de Julien : il suffit d'ailleurs de lire ce qui nous reste des ouvrages de cet empereur, aussi singulier comme homme, qu'extraordinaire comme prince, pour se convaincre qu'il étoit païen

---

[1] *Audite me, quem Alamani audierunt et Franci.* (AMM.)

[2] Ἀλλ' ἀνθρωπίσκος εὐτελής. *Quod si ne ille quidem vir est, sed contemptus homuncio.* (JULIAN., epist. VI.)

[3] Quis ausus est in meo regno feminas Græcorum illustres ad baptismum impellere. (JULIAN., epist. VI.)

de bonne foi. Il avoit pris dans les initiations et les sociétés secrètes un degré d'enthousiasme qui alloit jusqu'à interpréter les songes et à croire aux apparitions.

Au lever et au coucher du soleil, il immoloit une victime à Apollon, sa divinité favorite : il croyoit à la trinité des platoniciens ; le soleil étoit pour lui le *Logos*, le fils du Père souverain, le Verbe brûlant qui inspire la vie à l'univers. La nuit, Julien honoroit la lune et les étoiles auxquelles s'unissent les âmes des héros. Dans les grandes solennités, il aimoit à jouer le rôle de sacrificateur et d'aruspice.

« Le beau spectacle que de voir l'empereur des « Romains fendre le bois, égorger les victimes, con- « sulter leurs entrailles, souffler le feu des autels « en présence de quelques vieilles femmes, les joues « bouffies, excitant la risée de ceux-là même dont « il désiroit s'attirer les louanges ! » Aux fêtes de Vénus, il marchoit entre deux troupes de prostitués de l'un et de l'autre sexe, affectant la gravité au milieu des éclats de rire de la débauche, élargissant ses épaules, portant en avant sa barbe pointue, allongeant de petits pas pour imiter la marche d'un géant. Saint Chrysostome[1] doute que la postérité veuille croire à son récit ; il adjure de la vérité de ses paroles les vieillards qui l'écoutoient, et qui pouvoient avoir été témoins de ces indignités.

---

[1] C'est à Antioche que Chrysostome parloit ainsi. Ammien lui-même dit à peu près la même chose, lib. XXII, cap. XIV.

L'empereur faisoit toutes ces choses comme souverain pontife, dignité attachée chez les Romains à la souveraineté politique. Il épuisoit l'État pour les frais d'un culte que rien ne pouvoit rétablir. Il offroit en holocauste des oiseaux rares, cent bœufs étoient quelquefois assommés à un seul autel dans un seul jour. Les peuples disoient que, s'il revenoit vainqueur des Perses, il détruiroit la race des taureaux. Il ressembloit en cela, selon la remarque d'Ammien Marcellin, au césar Marcus à qui les bœufs blancs avoient écrit ce billet : « Les « bœufs blancs au césar Marcus, salut : c'est fait de « nous si vous triomphez [1]. »

De magnifiques présents étoient prodigués par Julien aux sanctuaires célèbres, à Dodone, à Delphes, à Délos. En arrivant à Antioche, son premier soin fut de sacrifier sur la cime du mont Cassius. Il apprit avec une sainte joie que le gouverneur de l'Égypte avoit retrouvé le bœuf Apis. Il fit déboucher, à Daphné, la fontaine Castalie ; mais, en visitant ce lieu renommé par sa beauté, il eut un grand sujet de douleur : le bois de lauriers et de cyprès n'étoit plus qu'un cimetière chrétien ; Gallus y avoit déposé le corps de saint Babylas. « Je me « figurois d'avance, dit Julien, une pompe ma- « gnifique : je ne rêvois que victimes, libations, « parfums, chœurs de beaux enfants, dont l'âme « étoit aussi pure que leur robe étoit blanche. J'en-

---

[1] Le texte de cette plaisanterie est en grec dans Ammien. (Voir la note des savants éditeurs, Amm., in-fol., Lugd. Batav., 1693.) On a appliqué cette épigramme à Marc-Aurèle.

« tre dans le temple, je n'y trouve ni encens, ni
« gâteaux, ni victimes...... J'interroge le prêtre, je
« demande ce que la ville sacrifiera aux dieux dans
« cette fête solennelle. » — « Voici une oie que j'ap-
« porte de ma maison, » me répondit-il [1].

Les temples détruits par le temps ou par les
chrétiens furent réparés. Julien fut le Luther païen
de son siècle ; il entreprit la réformation de l'idolâtrie sur le modèle de la discipline des chrétiens.
Plein d'admiration pour la fraternité évangélique,
il désiroit que les païens se liassent ainsi d'un bout
de la terre à l'autre ; il vouloit que les prêtres de
l'hellénisme eussent la vertu des prêtres de la croix,
qu'ils fussent comme eux irréprochables, que comme
eux ils prêchassent la pitié, la charité, l'hospitalité.
Il ordonna des prières graves et régulières à heures
fixes, chantées à deux chœurs dans les temples ;
enfin il se proposoit de fonder des monastères
d'hommes et de femmes, et des hôpitaux. « Ne de-
« vons-nous pas rougir que les Galiléens, ces impies,
« après avoir nourri leurs pauvres, nourrissent en-
« core les nôtres laissés dans un dénûment absolu [2] ? »
Saint Grégoire de Nazianze remarque que ces imi-

---

[1] *Misopogon.*

[2] *Sed quid est causæ, cur in hisce, perinde ac si nihil amplius opus esset, conquiescamus, ac non potius convertamus oculos ad ea, quibus impia christianorum religio creverit, id est, ad benignitatem in peregrinos, ad curam ab illis in mortuis sepeliendis positam, et ad sanctimoniam vitæ quam simulant............ Nam turpe profecto est, cum nemo ex Judæis mendicet, et impii Galilæi non suos modo, sed nostros quoque alant, ut nostri auxilio, quod a nobis ferri ipsis debeat, destituti videantur.* (JULIAN., epist. XLIX.)

tateurs des chrétiens ne se pouvoient appuyer de l'exemple de leurs dieux., et qu'il y avoit contradiction entre leur morale et leur foi.

Le zèle que Julien avoit pour le paganisme, il l'avoit pour la philosophie : il aimoit un rhéteur de la même tendresse qu'il chérissoit un augure. Lors de sa rupture avec Constance, il s'étoit flatté que Maxime accourroit dans les Gaules. Il revenoit de sa dernière expédition d'outre-Rhin, il demandoit partout, chemin faisant, si quelque philosophe n'étoit point arrivé : il avise de loin un cynique ; il le prend pour Maxime ; il est ravi de joie ; ce n'étoit qu'un autre philosophe, ami de Julien[1]. Ne croiton pas voir un empereur chrétien humiliant sa pourpre devant un anachorète, ou un chevalier de la croisade baisant la manche de Pierre l'Ermite ?

Mais Julien ne fut pas plus heureux avec les

---

[1] Ce détail se trouve dans une lettre au philosophe Maxime. Julien nous fait connoître Besançon dans cette lettre, comme Paris dans le *Misopogon*.

Ad Gallos revertens, circumspiciebam, et percontabar de omnibus qui illinc venirent, num quis philosophus, num quis scholasticus, aut pallio penulave indutus, eo appulisset. Cum autem Vesontionem (Βισεντίωνα, Besançon) *appropinquarem (est autem oppidulum nunc refectum, magnum tamen olim, et magnificis templis ornatum, mœnibus firmissimis, et loci natura munitum, propterea quod cingitur Dubi* (Δανουβις, Doubs.) *: estque, ut in mari, rupes excelsa, propemodum ipsis avibus inaccessa, nisi qua flumen ambiens tanquam littora quœdam habet projecta); cum, inquam, prope abessem ab hac urbe, vir quidam cynicus cum pera et baculo mihi occurrit. Eum ego cum eminus aspexissem, teipsum esse putavi : cum accessit propius, a te omnino illum venire suspicatus sum. Est autem mihi quidem ille amicus, multum tamen infra expectationem meam.* (JULIAN., epist. XXXVIII.)

philosophes qu'avec les prêtres : ils se corrompirent à la cour. Maxime et quelques autres sophistes acquirent des fortunes scandaleuses; ils démentirent par leurs mœurs la rigidité de leurs doctrines : Chrysanthe, Libanius et Aristomène se tinrent seuls dans une louable réserve. Julien avoit eu saint Basile pour compagnon d'études à Athènes; il essaya de l'attirer auprès de lui : le philosophe chrétien, dans sa solitude, repoussa l'amitié du philosophe païen sur le trône.

« Aussitôt, dit saint Chrysostome (rudement
« traduit par Tillemont), aussitôt que Julien eut
« publié son édit pour le rétablissement de l'ido-
« lâtrie, on vit accourir, de toutes les parties du
« monde, les magiciens, les enchanteurs, les de-
« vins, les augures, et tous ceux qui faisoient métier
« d'imposture et d'illusion : de sorte que tout le pa-
« lais se trouvoit plein de gens sans honneur et de
« vagabonds. Ceux qui depuis long-temps étoient
« réduits à la dernière misère, ceux qui pour leurs
« sorcelleries et maléfices avoient langui dans les
« prisons et dans les minières, ceux qui traînoient
« à peine une misérable vie dans les emplois les
« plus bas et les plus honteux; tous ces gens, érigés
« en prêtres et en pontifes, se trouvoient en un
« instant comblés d'honneurs. L'empereur, laissant
« là les généraux et les magistrats, et ne daignant
« pas seulement leur parler, menoit avec lui, par
« toute la ville, des jeunes gens perdus de débau-
« ches, et des courtisanes qui ne faisoient que sortir
« des lieux infâmes de leurs prostitutions. Le cheval

« de l'empereur et ses gardes ne le suivoient que de
« fort loin, pendant que cette troupe infâme envi-
« ronnoit sa personne et paroissoit avec le premier
« rang d'honneur, au milieu des places publiques,
« disant et faisant tout ce qu'on peut attendre de
« gens de cette profession. »

L'apostasie conduisit Julien au fanatisme, et du fanatisme à la persécution : quand l'homme a commis une faute qu'il suppose irréparable, l'orgueil lui fait chercher un abri dans cette faute même. Julien essaya deux choses difficiles : réchauffer le zèle des idolâtres pour un culte éteint; provoquer des chutes parmi les chrétiens. Embaucheur de la cupidité et de la foiblesse, il offroit de l'or et des honneurs à l'apostasie : il échoua contre la foi fervente et contre la foi tiède. Lui-même se plaint de ne trouver presque personne disposé à sacrifier; il avoue que son discours hellénique au sénat chrétien de Berée, loué pour la forme, n'eut aucun succès pour le fond; il gourmande les habitants d'Alexandrie d'abandonner les dieux d'Alexandre pour un Verbe que ni eux, ni leurs pères, n'ont jamais vu[1]. Chrysanthe usa de modération envers les chrétiens, prévoyant que leur culte ne tarderoit pas à triompher. L'ancien monde et le monde nouveau repoussèrent Julien; l'un, dans sa décrépitude, eût vainement essayé de se redresser comme un jeune homme; l'autre, adolescent vigoureux, ne se put rabougrir en vieillard.

[1] Hunc vero quem neque vos, neque patres vestri videre, Jesum Deum esse verbum creditis oportere. (JULIAN., epist. LI.)

La mission du césar-apôtre auprès des soldats eut le sort qu'elle devoit avoir dans les camps. Il ordonna aux officiers de quitter la foi ou l'épée : Valentinien déposa la dernière qui lui laissa la main libre pour saisir la couronne. Quant aux légions, celles de l'Occident, composées de Gaulois et de Germains, s'accommodèrent fort du vin, des hécatombes et des bœufs gras[1]; on laissa aux légions de l'Orient le labarum; mais on effaça le monogramme du Christ : l'idolâtrie se trouva cachée dans une confusion lâche et habile des emblèmes de la guerre et de la royauté.

L'empereur résolut de rebâtir le temple de Jérusalem, afin de confondre une prophétie sur laquelle les chrétiens s'appuyoient. Des globes de feu, s'élançant du sein de la terre, dispersèrent les ouvriers. L'entreprise fut abandonnée[2]; elle

---

[1] Petulantes ante omnes et Celtæ... Angebantur ceremoniarum ritus immodice cum impensarum amplitudine ante hac inusitata et gravi. (AMM.)

[2] Le texte d'Ammien Marcellin que je vais citer a fort embarrassé Gibbon, et avant lui Voltaire : un miracle affirmé par un païen étoit en effet une chose fâcheuse; il a donc fallu avoir recours à la physique. « Julien, dit judicieusement l'abbé de La Bletterie, et les philosophes de sa cour mirent sans doute en œuvre « ce qu'ils savoient de physique pour dérober à la Divinité un « prodige si éclatant. La nature sert la religion si à propos qu'on « devroit au moins la soupçonner de collusion. » M. Guizot, dans son excellente édition françoise de l'ouvrage de Gibbon, indique aussi quelques lois de la physique par lesquelles on pourroit expliquer, jusqu'à un certain point, l'apparition des feux qui chassèrent les ouvriers de Julien. M. Tourlet, par un calcul chronologique, établit que le phénomène arrivé à Jérusalem ne fut que le même tremblement de terre qui menaça Constantinople, et dévasta Nicée et Nicomédie pendant le troisième consulat de

étoit peu digne d'un esprit philosophique. Dernier témoin de l'accomplissement des paroles du maître, j'ai vu Jérusalem : *Non relinquetur lapis super lapidem.*

Enfin Julien défendit aux fidèles d'enseigner les belles-lettres ; c'étoit surtout par les enfants que l'Évangile s'emparoit des pères : « Laissez les petits « venir à moi ! — Ou n'expliquez point, disoit l'em- « pereur dans son édit, les écrivains profanes, si « vous condamnez leurs doctrines ; ou, si vous les « expliquez, approuvez leurs sentiments. Vous croyez « qu'Homère, Hésiode et leurs semblables sont dans « l'erreur : allez expliquer Mathieu et Luc dans les « églises des Galiléens [1]. »

Julien, en 362. Je suis trop ignorant pour disputer rien aux faits, et n'ai pas assez d'autorité pour les interpréter ou les combattre ; je les rapporte comme je les trouve. Sozomène, Rufin, Socrate, Théodoret, Philostorge, saint Grégoire de Nazianze, saint Chrysostome et saint Ambroise confirment le récit d'Ammien Marcellin. Julien lui-même avoue qu'il avoit voulu rétablir le temple : *Templum illud tanto intervallo a ruinis excitare voluerim.* En creusant les fondements du temple nouveau, on acheva de détruire les fondements de l'ancien temple, et l'on confirma les oracles de Daniel et de Jésus-Christ par la chose même qu'on faisoit pour les convaincre d'imposture. Au rapport de Philostorge (liv. VII, cap. VI), un ouvrier travaillant aux fondements du temple trouva, sous une voûte, au haut d'une colonne environnée d'eau, l'Évangile de saint Jean. Rien de plus positif que le texte d'Ammien ; le voici : *Ambitiosum quondam apud Hierosolymam templum, quod post multa et interneciva certamina, obsidente Vespasiano posteaque Tito, ægre est expugnatum, instaurare sumptibus cogitabat immodicis : negotiumque maturandum Alypio dederat Antiochensi, qui olim Britannias curaverat pro præfectis. Cum itaque rei idem fortiter instaret Alypius, juvaretque provinciæ rector metuendi globi flammarum prope fundamenta crebris assultibus erumpentes, fecere locum, exustis aliquoties operantibus, inaccessum ; hocque modo elemento destinatius repellente, cessavit inceptum.* (AMM., lib. XXIII, cap. I.)

[1] Sin in Deos sanctissimos putant ab illis auctoribus peccatum

Les maîtres chrétiens, privés des chaires d'éloquence et de belles-lettres, eurent recours à un moyen ingénieux pour prouver qu'ils n'étoient point des rustres, obligés de se tenir dans la barbarie de leur origine, comme disoit Julien. Ils composèrent (et l'usage en fut continué), sur des thèmes de morale et de théologie, et sur des sujets tirés de l'histoire sainte, des hymnes, des idylles, des élégies, des odes, des tragédies, et même des comédies. Il nous reste bon nombre de ces poëmes qui ouvrent des routes nouvelles au talent, appliquent l'art des vers aux aspérités de la haute métaphysique, et plient la langue des muses aux formes des idées, comme elle l'avoit été de tout temps à celles des images [1].

Ce coup fut pourtant rude aux chrétiens : les beaux génies qui combattoient alors pour la foi auroient mieux aimé subir une persécution sanglante :

esse, eant in Galilæorum ecclesias, ibique Matthæum et Lucam interpretentur. (JULIAN., epist. XLII.)

[1] Saint Grégoire de Nazianze seul a composé plus de trente mille vers. Trois de ses poëmes sont sur la *virginité*, plusieurs sur *sa vie* et sur *les maux qu'il a soufferts*; quelques-uns accusent les mœurs du clergé et le luxe des femmes; d'autres font l'éloge des moines. Les poëmes intitulés *des calamités de mon âme; de la Grandeur et de la Misère de l'homme, les secrets de saint Grégoire*, sont admirables par la hauteur du sujet et la beauté de l'expression : il y a aussi beaucoup de vers sur le respect dû aux tombeaux. Les deux Apollinaires, le père et le fils, se signalèrent par leur combat poétique contre l'édit de Julien. Le premier mit en vers héroïques l'histoire sainte jusqu'au règne de Saül; il prit pour modèles de ses comédies, de ses tragédies et de ses odes pieuses, Ménandre, Euripide et Pindare : le second expliqua, dans des dialogues à la manière de Platon, les évangiles et la doctrine des apôtres.

ils ne s'en peuvent taire, ils reviennent sans cesse sur cette iniquité ; et comme le siècle au milieu des Barbares armés étoit philosophique et littéraire, les païens même n'applaudirent pas à l'ordre de Julien ; Ammien le traite d'injuste[1].

Les controverses religieuses ou politiques commencent ordinairement par les écrits, et finissent par les armes ; il en fut autrement lors de la révolution qui a fait voir le premier et l'unique exemple d'un changement complet dans la religion nationale d'un grand peuple civilisé. On tua d'abord les chrétiens dans dix batailles rangées, les dix persécutions générales, et les chrétiens livrèrent leur tête sans essayer de se défendre par la force ; mais ils sentirent de bonne heure la nécessité d'écrire, pour affirmer leur innocence et assurer leur foi. C'est au christianisme que l'on doit la liberté de la pensée écrite ; elle coûta cher à ceux qui en firent la conquête : on dédaigna d'abord de leur répondre autrement qu'avec des griffes de fer et les ongles des lions. Quand l'Évangile eut gagné la foule, le polythéisme, obligé de renoncer à la guerre de l'épée, accepta celle de la plume : l'idolâtrie se réfugia aux deux extrémités opposées de la société, les ignorants et les gens de lettres. Les philosophes, les rhéteurs, les poëtes, les grammairiens, tinrent ferme au paganisme avec les hommes rustiques ; les premiers par orgueil de la science, les autres par la privation de tout sa-

---

[1] Lib. xxii, cap. x.

voir. Depuis le troisième siècle de l'ère chrétienne jusqu'à l'abolition complète de l'idolâtrie, vous n'ouvrez pas un livre de philosophie, de religion, de science, d'histoire, d'éloquence, de poésie, où vous ne trouviez le combat des deux religions. Sous Julien vous rencontrez Libanius, Édésius, Priscus, Maxime, Sopâtre, orateurs et sophistes; Andronic et Delphide, poëtes; Ammien Marcellin et Aurélius Victor, historiens; Mamertin, panégyriste; Oribase, médecin, et Julien lui-même orateur, poëte et historien; tous combattant contre Athanase, Basile, les deux Grégoire de Nysse et de Nazianze, Diodore de Tarse, orateurs, philosophes, poëtes, historiens; Césarius, médecin et frère de Grégoire de Nazianze, Prohérésius, rhéteur, lequel aima mieux abandonner sa chaire à Athènes que d'être excepté de l'édit qui défendoit aux chrétiens d'enseigner.

Julien préluda aux persécutions qu'il méditoit par une espèce d'apologie du paganisme : en innocentant ses dieux et en condamnant le Dieu qu'il avoit quitté, il justifioit indirectement son apostasie. Au milieu des soins qu'exigeoit de lui son empire, il trouva le temps de dicter l'ouvrage dont saint Cyrille nous a conservé une partie dans la réfutation qu'il en a faite.

Julien remonte jusqu'à Moïse, compare son système sur la création du monde à celui de Platon, et donne la préférence au dernier.

Dieu, après avoir fait l'homme, dit : « Il n'est pas « bon que l'homme soit seul : » et il crée la femme qui perd l'homme.

Que penser du serpent qui parle? dans quelle langue parloit-il? comment se moquer après cela des fables populaires de la Grèce?

Dieu interdit à nos premiers parents la connoissance du bien et du mal; il leur défend de toucher à l'arbre de vie dans la crainte qu'ils viennent à vivre toujours : blasphèmes contre Dieu, ou allégories. Alors pourquoi rejeter les mythes philosophiques?

Dieu choisit pour son peuple les Hébreux. Comment un Dieu juste a-t-il abandonné toutes les autres nations? chez les Grecs, le Dieu créateur est le roi et le père commun des hommes.

Julien remarque qu'il y a peu de nations dans l'Occident propres à l'étude de la philosophie et de la géométrie : les temps sont bien changés.

Vous voulez que nous croyions à la tour de Babel, et vous ne voulez pas croire aux géants d'Homère, qui entassèrent trois montagnes les unes sur les autres pour escalader le ciel.

Le Décalogue ne contient que des préceptes vulgaires; le Dieu des Hébreux est un Dieu jaloux qui n'en souffre point d'autre. Galiléens, vous donnez un prétendu fils à ce Dieu qui ne le connut jamais.

Quel est ce Dieu toujours en courroux qui, voulant punir quelques hommes coupables, fait périr cent mille innocents[1]? Comparez le législateur des Hébreux aux législateurs de la Grèce et de Rome, aux grands hommes de l'Égypte et de la Babylonie.

---

[1] Il est curieux de trouver dans les arguments de Julien tous les arguments de Voltaire.

Qu'est-ce que ce Jésus suborneur des plus vils d'entre les Juifs, et qui n'est connu que depuis trois cents ans, ce Jésus qui n'a rien fait dans le cours de sa vie, si ce n'est de guérir quelques boiteux et quelques démoniaques? Esculape est un tout autre sauveur de l'humanité.

L'inspiration divine envoyée par les dieux n'a qu'un temps; les oracles fameux cessent dans la révolution des âges.

Les Galiléens n'ont pris des Hébreux que leur fureur et leur haine contre l'espèce humaine : ils ont renoncé au culte d'un seul Dieu pour adorer des hommes misérables; comme la sangsue, ils ont sucé le sang le plus corrompu des Juifs, et leur ont laissé le plus pur.

Jésus et Paul n'ont pu prévoir les chimères que se formeroient un jour les Galiléens; ils ne pouvoient deviner le degré de puissance où ceux-ci parviendroient un jour. Tromper quelques servantes, quelques esclaves ignorants, Paul et Jésus n'avoient pas d'autre prétention.

Peut-on citer sous le règne de Tibère et de Claude des chrétiens distingués par leur naissance ou leur mérite ?

L'eau du baptême n'ôte point la lèpre et les dartres, ne guérit ni la goutte, ni la dyssenterie; mais elle efface l'adultère, la rapine, et nettoie l'âme de tous les vices.

Si le Verbe est Dieu, venant de Dieu, comment Marie, femme mortelle, a-t-elle enfanté un Dieu?

Ni Paul, ni Mathieu, ni Luc, ni Marie, n'ont osé

dire que Jésus fût un Dieu; mais quand dans la Grèce et dans l'Italie un grand nombre de personnes l'eurent reconnu pour tel, qu'elles eurent commencé à honorer les tombeaux de Pierre et de Paul, alors Jean déclara que le Verbe s'étoit fait chair, et qu'il avoit habité parmi nous. Cependant quand il nomme Dieu et le Verbe, il ne nomme ni Jésus ni Christ. Jean doit être regardé comme la source de tout le mal.

Viennent après ceci quelques considérations sur le sacrifice d'Abraham.

Plusieurs choses vous auront frappé dans cet ouvrage tronqué de Julien. Les miracles de Jésus-Christ y sont avoués, les hommages rendus aux tombeaux de saint Pierre et de saint Paul reconnus, le silence des oracles attesté. Saint Jean, y est-il dit, *a fait tout le mal.* Cela signifie qu'il a énoncé la doctrine du Verbe, et qu'il n'y a pas moyen de soutenir que cette doctrine, établie par le disciple bien-aimé, a été empruntée deux siècles plus tard à l'école d'Alexandrie : du reste l'attaque est foible. Julien ne veut voir ni ce qu'il y a de sublime dans les livres de Moïse, ni d'ineffable dans l'Évangile; ses raisonnements tournent à la gloire de ce qu'il prétend ravaler. Comment se fait-il que sous Claude et sous Tibère, à la naissance même de l'ère chrétienne, le christianisme comptât à peine pour néophytes quelques servantes et quelques esclaves, et qu'immédiatement après, l'apôtre Jean voie la Grèce et l'Italie couvertes de chrétiens et honorant les tombeaux de Pierre et de Paul? Julien ne s'aperçoit pas qu'il prête, par ce rapprochement, une nouvelle force au miracle de l'établissement du christianisme. La cause humaine de la propagation étonnante de la foi, c'est que la première de toutes les vérités, la vérité qui enfante toutes les autres, la vérité de l'unité d'un Dieu, étoit venue détrôner le premier de tous les mensonges, le mensonge qui engendre toutes les erreurs, le mensonge de la pluralité des dieux. Une fois cette vérité répandue dans la foule après une absence de plusieurs milliers d'années, elle agit sur les esprits avec son essentielle et négative énergie.

Julien, persécuteur d'une nouvelle sorte, affecta de substituer au nom de chrétien celui de Galiléen, dont s'étoient déjà servis Épictète et quelques hérésiarques. Joignant la moquerie à l'injustice, il dépouilloit les disciples de l'Évangile en disant : « Leur « admirable loi leur enjoint de renoncer aux biens « de la terre afin d'arriver au royaume des cieux; « et nous, voulant gracieusement leur faciliter le « voyage, ordonnons qu'ils soient soulagés du poids « de tous les biens. » Quand les chrétiens s'osoient plaindre, il répondoit : « La vocation d'un chrétien « n'est-elle pas de souffrir ? »

Beaucoup d'édifices païens avoient été détruits sous le règne de Constance, d'autres changés en églises. Julien força le clergé de rendre les uns et de relever les autres : les intérêts acquis, se trouvant attaqués, produisirent des désordres. Marc, évêque d'Aréthuse, à la tête de son troupeau, avoit renversé un temple : trop pauvre pour en restituer la valeur, on saisit le prélat en vertu de la loi romaine qui livre aux créanciers la personne du débiteur insolvable. Battu de verges, la barbe arrachée, le corps nu et frotté de miel, le vieillard, suspendu dans un filet, fut exposé, sous les rayons d'un soleil ardent, à la piqûre des mouches. Marc avoit dérobé Julien enfant aux fureurs de Constance, comme Joad avoit soustrait Joas aux mains d'Athalie : il fut traité de même que Joad, par le prince ingrat envers le pontife et infidèle au Dieu qui l'avoient sauvé.

Décidé à rendre au temple et au bois de Daphné son ancienne pompe, Julien fit enlever les reliques de saint Babylas du cimetière chrétien; le peuple se mutina; le temple d'Apollon fut brûlé. L'empereur, irrité, ordonna à son oncle Julien, comte d'Orient, et apostat comme lui, de fermer la cathédrale d'Antioche, et de confisquer ses revenus. Le comte mit en interdit les autres églises, souilla les vases sacrés, et condamna à mort saint Théodoret. Gaza, Ascalon, Césarée, Héliopolis, la plupart des villes de Syrie, se soulevèrent contre les chrétiens, non par ardeur religieuse, mais par cupidité, haine et envie. Après avoir déterré les morts on tua les vivants; on traîna dans les rues des corps déchirés : les cuisiniers perçoient les victimes avec leurs broches, les femmes avec leurs quenouilles; les entrailles des prêtres et des recluses furent dévorées par des cannibales, ou jetées mêlées d'orge aux pourceaux. Quelques serviteurs du Christ périrent égorgés sur les autels des dieux[1]. Mais il est une

[1] Sozomen., lib. v; Theodor., lib. ix; Greg. Naz., or. ix.

chose difficile à croire, même sur le témoignage de deux saints et de deux hommes illustres[1] : le lit de l'Oronte, des puits, des caves, des fossés, des étangs demeurèrent encombrés, disent-ils, par les corps des martyrs nuitamment exécutés, ou par ceux des nouveau-nés et des vierges que l'empereur immoloit dans ses opérations magiques. Les premiers chrétiens avoient été accusés de sacrifier des enfants : la calomnie étoit renvoyée à Julien.

Théodoret raconte que Julien, marchant sur la Perse, vint à Carrhes où Diane avoit un temple; il se renferma dans ce temple avec quelques-uns de ses confidents les plus intimes; lorsqu'il en sortit, il en fit sceller les portes, y mit des gardes, et défendit de laisser pénétrer personne dans l'intérieur de l'édifice jusqu'à son retour : il ne revint point. On rouvrit le temple; qu'y trouva-t-on ? Une femme pendue par les cheveux, les mains déployées, et le ventre fendu. Julien, en cherchant l'avenir dans le sein de cette victime, y avoit fait entrer la mort : elle y resta pour lui[2].

Le sincère fanatisme de ce prince et la familiarité des Romains avec le meurtre qu'autorisoit l'ancien droit paternel, le droit de l'esclavage, le pouvoir du glaive, et celui du juge souverain dans le chef absolu de l'Empire, donnent de la vraisemblance au récit de Théodoret : Ammien, admirateur de Julien, l'accuse d'avoir été plus superstitieux que religieux. Auguste et Claude avoient défendu les

---

[1] Chrysost., *cont. gent.*; Greg. Naz., *ibid.*; Theod., *ibid.*
[2] Theod., lib. III, cap. XXI.

sacrifices humains; mais, dans la législation du despotisme, ce qui est interdit au peuple est permis au tyran : le prince qui crée le crime, qui fait la loi et l'applique, est au-dessus de l'un et de l'autre.

Julien méditoit contre les chrétiens un plan de persécution digne d'un sophiste; il en avoit remis l'exécution à son retour de la guerre des Perses : il lui falloit un triomphe pour faire de l'injustice avec de la gloire. Exclusion des Galiléens de tous les emplois, interdiction des tribunaux, nécessité d'offrir de l'encens aux idoles afin de conserver le droit de plaider ou même d'acheter du pain [1] : tel étoit le dessein que la haine philosophique, la jalousie littéraire et l'amour-propre blessé avoient inspiré à l'apostat. Un trait caractéristique de l'histoire du peuple qui nous occupe, est cette privation de la justice toujours ordonnée, comme la plus grande peine qu'on pût infliger à un citoyen. La société, chez cette nation magistrale, étoit pénétrée de la loi, et incorporée avec elle : les fastes de l'Empire étoient un grand recueil de jurisprudence, le monde romain un grand tribunal.

Julien régna vingt mois seize ou vingt-trois jours depuis la mort de Constance. Enflé de ses succès contre les Franks, fier des ambassadeurs qu'il recevoit des peuples les plus éloignés, tels que ceux de la Taprobane, il refusa la paix que lui offroit Sapor. Ce roi des rois que la tiare avoit coiffé jusque dans la nuit du sein maternel, ce frère du so-

---

[1] THEODOR., lib. III, c. XXIII; SOZOM., l. IV; GREG. NAZ., or. III.

leil et de la lune [1], poursuivoit avec acharnement les chrétiens, peut-être par animosité contre le frère aîné dont il avoit usurpé le trône, Hormisdas l'exilé et le chrétien : on a évalué à deux cent quatre-vingt-dix mille le nombre des victimes immolées dans les États de Sapor. Celui qui vouloit détruire les disciples de l'Évangile par la loi, et celui qui les livroit à l'épée, alloient en venir aux mains : la Providence armoit l'apostat contre le persécuteur. Julien se croyoit si sûr de la victoire qu'il refusa l'alliance des Sarrasins : il traita avec hauteur Arsace, roi d'Arménie, dont il réclamoit néanmoins l'assistance; Arsace professoit le christianisme. Une grande famine, augmentée encore par une fausse mesure sur les blés, avoit régné à Antioche, le rassemblement d'une nombreuse armée accrut le fléau. Quelque chose sembloit pousser Julien; et, dans une entreprise militaire d'une si haute importance, on ne reconnoissoit plus ses talents accoutumés. Il avoit dédaigné d'attaquer les Goths; c'étoit la Perse qu'il se flattoit de conquérir comme Alexandre; il n'eut que la gloire d'y mourir comme Socrate : toujours en présence de ses souvenirs, ses actions les plus nobles ne paroissoient que de hautes imitations. Il lioit de grands projets pour l'Empire, et surtout contre la croix, à cette conquête espérée : l'homme, dans ses desseins, oublie de compter l'heure qu'il ne verra pas.

Julien s'avança dans le pays ennemi, et, comme s'il eût craint que sa philosophie n'eût fait soup-

[1] Frater solis et lunæ.

çonner son courage, il s'exposoit sans ménagement. Il se laissa tromper par des transfuges, brûla sa flotte sur le Tigre, hésita sur le chemin qu'il avoit à prendre, car il vouloit voir la plaine d'Arbelles : bientôt manquant de vivres, harcelé par la cavalerie des Perses, il est obligé de commencer la retraite. Près de succomber avec son armée, il donnoit encore à l'étude et à la contemplation les heures les plus silencieuses de la nuit : dans une de ces heures solitaires, comme il lisoit ou écrivoit sous la tente, le génie de l'Empire, qu'il avoit déjà vu à Lutèce avant d'avoir été salué auguste, se montra à lui : il étoit pâle, défiguré, et s'éloigna tristement en couvrant d'un voile sa tête et sa corne d'abondance[1]. Julien se lève, s'empresse d'offrir une libation aux dieux : il aperçoit une étoile qui traverse le ciel et s'évanouit[2]; le pieux serviteur de l'Olympe croit reconnoître dans ce météore l'astre menaçant du dieu Mars. Le lendemain, lorsqu'il combattoit sans cuirasse à la tête de ses soldats, une javeline lui rase le bras, lui perce le côté droit et pénètre dans la partie inférieure du foie : il tombe de cheval, défaille, et quand il rouvre les yeux, il juge, malgré les soins de l'habile Oribase, que sa blessure est mortelle.

[1] *Vidit squalidius, ut confessus est proximis, speciem illam genii publici, quam cum ad augustum surgeret culmen conspexit in Galliis, velata cum capite cornucopia per aulæa tristius discedentem.* (Amm., lib. xxv, cap. ii.)

[2] *Flagrantissimam facem cadenti similem visam, aeris parte sulcata evanuisse existimavit : horroreque perfusus est, ne ita aperte minax Martis apparuerit sidus.* (Id., ibid.)

Un général atteint au champ de bataille expire sur des drapeaux, noble lit, mais que l'honneur accorde souvent à ses fidèles. Ici se présente un spectacle sans exemple : Julien, étendu sur une natte recouverte d'une peau, sa couche ordinaire, est entouré de soldats et de sophistes; sa mort est la mort d'un héros, ses paroles sont celles d'un sage. « Amis, dit-il, le temps est venu de quitter la « vie : ce que la nature me redemande, débiteur de « bonne foi, je le lui rends alègrement. Toutes les « maximes des philosophes m'ont appris combien « l'âme est d'une substance plus fortunée que le « corps. Je sais aussi que les immortels ont souvent « envoyé la mort à ceux qui les révèrent, comme la « plus grande récompense. Les douleurs insultent « aux lâches, et cèdent aux courageux. J'espère avoir « conservé sans tache la puissance que j'ai reçue du « ciel et qui en découle par émanation. Je remercie « le Dieu éternel de m'enlever du monde au mi- « lieu d'une course glorieuse. Celui qui désire la « mort lorsque le temps n'en est pas venu, ou qui « la redoute lorsqu'elle est opportune, manque éga- « lement de cœur...

« Je n'ai plus la force de parler. Je m'abstiens de « désigner un empereur, dans la crainte de me « tromper sur le plus digne, ou d'exposer celui que « j'aurois jugé le plus capable, si mon choix n'étoit « pas suivi : en fils tendre et en homme de bien, je « souhaite que la république trouve après moi un « chef intègre [1]. »

[1] Amm., lib. xxv, cap. iii.

Après avoir ainsi parlé d'une voix tranquille, il disposa de ses biens de famille en faveur de ses intimes, et s'enquit d'Anatolius, maître des offices. Le préfet Salluste répondit qu'Anatolius étoit *heureux*[1] : Julien comprit qu'il avoit été tué, et il déplora la mort d'un ami, lui si indifférent à la sienne ! Ceux qui l'entouroient fondoient en larmes. Julien les réprimanda, disant qu'il ne convenoit pas de pleurer une âme prête à se réunir au ciel et aux astres. On fit silence, et il continua de discourir de l'excellence de l'âme avec les philosophes Maxime et Priscus. Sa blessure se rouvrit; il demanda un peu d'eau froide, et expira sans efforts au milieu de la nuit[2]. Il n'étoit âgé que de trente-trois ans; il avoit été vingt ans chrétien[3].

S'il est vrai, comme on l'a voulu faire entendre, et comme le caractère de l'homme porteroit à le soupçonner, que Julien, calculant les événements de sa vie, avoit préparé d'avance son discours de mort, on n'a jamais si bien répété un si grand rôle ; l'acteur égaloit le personnage qu'il représentoit. Les deux religions, en présence, luttèrent de prodiges dans les versions opposées des derniers moments de l'empereur. Théodoret, Sozomène, le compilateur des actes du martyre de saint Théodoret, prêtre d'Antioche, disent que Julien blessé reçut son sang

---

[1] Beatum fuisse... intellexit occisum. (Amm., lib. xxv, cap. iii.)

[2] *Medio noctis horrore vita facilius est absolutus.* (Amm., lib. xxv, cap. iii.)

[3] Julian., epist. li. La Bletterie ne lui en donne que trente et un, et se trompe avec l'historien Socrate.

dans ses mains, et le lança vers le ciel en s'écriant :
« Tu as vaincu, Galiléen¹! » D'autres prétendent qu'il
se vouloit précipiter dans une rivière, afin de disparoître comme Romulus, et de se faire passer pour
un dieu. D'après les actes de Théodoret, ce ne furent
point des Perses, mais des anges sous la figure des
Perses qui combattirent Julien².

La manière dont il périt devint encore un objet
de controverse : les Romains assuroient que la javeline avoit été lancée par un Perse, les Perses par
un Romain. Libanius avance, dans un de ses ouvrages, que l'empereur fut tué en trahison comme
Achille³; dans un autre il semble accuser le chef
des chrétiens, qui, selon Gibbon, ne pouvoit être
que saint Athanase⁴. La vie de saint Basile et la
Chronique d'Alexandrie contiennent l'histoire d'une

---

¹ Aiunt illum, vulnere accepto, statim haustum manu sua sanguinem in cœlum jecisse, hæc dicentem : Vicisti, Galilæe! (Soz., lib. III, cap. XXV, pag. 147.)

² Et cum omnia se obtinuisse putasset, subito ei irruit multitudo exercitus angelorum. (Passion. S. Theodor. presbyt.)

³ Dolo enim mortuus est sicut Achilles. (Lib. pro Templis, pag. 24. Genevæ, 1634.)

⁴ Gibbon suit l'opinion de La Bletterie : le dernier remarque qu'on avoit, d'après une phrase de Libanius, soupçonné saint Basile et saint Grégoire de Nazianze, mais que cette phrase désigneroit plutôt saint Athanase. Seize ans après la mort de Julien, Libanius ne craignit point de renouveler une accusation qui, d'ailleurs, étoit sans preuve, dans un discours adressé à l'empereur Théodose. Sozomène (lib. VI, cap. II) fait honneur à quelques chrétiens zélés de la mort de Julien, et compare ces héros inconnus à ces Grecs généreux qui se dévouoient autrefois pour la patrie. Libanius est si peu d'accord avec lui-même, qu'il dit positivement dans un autre discours (orat. 11, pag. 258) que Julien avoit été tué par un Aquemenide, un Perse.

vision de ce saint, de laquelle il résulteroit que Mercure, martyr de Cappadoce, avoit frappé Julien par ordre de Jésus-Christ[1]. Didyme, célèbre aveugle, Julien Sabbas, fameux solitaire, eurent des révélations de la même nature. Didyme aperçut en songe des guerriers montés sur des chevaux blancs courant dans l'air, et qui s'écrioient : « Dites à Didyme « qu'aujourd'hui, à cette heure même, Julien a été « tué[2]. » Sabbas entendit une voix qui prononçoit ces mots : « Le sanglier sauvage qui ravageoit la « vigne du Seigneur est étendu mort[3]. » Libanius, demandant à un chrétien d'Antioche : « Que fait au- « jourd'hui le fils du charpentier ? »—« Un cercueil, » répondit le chrétien[4].

La plupart de ces faits sont contestés et très contestables ; mais il s'agit moins de la critique histo-

[1] Per nocturnam speciem, Basilius, Cæsareæ episcopus, vidit cœlos apertos et Christum Salvatorem in solio pro tribunali sedentem magnoque clamore vocantem : Mercuri, abi, occide Julianum imperatorem, illum hostem christianorum. Sanctus ergo Mercurius stans coram Domino, loricam ferream indutus, accepto a Domino mandato evanuit : rursus visus adstare ad tribunal Domini exclamavit : Julianus imperator expiravit uti imperasti, Domine. (*Chronicon Alexandrinum*, pag. 693-694.)

[2] Equos candidos per aerem discurrentes sibi videre visus est, virosque ipsis insidentes, ita clamantes audire : Nuntiate Didymo, hodie Julianum hac ipsa hora peremptum esse. (Sozom., *Histor. eccles.*, lib. VI, cap. II, pag. 518.)

[3] Suem agrestem, vastatorem vineæ Domini..... mortuum jacere. (Theodor., lib. III, cap. XXIX, pag. 657. Lutetiæ Parisiorum, 1642.)

[4] Iste fabri filius arcam ei ligneam parat ad tumulum. (Sozomen., *Hist. eccles.*; Julian., cap. II, pag. 519.) L'histoire de saint Mercure, dont on a fait un chevalier Mercure, est devenue le sujet d'un drame du moyen-âge.

rique à cette époque, que de la peinture du mouvement des esprits.

Les païens furent consternés en apprenant la fin prématurée du restaurateur de l'idolâtrie. « Je me « souviens, dit saint Jérôme, qu'étant encore enfant « et étudiant la grammaire, lorsque toutes les villes « fumoient des feux des sacrifices, la nouvelle de la « mort de Julien se répandit tout à coup. Un philo-« sophe s'écria : Les chrétiens déclarent que leur « Dieu est patient, et rien n'est aussi prompt que sa « colère [1] ! »

Grégoire de Nazianze commence et termine ses invectives contre Julien par une sorte d'hymne où respire une joie aussi féroce qu'éloquente :

« Peuples, écoutez ! soyez attentifs, vous tous qui habitez l'univers ! j'élève de ce lieu, comme du haut d'une montagne, un cri immense. Écoutez, nations ! écoutez, vous qui êtes aujourd'hui, et vous qui viendrez demain ! Anges, puissances, vertus, écoutez ! La destruction du tyran est votre ouvrage. Le dragon, l'apostat, le grand et redoutable génie, l'ennemi du genre humain, qui répandoit partout la terreur, qui vomissoit des blasphèmes contre le ciel, celui dont le cœur étoit encore plus souillé que la bouche n'étoit impure, est tombé ! Cieux et

---

[1] Dum adhuc essem puer, et in grammaticæ ludo exercerer, omnesque urbes victimarum sanguine polluerentur, ac subito in ipso persecutionis ardore Juliani nuntiatus esset interitus, eleganter unus de ethnicis : Quomodo, inquit, christiani dicunt Deum suum esse patientem... nihil iracundius, nihil hoc furore præsentius! (S. Hieron., *Comment.*, lib. II, cap. III, in Habacuc, pag. 243-244.)

terre, prêtez l'oreille au bruit de la chute du persécuteur.

« Venez aussi, généreux athlètes, défenseurs de la vérité, vous qui avez été donnés en spectacle à Dieu et aux hommes! approchez, vous qui fûtes dépouillés de vos biens; accourez, vous qui, injustement bannis de votre patrie terrestre, avez été arrachés des bras de vos femmes et de vos enfants; enfin, je convoque à ces réjouissances tous ceux qui confessent un seul Dieu, souverain maître de toutes choses. C'est ce Dieu qui a exercé un jugement si éclatant, une vengeance si prompte; c'est le Seigneur qui a percé la tête de l'impie. Dans les saints transports qui m'animent, il n'est point de paroles qui répondent à la grandeur du bienfait. Nous verrons un jour combien les supplices de Julien damné sont au-dessus de ce que l'esprit humain se peut figurer de tourments. O homme, qui te disois le plus prudent et le plus sage des hommes, voilà l'oraison funèbre que Grégoire et Basile prononcent sur ton cercueil! O toi, qui nous avois interdit l'usage de la parole, comment es-tu tombé dans le silence éternel[1]? »

Si Antioche se réjouit par des festins et des danses; si la victoire de la croix fut non-seulement célébrée dans les églises, mais sur les théâtres; si l'on s'écrioit: Où sont vos oracles, insensé Maxime[2]? à

---

[1] Greg. Naz., *Or. cont. Julian.* Ce beau mouvement, *Venez aussi, généreux athlètes,* a été visiblement imité par Bossuet dans l'admirable apostrophe qui termine l'Oraison funèbre du grand Condé.

[2] Nec in ecclesiis solum ac martyriis, cuncti tripudiabant, sed

Carrhes, le courrier porteur du fatal message fut lapidé [1]; quelques villes placèrent l'image de Julien parmi celles des dieux, et lui rendirent les honneurs divins [2].

Libanius se voulut percer de son épée [3], et se résolut à vivre pour travailler à l'apologie d'un prince dont Grégoire de Nazianze devoit écrire la satire : la louange est plus à l'aise que le blâme sur un tombeau. Tel est l'emportement du fanatisme, qu'un saint, un Père de l'Église, un homme supérieur par ses talents, n'a pas craint d'avancer que Julien avoit fait empoisonner Constance.

Le corps de Julien, transporté à Tarse, fut enterré en face du monument de Maximin-Daïa : le chemin qui conduit aux défilés du mont Taurus séparoit les sépulcres des deux derniers persécuteurs des chrétiens [4].

Les funérailles eurent lieu selon les rites du pa-

---

in ipsis etiam theatris victoriam crucis prædicabant... Omnes siquidem juncti simul clamabant : Ubinam sunt vaticinia tua, Maxime stulte? (Theodor., lib. III, cap. XXVIII, pag. 147-148.)

[1] Et Carrheni tantum percepere dolorem morte Juliani nuntiata, ut eum qui nuntium hunc adtulerat, lapidibus obruerent. (Zosim., lib. III, pag. LIX. Basileæ.)

[2] Pleræque urbes illum deorum figuris repræsentarunt, atque ut divos honorant. (Lib., Orat. x, tom. I, p. 330. Lutetiæ, 1637.)

[3] In ensem oculos conjeci, quasi vita acerbior omni jugulatione mihi futura esset. (Lib., Vit., pag. 45.)

[4] Porro cadaver Juliani, cum Merobandes, et qui cum illo erant, in Ciliciam deportassent, non consulto sed casu quodam e regione sepulchri in quo Maximini ossa erant condita deposuerunt, via publica duntaxat loculos eorum a se invicem separante. (Philostorg., Hist. ecclesiast., lib. VIII, pag. 511. Parisiis, 1673.)

ganisme : des bouffons chantoient des airs funèbres ; un personnage représentoit le mort, et les baladins prenoient plaisir, au milieu de leurs danses et de leurs lamentations, à se moquer de la défaite et de l'apostasie de l'ennemi des théâtres [1].

Le chrétien Grégoire de Nazianze plaint la ville de Tarse, condamnée à garder la poussière de l'adorateur des démons ; poussière qui s'agitoit, et que la terre rejeta [2].

Le philosophe Libanius eût désiré saluer la dépouille mortelle de Julien auprès de celle du divin Platon dans les jardins de l'Académie [3].

Le soldat Ammien Marcellin souhaitoit que les cendres de son général fussent baignées non par le Cydnus, mais par le Tibre qui traverse la ville éternelle et embrasse les monuments des anciens Césars [4]. Toutefois la tombe de Julien aux bords du Cydnus, si renommé par la fraîcheur de ses ondes, devint une espèce de temple ; une main amie y grava

---

[1] Mimi et histriones eum ducebant probris a scena petitis, ac ludibriis incessebant, eique fidei abjurationem et cladem vitæque finem exprobrantes. (S. Gregor., *Theologi. oratio* v, tom. 1, pag. 159. Lutetiæ, 1778.)

[2] Ut mihi quispiam narravit nec ad sepulturum assumptum, sed a terra quæ ipsius causa turbata fuerat excussum, æstuque vehementi projectum. (*Id.*, orat. xxi, pag. 408.)

[3] Atque eum quidem Tarsi in Cilicia recept suburbanum : at potiori jure in Academia, proximo Platonis sepulchro, fuisset tumulatus. (Liban., *Orat. Parental.*, cap. clvi, pag. 377.)

[4] Cujus suprema et cineres, si quis tunc juste consuleret, non Cydnus videre deberet, quamvis gratissimus amnis et liquidus : sed ad perpetuandam gloriam recte factorum præterlambere Tiberis, intersecans, urbem æternam, divorumque veterum monumenta præstringens. (Amm., lib. xxv, cap. x.)

cette épitaphe : *Ici repose Julien, tué au-delà du Tigre. Excellent empereur, vaillant guerrier*[1]. Le polythéisme en étoit à son tour réduit aux reliques, et à pleurer dans ses sanctuaires abandonnés.

En dédaignant le faste de la cour de Constance, en recevant d'une armée mutinée le titre d'auguste, Julien avoit rendu momentanément le droit d'élection aux seuls soldats : ils s'assemblèrent après sa mort ; pressés de se donner un chef, ils offrirent la pourpre au préfet Salluste qui rejeta cet honneur. Vous avez pu remarquer que l'on commençoit à refuser assez fréquemment l'autorité suprême : jusqu'au règne de Commode, l'empire étoit la possession de tous les plaisirs dans le repos ; mais, après ce règne, le césar ne fut plus qu'un soldat courant les armes à la main du Rhin à l'Euphrate, et du Nil au Danube, combattant ou repoussant l'ennemi, domestique ou étranger. Le pouvoir, qui cessoit d'être une jouissance, devint un fardeau : la médiocrité étoit toujours prompte à le mettre sur ses épaules, le mérite à le secouer.

Au défaut de Salluste, les légions élurent empereur Jovien, primicère des gardes, dont le nom avoit été prononcé par hasard. Il étoit chrétien et catholique comme Valentinien ; il avoit préféré comme lui sa foi à son épée ; mais Julien, qui le redoutoit peu, consentit à lui laisser l'une et l'autre. Jovien s'étoit trouvé chargé de conduire à Constantinople le corps de Constance, mort à Mopsucrène :

---

[1] Amm., lib. xxv, cap. x, pag. 240, n. z. Voyez aussi *Vie de Julien*, par La Bletterie, *ad fin*.

assis dans le char funèbre, il avoit partagé les honneurs impériaux rendus à la poussière de son maître; on en augura sa grandeur future : on y auroit pu trouver le présage de son second et prochain voyage sur le même char.

Jovien signa une paix de vingt-neuf ou de trente ans, et conclut un traité honteux avec Sapor : il céda aux Perses cinq provinces transtigritaines [1], la colonie romaine de Singare et la ville de Nisibe, malgré ses larmes, malgré son dernier siége, retracé éloquemment par Julien dans l'un de ses deux panégyriques de Constance. Obligés de livrer à Sapor les murs qu'ils avoient si vaillamment défendus contre lui avec Jacques leur évêque, les Nisibiens, chassés de leurs foyers, dépouillés de leurs biens, offrirent encore à l'auteur de leur exil la couronne d'or que chaque ville étoit dans l'usage de présenter aux nouveaux empereurs : exemple touchant d'une fidélité qui ne se croyoit pas affranchie de ses devoirs par l'ingratitude [2].

Jovien rendit la paix à l'Église, et rappela saint Athanase.

Ainsi s'évanouirent tous les projets de Julien : il entreprit d'abattre la croix, et il fut le dernier empereur païen.

L'hellénisme retomba de tout le poids des âges dans la poudre d'où l'avoit soulevé à peine une main mal guidée. Les philosophes se rasèrent, jetèrent leur robe, et se contentèrent d'enseigner en

JOVIEN, emp.
DAMASE Ier, pape.
An de J.-C. 363.

---

[1] Par rapport aux Perses. [2] AMM., lib. xxv.

silence ou de gémir sur les générations qui leur échappoient : on craignoit tellement d'être pris pour l'un d'eux, que les citoyens qui portoient des manteaux à franges les quittèrent.

Julien s'étoit porté à la conquête des Perses, afin de revenir dompter les chrétiens : cette guerre, qui devoit renverser le trône du grand roi, amena le premier démembrement de l'empire des Césars.

Il a fallu vous rappeler en détail cette dernière épreuve de l'Église, parce qu'elle fait époque et qu'elle se distingue des autres : elle tient d'une civilisation plus avancée : elle a un air de famille avec l'impiété littéraire et moqueuse qu'un esprit rare répandit au dix-huitième siècle. Mais l'impiété de l'empereur, qui pouvoit ordonner des supplices, ne laissa aux chrétiens que des couronnes, et l'impiété du poëte, qui n'avoit pas la puissance du glaive, leur légua des échafauds.

La persécution de Julien ne sortit point du paganisme populaire ; elle vint du paganisme philosophique demeuré seul sur le champ de bataille, ayant pour chef un cynique à manteau de pourpre, qui portoit le vieux monde dans sa tête et l'Empire dans sa besace. Mais, dans la lice où les deux partis cherchoient à s'enlever des champions, les hommes de talent passèrent successivement avec leur génie et leur vertu au christianisme, comme les soldats qui désertent avec armes et bagages à l'ennemi : l'autre camp ne voyoit arriver personne.

Constantin étoit un prince inférieur à Julien, et pourtant il a attaché son nom à l'une des plus mémorables révolutions de l'ordre social : c'est qu'abstraction faite de ce qu'il peut y avoir de surnaturel dans l'établissement de la religion chrétienne, il se mit à la tête des idées de son temps, marcha dans le sens où l'espèce humaine marchoit, et grandit avec les mœurs croissantes qui le poussoient.

Julien au contraire se fit écraser par les générations qu'il prétendoit retenir; elles le jetèrent par terre malgré sa force, et lui passèrent sur la poitrine. Eût-il vécu, il auroit ralenti le mouvement; il ne l'eût pas arrêté : le calvaire nu, par où l'esprit de l'homme alloit maintenant chercher la vérité de Dieu, devoit dominer tous les temples. Les soins inutiles que se donna une vaste intelligence, un monarque absolu, un guerrier redoutable, pour rétablir l'ancien culte, prouvent qu'il n'est pas plus possible de ressusciter les siècles que les morts. Cent cinquante ans auparavant, Pline le jeune avoit aussi pensé qu'on pouvoit extirper le christianisme. La tentative rétrograde de Julien, événement unique dans l'histoire ancienne [1], n'est pas sans exemple dans l'histoire moderne : toutes les fois qu'ils ont voulu rebrousser le cours du temps, ces navigateurs en amont, bientôt submergés, n'ont fait que hâter leur naufrage.

Jovien ramena du désert des soldats sans vêtements, mendiant leur pain : le légionnaire qui avoit conservé un morceau de sa pique ou de son bou-

---

[1] Léonidas à Sparte, sur un plus petit théâtre, se trompa et se perdit comme Julien.

clier, où qui rapportoit un de ses brodequins sur son épaule, magnifioit son courage : ainsi auroient été les Perses si Julien avoit vécu, dit Libanius. La fin de la retraite de l'armée fut le terme de la vie de Jovien : sa femme venoit au-devant de lui pour partager sa pourpre ; elle rencontra son convoi. Les officiers civils et militaires, les eunuques et l'armée voulurent décerner le diadème à Salluste qui le refusa une seconde fois. L'élection, après la proposition de divers candidats, s'arrêta sur Valentinien, confesseur de la foi sous Julien : il étoit sans lettres, mais avoit une naturelle éloquence. Trente jours après son élévation, il associa son frère Valens à l'empire ; nom fatal qui rappelle la dernière et définitive invasion des Barbares.

Alors eut lieu, et pour toujours, la division de l'empire d'Orient et de l'empire d'Occident. Valentinien établit sa cour à Milan, Valens à Constantinople. Les deux frères quittèrent le château de Médiana, à trois milles de Naïsse où s'étoit accompli le partage du monde romain ; ils allèrent ensemble à Sirmium : là, ils s'embrassèrent, se séparèrent, et ne se revirent plus [1].

---

[1] Amm., lib. xxvi; Philostorg., pag. 114. Théodose Ier ne fut un moment maître de tout l'empire que pour le partager entre ses deux fils.

ÉTUDE TROISIÈME

ou

TROISIÈME DISCOURS

SUR LA CHUTE
DE L'EMPIRE ROMAIN,

LA NAISSANCE ET LES PROGRÈS

DU CHRISTIANISME
ET L'INVASION DES BARBARES.

PREMIÈRE PARTIE.

DE VALENTINIEN Ier ET VALENS, A GRATIEN ET A THÉODOSE Ier.

Pour éviter la confusion des sujets, vous aimerez mieux voir séparément ce qui se passoit aux empires d'Orient et d'Occident, sans toutefois perdre de vue leur connexité et ce qu'il y avoit de commun dans les événements, les mœurs et les lois des deux grandes divisions du monde romain.

L'Occident, dévolu à Valentinien, comprenoit l'Illyrie, l'Italie, les Gaules, la Grande-Bretagne,

Valentinien, Valens, emp. Félix, Damas, papes.
An de J.-C. 364-376.

l'Espagne et l'Afrique; l'Orient, laissé à Valens, embrassoit l'Asie, l'Égypte, la Thrace et la Grèce.

La résidence particulière de Valentinien étoit à Milan; celle de Valens à Constantinople; mais les deux empereurs se transportoient là où leur présence étoit nécessaire.

Dans l'Occident, Valentinien eut à combattre les Allamans qui se jetèrent sur la Gaule, et il fortifia de nouveau la ligne du Rhin. On voit paroître les Bourguignons issus des Vandales qui habitoient les bords de l'Elbe. Leur roi étoit connu sous le nom générique d'Hendinos, et leur grand-prêtre sous celui de Sinistus[1]. Ennemis des Allamans, les Bourguignons s'allièrent avec Valentinien, et s'engagèrent à lui fournir une armée de quatre-vingt mille hommes.

Les Saxons et les Franks reparurent sur les côtes de la Gaule et de la Grande-Bretagne; les Pictes et les Scots désolèrent cette dernière province. Théodose, général de Valentinien, les refoula au fond de la Calédonie.

Les peuples de la Gétulie, de la Numidie et de la Mauritanie ravagèrent l'Afrique : Théodose fut envoyé pour les repousser, et punir l'avidité de Romanus, commandant militaire de cette province : il réussit dans la première partie de sa mission.

Valens et Valentinien poursuivirent avec toute la rigueur des lois romaines leurs sujets accusés de

---

[1] Apud hos generali nomine rex appellatur Hendinos... Sacerdos omnium maximus vocatur Sinistus. (AMM. MARCELL., lib. XXVIII, cap. V, pag. 539; 1671.)

magie. Les victimes furent nombreuses à Rome et à Antioche. Maxime, si fameux sous Julien, et d'autres philosophes succombèrent; Jamblique s'empoisonna; Libanius échappa avec peine à l'accusation [1].

Valens étoit tyran par foiblesse, Valentinien par colère. Deux ourses, l'histoire en dit le nom, *Inoffensive* et *Paillette dorée*, avoient leurs loges auprès de la chambre à coucher de Valentinien; il les nourrissoit de chair humaine. *Inoffensive*, bien méritante, fut rendue à ses forêts [2].

L'empereur d'Occident gâtoit de grandes qualités par un tempérament cruel : il ordonnoit le feu pour les moindres fautes. Milan eut des victimes qui prirent de leur injuste condamnation le nom d'*Innocents*. Tout débiteur insolvable étoit mis à mort. Le prévenu récusoit-il un juge, c'étoit à ce juge qu'on le renvoyoit [3].

Vous êtes frappés de cet arbitraire de supplices, qui souille les annales de Rome; le genre de peines à appliquer semble abandonné au caprice des magistrats et des particuliers : la loi criminelle, chez

---

[1] Primus ex nobilibus philosophis interfectus est Maximus, et post illum oriundus ex Phrygia Hilarius qui ambiguum quoddam oraculum clarius fuisset interpretatus. Secundum hunc Simonides, et patricius Lydus et Andronicus e Caria. (Zosim., *Histor.*, lib. iv, pag. 65. Basileæ.)

[2] Micam auream et Innocentiam : cultu ita curabat enixo, ut earum caveas prope cubiculum suum locaret... Innocentiam denique, post multas quas ejus laniatu cadaverum viderat sepulturas, ut bene meritam in sylvas abire dimisit. (Amm. Marcell., lib. xxix, cap. iii.)

[3] Amm. Marcell., l. xxvii, c. vii; l. xxix, c. iii; l. xxx, c. viii.

les Romains, étoit fort inférieure à la loi civile. Nous ne faisons pas assez d'attention aux améliorations évidemment apportées dans les lois par la mansuétude du Christ. Accoutumés que nous sommes à lire des faits atroces, quand nous voyons des hommes déchirés avec des ongles de fer, exposés nus et frottés de miel à la piqûre des mouches, torturés comme les prisonniers de guerre des Iroquois par l'ordre d'un juge ou la vengeance d'un simple créancier, nous ne nous demandons pas comment cela arrivoit chez les nations civilisées de l'ancien monde, et comment cela n'arrive plus chez les nations civilisées du monde moderne. Le progrès si lent de la société ne suffit pas pour rendre compte de ces changements; il faut reconnoître une cause plus prompte, plus efficace, plus générale : cette cause est l'esprit du christianisme.

Le sang des empereurs païens se retrouve dans les cruautés de Valentinien; le caractère des empereurs chrétiens dans les lois qui ordonnent des médecins pour les pauvres, et qui défendent l'exposition des enfants[1] : honneur à la bénignité évangélique à qui l'on doit l'abolition d'une coutume qu'autorisoient les législations les plus fameuses de l'antiquité!

Parmi les lois de Valens et de Valentinien, je dois vous signaler encore l'institution des écoles, modèles de nos universités : l'éducation publique

---

[1] *Cod. Theod.*, tom. III, lib. VIII, pag. 34.

expira avec la liberté publique; les colléges modernes eurent leur origine lointaine dans les siècles de décadence et d'esclavage de l'empire romain.

Valentinien donna aux villes des défenseurs officieux[1], sorte de magistrats élus par le peuple[2]; d'où il arriva que les Églises, devenues des espèces de municipes, eurent à leur tour des défenseurs qui se transformèrent en champions dans le moyen-âge. La liberté politique s'étoit changée en priviléges de bourgeoisie : on voit partout les empereurs adresser des lettres et des rescrits aux *communes* des diverses provinces de l'Europe, de l'Afrique et de l'Asie.

En suivant la série des institutions, le Code à la main, on remarque, avec une admiration reconnoissante, que le travail des princes chrétiens tend surtout à l'adoucissement des inflictions criminelles et à la réforme des mœurs : les enfants des suppliciés retrouvent les biens paternels; des règlements améliorent le sort des pauvres et des esclaves, multiplient les cas de liberté; les vices abominables chantés par les poëtes, et protégés des magistrats, sont punis. En un mot, c'est dans le recueil des lois romaines qu'il faut chercher la véritable histoire du christianisme, bien plus que dans les fastes de l'Empire.

Valentinien accorda le libre exercice du culte à ses sujets, et ne prit aucun parti dans les querelles

---

[1] *Cod. Theod.*, tom. IX, lib. I, pag. 197.
[2] *Cod. Just.*, tom. LV, lib. I et II, pag. 166.

religieuses[1] : il se crut d'autant plus autorisé à cette tolérance, qu'il s'étoit montré chrétien indépendant sous Julien. Cependant il défendit aux païens les sacrifices, et les assemblées aux manichéens et aux donatistes. Il mit aussi des bornes à l'accroissement des richesses de l'Église et à la multiplication des ordres monastiques : il fut défendu au clergé d'admettre à la cléricature les propriétaires hommes du peuple, et les décurions des villes, à moins que ceux-ci n'abandonnassent leurs biens ou à la municipalité dont ils étoient membres, ou à quelques-uns de leurs parents[2]. Il fut également défendu au même clergé d'accepter des legs testamentaires. Déjà le pouvoir et la fortune avoient amené la corruption : Damas disputa le siége de Rome à Ursin; on en vint aux mains[3]; cent trente-sept morts furent trouvés le matin dans la basilique de Sicinius, aujourd'hui Sainte-Marie-Majeure.

Valentinien avoit eu de sa première femme, Sévéra, un fils nommé Gratien, qu'il éleva à Amiens, le 24 août 367, au rang d'auguste, sans le créer d'abord césar, selon l'usage. On a cherché la raison de cette innovation : elle est évidente. Il y'

---

[1] Bav., ann. 371 ; Symm., lib. x, epist. 54.

[2] *Cod. Theod.*, tom. I, lib. LIX, pag. 405.

[3] Damasius et Ursinus, supra humanum modum ad rapiendam episcopatus sedem ardentes, scissis studiis asperrime conflictabantur, adusque mortis vulnerumque discrimina adjumentis utriusque processis... Uno die centum triginta-septem reperta cadavera peremptorum. (Amm. Marcell., lib. xxvii, cap. iii, pag. 481. Parisiis, 1677.)

avoit maintenant deux empires; Gratien, âgé de huit ans, n'étoit plus un césar ou un général nommé pour défendre une partie de l'Etat, c'étoit un héritier qui devoit succéder à la souveraineté de son père.

Valentinien répudia Sévéra, et épousa Justine, Sicilienne d'origine; elle auroit, selon Zosime, été mariée d'abord au tyran Magnence. Justine étoit arienne, mais elle ne déclara son hérésie qu'après la mort de Valentinien. Elle donna à l'empereur un fils, qui fut Valentinien II, et trois filles, Justa, Grata et Galla; celle-ci devint la seconde femme de Théodose-le-Grand.

Les Quades et les Sarmates, justement irrités de la trahison des Romains qui, après avoir attiré leur roi Gabinus à une entrevue, l'avoient massacré, ravageoient l'Illyrie; Valentinien accourt avec les forces de la Gaule; il meurt subitement à Bergetion[1], d'un accès de colère, dans une audience qu'il donnoit aux députés des Quades suppliants.

Mallobaud ou Mellobaud, chef d'une tribu de Franks, avoit obtenu un commandement sous Valentinien, et s'étoit distingué par ses gestes militaires : à la mort de l'empereur il entreprit avec Équitius, comte d'Illyrie, de faire prévaloir les droits de Valentinien, fils de Justine, sur ceux de Gratien, fils de Sévéra. Valentinien II fut en effet proclamé empereur; mais son frère Gratien, déjà auguste, au lieu de s'en offenser, reconnut l'élec-

VALENS, GRATIEN, emp.
DAMAS, pape.
An de J.-C. 376-378.

---

[1] 17 novembre 375.

tion. Valentinien eut dans son partage l'Italie, l'Illyrie et l'Afrique; Gratien garda les Gaules, l'Espagne et l'Angleterre, peut-être même n'y eut-il pas de véritable partage. Ce qu'il y a de certain, c'est que Gratien gouverna seul l'Occident jusqu'à sa mort, Valentinien n'étant encore qu'un enfant sous la tutelle de sa mère.

Valens n'approuvoit pas ces arrangements paisibles entre ses jeunes neveux; mais les mouvements des Goths arrêtèrent son intervention dans des affaires d'une moindre importance.

Mis en possession de l'empire d'Orient par Valentinien Ier, Valens avoit eu, dès les premiers jours de son règne, des épreuves à subir. Procope, commandant de l'armée de Mésopotamie, prit la pourpre dans Constantinople même, par l'autorité de deux cohortes gauloises. Voulant légitimer son usurpation, il épousa Faustine, veuve de l'empereur Constance; elle avoit une fille âgée de cinq ans, dans laquelle les légions voyoient le dernier rejeton de la race de Constantin. La révolte de Procope dura peu; ses soldats l'abandonnèrent à la voix de leurs capitaines, qui gardèrent leur foi. Procope, trahi, fut traîné au camp de l'empereur d'Orient, et décapité.

Valens soutint foiblement contre Sapor les rois d'Arménie et d'Ibérie. On remarque dans cette guerre les aventures de Para, roi d'Arménie, monarque fugitif comme tant d'autres, protégé d'abord des Romains, ensuite égorgé par eux dans un repas.

Les Goths, restés fidèles à la famille de Constantin, s'étoient déclarés contre Valens en faveur de Procope, mari de la veuve de Constance. Valens remporta quelques avantages sur ces Barbares. Une paix fut le résultat de ces avantages, et six ans après les Huns précipitèrent les Goths sur l'Empire.

L'arianisme étoit la religion de Valens : il persécuta les catholiques qu'il appeloit les athanasiens : saint Basile étoit devenu leur chef après la mort de saint Athanase. A ce grand homme de solitude et de charité est due la fondation du premier de ces monuments élevés aux misères humaines; monuments qui font la gloire éternelle du christianisme. Les moines, presque tous catholiques, s'étoient accrus par l'esprit et le malheur de leur temps. Valens les fit enlever à main armée; on les força de s'enrôler dans les légions, et quand ils résistèrent on les massacra.

Nous arrivons au fameux événement qui hâta la chute de l'ancien monde.

Depuis leurs expéditions maritimes, les Goths, en paix avec les Romains, s'étoient multipliés dans les forêts : ils avoient assujetti autour d'eux les autres peuplades barbares. Hermanric, roi des Ostrogoths et de la noble race des Amali, devint conquérant à l'âge de quatre-vingts ans; à cent dix ans il alloit encore au combat, et restoit le seul contemporain de sa gloire [1]. Il conquit les Hérules

---

[1] JORN., cap. XXII.

et les Venèdes. Sa puissance s'étendoit dans les bois et sur les hordes des bois, du Pont-Euxin à la Baltique, derrière les tribus saxonnes, allamanes, frankes, bourguignonnes et lombardes, plus rapprochées des rives du Rhin : le Danube séparoit l'empire sauvage des Goths de l'empire civilisé des Romains. Les Visigoths, réunis aux Ostrogoths, leur avoient cédé la prééminence; leurs chefs, parmi lesquels se distinguoient Athanaric, Fritigern et Alavius, avoient quitté le nom de rois pour descendre ou pour monter à celui de juges [1].

Telles étoient devenues les nations gothiques aux frontières de l'empire d'Orient, lorsque tout à coup un bruit se répand : on raconte qu'une race inconnue a traversé les Palus-Méotides. La présence des Huns fut annoncée par un tremblement de terre qui secoua presque tout le sol du monde romain, et fit pencher sur la tête d'Hermanric sa couronne séculaire. Les Huns étoient la dernière grande nation mandée à la destruction de Rome; les autres nations avoient fait une halte pour les attendre; ils venoient de loin. A peine avoient-ils paru, qu'on entendit parler des Lombards, dernier flot de cet océan.

Un nouveau système historique fait descendre les Huns des peuples ouralo-finnois. Dans ce système fondé sur une meilleure critique, une connoissance plus avancée des peuples et des langues de l'Asie et de l'Europe septentrionale, on suit cependant

[1] JORN., cap. XXII.

avec moins de facilité la marche et les progrès des soldats futurs d'Attila.

Dans l'ancien système que Gibbon a adopté, il est plus aisé de se reconnoître. En rejetant de la primitive monarchie des Huns la partie confuse et romanesque, laissant de côté ce qu'ont pu faire ou ne pas faire les Huns au nord de la muraille de la Chine, 1210 ans avant l'ère vulgaire, négligeant leur invasion de la Chine, leur défaite par l'empereur Voulé de la dynastie des Huns, on trouve qu'au temps de la mission du Christ deux divisions des Huns s'avancèrent dans l'Occident, l'une vers l'Oxus, l'autre vers le Volga : celle-ci se fixa au bord oriental de la mer Caspienne, et fut connue sous le nom des Huns blancs; ils eurent de fréquents démêlés avec les Perses.

L'autre division des Huns pénétra avec difficulté au Volga, conserva ses mœurs en augmentant sa force par des alliances volontaires, des adjonctions de peuples conquis, et par l'habitude des combats : cette division subjugua les Alains : la plus grande partie des vaincus entra dans les rangs des vainqueurs, tandis qu'une colonie indépendante des premiers alla se mêler aux races germaniques et s'associer à leur guerre contre l'Empire [1].

Les Huns parurent effroyables aux Barbares eux-mêmes : quand ils eurent franchi les Palus-Méotides, ils se trouvèrent en présence des tributaires de la puissance d'Hermanric. Les deux monarchies

---

[1] DEGUIGNES, GIBBON, JORNANDÈS, AMMIEN MARCELLIN, etc.

des Huns et des Goths, l'une composée de sauvages à cheval, l'autre de sauvages à pied, c'est-à-dire les deux races scythe et tartare, se heurtèrent. Les Goths étoient divisés; Hermanric, abusant du pouvoir, avoit fait écarteler la femme d'un chef Roxolan qui s'étoit retiré de lui [1]. Les frères de cette femme la vengèrent en poignardant Hermanric, vainement cuirassé d'un siècle, et à qui cent dix années avoient encore laissé du sang dans le cœur : il ne resta pas sous le coup. Balamir, roi des Huns, profita de cet événement : il attaqua les Ostrogoths qui furent abandonnés des Visigoths ; Hermanric, impatient de la douleur que lui causoit sa blessure, et encore plus tourmenté de la ruine de son empire, mit fin à des jours que la mort avoit oubliés [2]. Withimer, chargé après lui du gouvernement, en vint avec les Huns et les Alains à une bataille dans laquelle il fut tué [3]. Saphrax et Alathæus sauvèrent le jeune roi des Ostrogoths, Witheric, et conduisirent les débris indépendants de leurs compatriotes sur les bords du Niester.

[1] Dum enim quamdam mulierem Sanielh nomine pro mariti fraudulento discessu, rex furore commotus, equis ferocibus illigatam, incitatisque cursibus per diversa divelli præcepisset : fratres ejus Sarus et Ammius, germanæ obitum vindicantes, Ermanarici latus ferro petierunt. (JORNAND., *de Reb. geticis*, cap. XXIV, pag. 70-71. Lugduni Batavorum.)

[2] Inter hæc Ermanaricus tam vulneris dolorem, quam etiam incursiones Hunnorum non ferens, grandævus et plenus dierum, centesimo decimo anno vitæ suæ defunctus est. (JORN., cap. XXIV.)

[3] AMM. MARCELL., lib. XXXI, cap. III.

Cependant les Visigoths, séparés des Ostrogoths, s'étoient retirés chez les Gépides leurs alliés; ils y furent poursuivis par les Huns. Un corps de cavalerie tartare passa le Niester à gué pendant la nuit, au clair de la lune : Athanaric, juge des Visigoths, qui défendoit les bords de la rivière, parvint à gagner des hauteurs avec son armée; il s'y vouloit fortifier, mais les Visigoths se précipitent vers le Danube, envoient des ambassadeurs à Valens, et le conjurent de leur accorder la Mœsie inférieure pour asile : ils offroient d'embrasser la religion chrétienne. « Valens, dit Jornandès, dépêcha des « évêques hérésiarques aux Visigoths, et fit de ces « suppliants des sectateurs d'Arius au lieu de dis- « ciples de Jésus-Christ. Les Visigoths communi- « quèrent le venin aux Gépides leurs hôtes, aux « Ostrogoths leurs frères; ils se répandirent dans « la Dacie, la Thrace, la Mœsie supérieure, et tous « les Goths se trouvèrent ariens [1]. »

L'historien se trompe : tous les Goths sans doute n'étoient pas encore chrétiens en 376, mais ils avoient déjà reçu les semences de la foi. Théophile, au concile de Nicée, est appelé l'évêque des Goths [2];

---

[1] Et ut fides uberior illis haberetur promittunt, se, si doctores linguæ suæ donaverit, fieri christianos............Sic quoque Vesegothæ a Valente imperatore ariani potius quam christiani effecti. De cætero, tam Ostrogothis quam Gepidis parentibus suis, per affectionis gratiam evangelizantes, hujus perfidiæ culturam edocentes, omnem ubique linguæ hujus nationem ad culturam hujus sectæ invitavere. Ipsi quoque (ut dictum est) Danubium transmeantes Daciam, ripensem Mœsiam, Thraciasque permissu principis insedere. (JORN., cap. XXV.)

[2] SOCR., lib. II, cap. XVI.

C.

ceux-ci avoient un petit sanctuaire catholique à Constantinople. Vers l'an 325, Audius, chef d'un schisme, fut banni par Constantin en Scythie; il pénétra chez les Goths, y prêcha l'Évangile, et établit dans leur pays des vierges, des ascètes et des monastères [1]. Les Goths mêmes avoient exercé de grandes cruautés dans la persécution arienne de 372, et ce fut le célèbre évêque Ulphilas que ce peuple fugitif députa, en 376, à Constantinople [2].

Fritigern et Alavivus commandoient les Visigoths qui tendoient les mains à Valens : Athanaric, suivi de quelques compagnons, ne voulut point paroître sur les terres de l'Empire en qualité de parjure ou de suppliant, et se retira dans les forêts de la Transylvanie.

Valens, bigot sectaire, se croyoit un profond politique; il acquiesça à la demande des Visigoths; il se félicitoit de cantonner sur les frontières de ses États des guerriers qui promettoient de le défendre et de se faire ariens. Il les voulut tous, même ceux qui pouvoient être attaqués d'une maladie mortelle [3]; mais il attacha deux conditions à son bienfait : les Visigoths eurent ordre de livrer leurs enfants et leurs armes; leurs enfants comme otages, et leurs armes comme vaincus. Et Valens prétendoit que ces bras désarmés se lèveroient

[1] Sulp. Sev., lib. xvi, n. 42; Epiph., *Hær.*, lxx, n. 9, 14.
[2] Sozom., lib. vi, cap. xxxvii.
[3] Et navabatur opera diligens, ne qui romanam rem eversurus derelinqueretur vel quassatus morbo letali. (Amm. Marcell., lib. xxxi, cap. iv.)

pour protéger sa tête ! Les Visigoths se soumirent.

Le Danube étoit enflé par des pluies. On assembla une multitude de barques, de radeaux, de troncs d'arbres creusés, et l'on vit, par la permission de Dieu, les Romains occupés nuit et jour à transporter dans l'Empire les destructeurs de l'Empire. Des commissaires désignés à cet effet essayèrent de compter les Barbares à leur passage d'une rive du Danube à l'autre; mais ils furent obligés de renoncer au dénombrement[1]. Ammien Marcellin, citant deux vers de Virgile, prétend qu'on auroit plutôt compté les sables que le vent du midi soulève sur les rivages de la Libye. Une évaluation moins poétique porte l'émigration des Visigoths à un million d'individus.

Les enfants mâles des familles les plus distinguées furent séparés de leurs pères; on les distribua dans différentes provinces : les habitants de ces provinces étoient étonnés des brillantes parures et de la beauté martiale des jeunes exilés.

Quant aux armes, elles ne furent point livrées; les Visigoths arrivoient avec les tributs qu'ils avoient jadis reçus, et les anciennes richesses qu'ils avoient enlevées aux Romains; on les crut opulents parce qu'ils étoient chargés de dépouilles; pour

---

[1] *Proinde permissu imperatoris transeundi Danubium copiam colendique adepti Thraciæ partes, transfretabantur in dies et noctes, navibus ratibusque et cavatis arborum alveis agminatim impositi... Ita turbido instantium studio orbis romani pernicies ducebatur. Illud sane neque obscurum est neque incertum, infaustos transvehendi barbaram plebem ministros numerum ejus comprehendere calculo sæpe tentantes, conquievisse frustratos.* (*Id., ib.*)

garder du fer, ils soûlèrent la cupidité des officiers de Valens avec des tapis, des tissus précieux, des esclaves et des troupeaux. A ceux qui préférèrent un autre lucre, ils prostituèrent leurs filles [1]; ils vendirent leur honneur pour acheter un empire, sûrs qu'avec leurs épées ils feroient bientôt passer les filles des Césars dans le lit des Goths.

Les Ostrogoths, conduits par Saphrax et Alathæus qui avoient sauvé Witheric, se présentèrent à leur tour sur la rive septentrionale du Danube, et sollicitèrent inutilement la faveur obtenue par leurs compatriotes : la peur commençoit chez les Romains.

Les Visigoths s'avancèrent dans les Thraces. On s'étoit chargé de les nourrir; on ne les nourrit point : on leur fournit de la chair infecte de chien, et d'autres animaux morts de maladie; un pain coûtoit un esclave, un agneau six livres d'argent. Après leurs esclaves ils n'eurent plus à livrer que le reste de leurs enfants [2]. On fit (parce qu'enfin Rome devoit périr) d'un million d'alliés un million d'opprimés : la reconnoissance finit où l'injustice commence.

Les Ostrogoths, cessant de prier, passèrent le Danube, et se trouvèrent ennemis et indépendants sur le territoire romain. Fritigern, chef des Visi-

[1] Zosim.
[2] Cœperunt duces (avaritia compellente) non solum ovium, boumque carnes, verum etiam canum, et immundorum animalium, morticina eis pro magno contradere : adeo, ut quodlibet mancipium in unum panem aut decem libras in unam carnem mercarentur. (Jorn., cap. xxvi.)

goths, forma des liaisons secrètes avec les nouveaux émigrants, et s'efforça de réunir les Goths dans le même intérêt.

Maxime et Lupicinus, généraux de Valens, avoient alors le commandement dans les Thraces : ils étoient, par leur avarice et leur foiblesse, la première cause de tous ces malheurs. La discorde éclata à Marcianopolis, capitale de la Basse-Mœsie, à soixante-dix milles du Danube : Lupicinus avoit invité les chefs des Goths à un repas, dans le dessein de les faire assassiner ; les gardes de ces chefs, restés aux portes de la ville, se prirent de querelle avec les soldats romains ; leurs clameurs pénétrèrent jusqu'à la salle du festin. Fritigern et ses amis tirent leurs épées, s'ouvrent un passage à travers la foule, sortent de la ville, et ont le bonheur [1] d'échapper. « Ce jour-là, dit Jornandès, ôta la faim aux Goths « et la sûreté aux Romains : les premiers ne se re- « gardèrent plus comme des vagabonds et des étran- « gers, mais comme des citoyens et comme les sei- « gneurs de l'Empire [2]. »

Lupicinus, se fiant à la discipline des légions et à la supériorité de leurs armes, attaqua les Goths : ceux-ci, déployant leur bannière, firent entendre le lamentable son de cette corne célèbre dans le récit de leurs combats, et à la ronflée de laquelle

---

[1] Amm. Marcell., lib. xxxi ; Jorn., cap. xxvi.

[2] Illa namque dies Gothorum famem, Romanorumque securitatem ademit : cæperuntque Gothi jam non ut advenæ et peregrini, sed ut cives et domini possessoribus imperare. (Jorn., cap. xxvi.)

devoit s'écrouler le Capitole[1]; les Romains furent vaincus.

Une troupe de Goths, avant la migration générale de ces peuples, étoit entrée au service de Valens, sous la conduite de Suérid et de Colias; attaquée par les habitants mutinés d'Andrinople, elle les repoussa, et alla rejoindre le grand corps de ses compatriotes. Fritigern franchit l'Hémus, et mit le siége devant Andrinople, qu'il ne put prendre. Les ouvriers employés aux mines du Rhodope se révoltent, se réfugient chez les Barbares, et leur servent ensuite de guides aux réduits les plus secrets des Romains. Les Goths délivrent leurs enfants captifs[2], qui leur racontent ce qu'ils ont eu à souffrir de la lubricité et de la cruauté de leurs maîtres. Une partie des Huns et des Alains font alliance avec les Goths.

Alors Valens songe à porter remède au mal qu'il avoit fait; il retire les légions d'Arménie, et demande des secours au jeune empereur Gratien qui venoit de succéder à Valentinien, son père : Richomer, comte des domestiques, est dépêché à Valens avec les légions gauloises. Une première armée romaine, sous les ordres de Trajan et Profuturus, s'approcha des Visigoths campés vers

---

[1] Rauca cornua. (CLAUDIAN., *in Ruf.*) Auditisque triste sonantibus. (AMM. MARCELL., lib. XXXI.)

[2] Eo maxime adjumento præter genuinam erecti fiduciam, quod confluebat ad eos in dies ex eadem gente multitudo, dudum a mercatoribus venumdati, adjectis plurimis quos primo transgressu necati inedia, vino exili vel panis frustis mutavere vilissimis. (AMM. MARCELL., lib. XXXI, cap. VI.)

l'embouchure méridionale du Danube, à soixante milles au nord de Tôme, exil d'un poëte : Fritigern fait élever des feux pour rappeler ses bandes répandues dans le plat pays. Les Visigoths se lient d'un serment terrible, et entonnent les chants à la gloire de leurs aïeux; les Romains y répondirent par le *barritus*, cri militaire commencé presque à voix basse, allant toujours grossissant, et finissant par une explosion effroyable [1]. La bataille de Salices, qui a pris son nom des arbres paisibles sous lesquels elle fut donnée, dura la journée entière; et la victoire resta indécise. Les Visigoths rentrèrent dans leur camp. Les Romains n'osèrent renouveler le combat, et résolurent d'enfermer les Barbares dans ce coin de terre entre le Danube, la mer Noire et le mont Hémus. Les Ostrogoths et le parti des Huns et des Alains, avec lequel Fritigern s'étoit ménagé une alliance, les dégagèrent.

Valens, suspendant sa guerre contre les moines, partit enfin d'Antioche avec une seconde armée. Arrivé à Constantinople, il maltraita le général Trajan, ami de saint Basile. Au bout de quelques jours, il sortit de la capitale de l'Orient, chassé par le mépris populaire et les clameurs de la foule qui le pressoit de marcher à d'autres ennemis [2].

[1]. Et Romani quidem voci undique martia concinentes, a minore solita ad majorem protolli, quam gentilitate appellant barritum, vires validas erigebant. (AMM. MARCELL., lib. XXXI, cap. VII.)

[2] Venit Constantinopolim, ubi moratus paucissimos dies, seditione popularium pulsatus, etc. (AMM., lib. XXXI, p. 639. Parisiis, 1677.)

Le moine Isaac sort de sa cellule, voisine des chemins où passoit l'empereur; il s'avance au-devant de lui et lui crie : « Où vas-tu? Tu as fait la « guerre à Dieu, il n'est plus pour toi. Cesse ton « impiété, ou ni toi ni ton armée ne reviendront. » L'empereur dit : « Qu'on le mette en prison. Faux « prophète, je reviendrai et je te ferai mourir. » Isaac répondit : « Fais-moi mourir si tu me trouves en « mensonge. » Le moine [1] chrétien remplaçoit le philosophe cynique : il n'en différoit que par les mœurs.

Les Goths, après avoir encore une fois saccagé la Thrace et franchi l'Hémus, inondoient les environs d'Andrinople. Frigerid, général de Gratien, avoit défait quelques alliés des Goths, entre autres les Taïfales, barbares débauchés dont les prisonniers furent transportés sur les terres abandonnées de Parme et de Modène [2]. Sébastien, maître général de l'infanterie de Valens, s'étoit occupé à rétablir la discipline dans un corps particulier; ce corps avoit eu l'avantage sur un nombreux parti d'enne-

---

[1] Quo pergis, imperator, qui Deo bellum intulisti, nec eum habes adjutorem? Desine ergo bellum inferre ei.... : Nam neque reverteris, et exercitum præterea amittes. . . . .

Ad hæc imperator ira percitus :

Revertar, inquit, teque interficiam, et falsi vaticinii pœnas a te exigam.

Tum ille minas neutiquam reformidans : Interfice, inquit, si in verbis meis mendacium fuerit deprehensum. (THEODOR., *Episcop.*; CYR., *Eccles. hist.*, lib. IV, pag. 195. Parisiis, 1673.)

[2] Cum... trucidasset omnes ad unum... vivos omnes circa Mutinam, Regiumque et Parmam, italica oppida, rura culturos exterminavit. (AMM. MARCELL., lib. XXXI, cap. IX.)

mis. Enivré de ces succès, Valens s'apprête à triompher des peuples gothiques, et s'établit dans un camp fortifié sous les murs d'Andrinople.

Richomer, accouru de l'Occident, vient annoncer à Valens que son neveu, vainqueur des Allamans, s'avance pour le soutenir.

En même temps un évêque envoyé par Fritigern, politique aussi rusé que général habile, se présente chargé d'humbles paroles et de soumissions. Il proteste publiquement de la fidélité des Goths, qui, selon lui, ne demandent qu'à paître leurs troupeaux dans la Thrace déserte; mais, par des lettres secrètes, Fritigern presse l'empereur de marcher[1], l'assurant que la seule terreur de son nom obligera les Goths à se soumettre. Valens, jaloux de la renommée de Gratien, ne veut point attendre un jeune prince qui pourroit ravir ou partager l'honneur de la victoire : il lève son camp le 9e d'août, l'an 378. Le trésor militaire et les ornements impériaux furent laissés dans Andrinople.

A huit milles de cette ville on découvrit rangés en cercle les chariots des Barbares. Les Romains firent tristement leurs dispositions militaires, aux lugubres clameurs des Goths[2] : les Goths, pareillement étonnés du bruit des armes et du retentissement des boucliers que frappoient les légionnaires, envoyèrent proposer la paix; leur cavalerie, sous la conduite d'Alathæus et de Saphrax, n'étoit

---

[1] AMM. MARCELL., lib. XXXI, cap. XII.

[2] Atque ut mos est, ululante barbara plebe, ferum et triste, Romani duces aciem struxere. (*Id., ibid.*)

point encore arrivée. Valens s'obstine à ne vouloir entendre que des négociateurs d'un rang élevé : le soldat romain s'épuise sous la chaleur du jour qu'augmentoit un vaste embrasement : le feu avoit été mis aux herbes et aux bois desséchés des campagnes [1]. Fritigern demande à son tour pour traiter un homme de distinction; Richomer s'offre, et part du consentement de Valens à qui le cœur commençoit à faillir. A peine approchoit-il des retranchements ennemis, que les sagittaires et les scutaires engagent le combat. La cavalerie des Goths revenoit alors renforcée d'un corps d'Alains : sans laisser le temps à Richomer de remplir sa mission, elle se précipite sur les troupes impériales.

Les deux armées se choquèrent ainsi que des proues de vaisseaux, dit Ammien [2]. L'aile gauche des légions poussa jusqu'aux chariots; mais, abandonnée de sa cavalerie, elle fut accablée sous le nombre des Barbares qui tombèrent sur elle comme un énorme éboulement de terre [3]. Les soldats romains s'arrêtent; serrés les uns contre les autres, ils manquent d'espace pour tirer l'épée; jamais plus grand danger ne menaça leurs têtes sous un ciel où la splendeur du jour étoit éteinte [4].

---

[1] Miles fervore calefactus æstivo, siccis faucibus commarceret relucente amplitudine camporum incendiis, quos lignis nutrimentisque aridis subditis, ut hoc fieret, iidem hostes urebant. (Amm. Marcell., lib. xxxi, cap. xii.)

[2] Deinde collisæ in modum rostrorum navium acies. (*Id.*, c. xiii.)

[3] Sicut ruina aggeris magni oppressum atque dejectum est. (*Id., ib.*)

[4] Diremit hæc nunquam pensabilia damna (quæ magno rebus stetere romanis) nullo splendore lunari nox fulgens. (*Id., ibid.*)

Dans ce chaos, Valens, saisi de frayeur, saute par-dessus des monceaux de morts, et se réfugie dans les rangs des lanciers et des matiaires qui se défendoient encore. Les généraux Trajan et Victor cherchent vainement la réserve formée des soldats bataves : les chemins étoient obstrués des cadavres des chevaux et des hommes. L'empereur, à l'approche de la nuit, fut tué d'une flèche; d'autres disent qu'il fut porté blessé avec quelques eunuques dans la maison d'un paysan. Les Goths survinrent; trouvant cette maison barricadée, et ignorant qui elle renfermoit, ils l'incendièrent [1]. Valens périt au milieu des flammes. « Il fut brûlé avec une pompe royale, dit Jornandès, par ceux qui lui avoient demandé la vraie foi, et qu'il avoit trompés, leur donnant le feu de la gehenne au lieu du feu de la charité [2]. »

Les deux généraux Trajan et Sébastien; Valérien, grand-écuyer; Equitius, maire du palais; Potentius, tribun des Promus; trente-cinq autres tribuns et les deux tiers de l'armée romaine restèrent sur la place. Selon l'auteur déjà cité, l'histoire n'offre point de bataille où le carnage ait été aussi grand, excepté celle de Cannes [3].

[1] Unde quidam de candidatis per fenestram lapsus, captusque a Barbaris, prodidit factum, et eos mœrore afflixit, magna gloria defraudatos quod romanæ rei rectorem non cepere superstitem. (AMM. MARCELL., lib. XXXI, cap. XIII.)

[2] Cum regali pompa crematus est, haud secus quam Dei prorsus judicio, ut ab ipsis igne combureretur, quos ipse veram fidem petentes in perfidiam declinasset et ignem charitatis ad gehennæ ignem detorsisset. (JORN., cap. XXVI.)

[3] AMM. MARCELL., *ib.*

Les Goths livrèrent l'assaut à Andrinople, qu'ils manquèrent : descendus jusqu'à Constantinople, ils admirèrent les édifices pyramidant au-dessus des murailles qui mettoient la ville à l'abri : leur destin fut de voir Constantinople et de prendre Rome; entre ces deux bornes, le monde civilisé étoit la lice ouverte à leurs courses. Épouvantés de l'action d'un Sarrasin [1], ils rebroussèrent vers l'Hémus, forcèrent le pas de Suques, et se répandirent sur un pays fertile jusqu'au pied des Alpes Juliennes. Les lieux d'où s'étoit écoulée cette multitude n'offrirent plus que l'aspect d'une grève déserte et ravagée, quand le flux, qui avoit apporté des tempêtes et des vaisseaux, s'est retiré.

Libanius composa l'oraison funèbre de Valens et de son armée : « Les pluies du ciel ont effacé le sang « de nos soldats, mais leurs ossements blanchis sont « restés, témoins plus durables de leur courage. « L'empereur lui-même tomba à la tête des Ro- « mains. N'imputons pas la victoire aux Barbares; « la colère des dieux est la seule cause de nos mal- « heurs. » Libanius se souvenoit de Julien.

Ammien, qui termine son ouvrage à la mort de Valens, cherche à rassurer les Romains sur les succès des Goths : il rappelle les différentes invasions des Barbares depuis celle des Cimbres, afin de prouver qu'elles n'ont jamais réussi : cette digression de l'historien montre mieux que tout ce que je vous pourrois dire la frayeur des peuples, et les pressentiments de l'avenir.

[1] J'en parlerai ailleurs.

Ce même Ammien raconte (et ce sont presque les dernières lignes de ce soldat grec de la ville d'Antioche, qui écrivoit en latin ses souvenirs dans la ville de Rome), ce même Ammien raconte que le duc Julien, commandant au-delà du Taurus, ordonna, par lettres secrètes, de massacrer à jour fixe et heure marquée les Goths dispersés dans les provinces de l'Asie. « Par ce prudent artifice, « l'Orient fut délivré sans bruit et sans combat « d'un grand danger [1]. » La leçon venoit de Mithridate : elle ne profita ni au royaume de Pont ni à l'empire romain. Gratien vengea mieux Valens, en élevant à la pourpre Théodose.

[1] Quo consilio prudenti sine strepitu vel mora completo, orientales provinciæ discriminibus ereptæ sunt magnis. (AMM. MARCELL.; lib. XXXI, cap. XVI.)

TROISIÈME DISCOURS.

SECONDE PARTIE.

Gratien,
Valentinien II,
Théodose Ier, emp.
Damas Ier, Siricius,
papes.
An de J.-C. 379-395.

La famille de Théodose étoit espagnole comme celle de Trajan et d'Arien. Théodose ne sollicita point la puissance : il n'eut pour intrigue que sa renommée, pour protecteurs que la nécessité. Il étoit exilé, et fils d'un père, grand général, injustement décapité à Carthage [1]; il désiroit paix et peu, et il eut guerre et richesse; un empereur qui n'avoit pas dix-neuf ans le fit son collègue.

Sous Théodose, successeur de Valens en Orient, les Goths se divisèrent et se soumirent. Les Visigoths furent établis dans la Thrace, les Ostrogoths dans la Phrygie et dans la Lydie : introduits dans l'Empire, ils n'en sortirent plus. Un parti, celui de Fravitta, païen de religion, voulait rester fidèle aux Romains; un autre parti, celui de Priulphe ou d'Ériulphe, soutenoit qu'on n'étoit pas obligé de garder la foi à des maîtres lâches et perfides. L'inimitié des deux chefs éclata dans un festin où Théodose les avoit invités : Fravitta suivit Priulphe qui quittoit la table, et lui plongea son épée dans le ventre [2].

Gratien gouvernoit l'Occident, tandis que son

---

[1] Orose, p. 219.
[2] Eunape, p. 21, c. d.; Zos, p. 755 et 777.

frère, Valentinien II, encore enfant, résidoit en Italie. Le poëte Ausone, qui professoit l'hellénisme, avoit eu part à l'éducation de Gratien [1], et saint Ambroise avoit composé pour ce prince, qu'il appelle *Très-Chrétien* [2], une instruction sur la Trinité. Gratien refusa de prendre la robe pontificale des idoles [3], publia, ensuite rappela un édit de tolérance [4], et exempta les femmes chrétiennes de monter sur le théâtre [5]. Le christianisme étoit un droit futur à la liberté et un privilége actuel de vertu.

Gratien, préférant la chasse à tout autre plaisir, donnoit sa confiance aux Alains de sa garde, particulièrement distingués comme chasseurs : les autres Barbares à son service en conçurent une profonde jalousie. Mellobaudes, roi d'une tribu des Franks (ce Mellobaudes qui avoit voulu faire reconnoître Valentinien II pour régner sous le nom d'un enfant), étoit devenu, à force de souplesse, le favori de Gratien. Alors Maxime, soldat ambitieux, se laissa proclamer auguste dans la Grande-Bretagne. Il fondit sur les Gaules, accompagné de trente mille soldats et suivi d'une population nombreuse qui se fixa en partie dans l'Armorique. Gratien, qui séjournoit à Paris, prend la fuite, est arrêté par le gouverneur du Lyonnois, livré à Andragathius, général de la ca-

---

[1] Ausone, p. 405.

[2] Christianissime. (Ambr., *de fide*, t. iv, p. 110.)

[3] Zos., lib. iv, p. 771, d.

[4] Loi du 17 octobre 378, datée de Constantinople ; loi du 3 d'août 379, datée de Milan. (*Cod. Theod.*)

[5] *Cod. Theod.*, xv, tit. vii, lib. iv, p. 365.

valerie de Maxime, et tué. Mellobaudes partagea le sort du maître qu'il avoit peut-être trahi [1]. L'empereur d'Orient toléra l'usurpation de Maxime.

Théodose rendit en faveur de la religion catholique un édit fameux : cet édit ordonne de suivre la religion enseignée par saint Pierre aux Romains, de croire à la divinité du Père, du Fils et du Saint-Esprit, autorisant ceux qui professoient cette doctrine à se nommer catholiques [2].

Cependant l'arianisme triomphoit aux rives mêmes du Bosphore : Rome et Alexandrie repoussoient depuis quarante ans la communion des évêques et des princes de Constantinople ; la controverse occupoit cette ville entière. « Priez un homme de vous changer une pièce d'argent, il vous apprendra en quoi le fils diffère du père ; demandez à un autre le prix d'un pain, il vous répondra que le fils est inférieur au père : informez-vous si le bain est prêt, on vous dira que le fils a été créé de rien [3]. »

Saint Grégoire de Nazianze essaya de fonder à Constantinople une église catholique : il y fut attaqué, et la discorde divisa son troupeau.

Théodose, après avoir reçu le baptême et publié son édit, enjoignit à Démophile, évêque arien, de reconnoître le symbole de Nicée, ou de céder

---

[1] Socr., lib. v; Zos., lib. vii; Pacat., *Panegyr. ad Theod.*

[2] Loi du 28 de février 380, datée de Thessalonique. (*Cod. Theod.*, xvi, tit. i, lib. ii, p. 4 et 5.)

[3] Jortin, *Remarques sur l'histoire ecclésiastique*, t. iv, p. 71 (5 vol. in-8°, 1673); et Gibbon.

Sainte-Sophie et les autres églises, à des prêtres de la foi orthodoxe. Grégoire fut installé dans la chaire épiscopale par Théodose en personne, au milieu de ses gardes. Mais les sanctuaires étoient vides, et la population arienne poussoit des cris [1]. Cette résistance amena la proscription de l'arianisme dans tout l'Orient, et un synode convoqué à Constantinople, l'an 382, confirma le dogme de la consubstantialité. L'intervention du pouvoir politique n'empêcha point saint Grégoire, fatigué, d'abdiquer son siége, et d'aller mourir dans la retraite [2].

Maxime, usurpateur des Gaules, aussi orthodoxe que Théodose, fut le premier prince catholique qui répandit le sang de ses sujets pour des opinions religieuses. Priscillien, évêque d'Avila en Espagne, fondateur de la secte de son nom, fut exécuté à Trèves avec deux prêtres et deux diacres [3]. Le poëte Latronien, et Euchrocia, veuve de l'orateur Delphidius, subirent le même sort. Les priscilliens étoient accusés de magie, de débauche et d'impiété. Saint Ambroise et saint Martin de Tours condamnèrent ces cruautés.

Je vous ai dit que l'impératrice Justine, seconde femme de Valentinien Ier, et mère de Valentinien II, étoit arienne. Elle entreprit d'ouvrir à Milan une église de sa confession; Ambroise s'y opposa; des troubles s'ensuivirent. Le saint qui les avoit excités par son zèle, les calma par son autorité. Néanmoins,

---

[1] Greg. Naz., *de Vita sua*, pag. 21.
[2] *Id., ibid.*
[3] Sulp. Sev., lib. II; Oros., lib. VII, cap. XXXIV.

condamné à l'exil, il refusa d'obéir, et le peuple prit sa défense. La liberté individuelle commençoit à renaître sous la protection de la liberté religieuse. Saint Augustin se trouvoit parmi les disciples de saint Ambroise.

Maxime, qui avoit enlevé à Gratien les Gaules, la Grande-Bretagne et les Espagnes, entreprend de dépouiller Valentinien des provinces de l'Italie; il trompe la cour de Milan malgré la clairvoyance de saint Ambroise, et franchit les Alpes avant que Justine se doutât de ses projets; elle n'eut que le temps de se sauver avec son fils. La population de Milan étoit catholique; elle renonça facilement à la fidélité jurée à une princesse et à un enfant ariens. Saint Ambroise refusa toute communication avec Maxime [1].

Justine, arrivée à Thessalonique, implore le secours de Théodose; il le lui promet, en lui faisant observer que le ciel lui infligeoit le châtiment dû à son hérésie [2]. Valentinien avoit une sœur appelée Galla, cette sœur confirma dans le cœur de Théodose la résolution que lui inspiroit la reconnoissance envers la famille de Gratien Ier. Théodose épouse Galla, et marche à la tête d'une armée de Romains, de Huns, d'Alains et de Goths, contre une armée de Romains, de Germains, de Maures et de Gaulois. Maxime, vaincu sur les bords de la Save, ne montra ni courage ni talent. Il se réfugia dans Aquilée, y fut pris, dépouillé des ornements impériaux, con-

---

[1] Zos., lib. IV, pag. 767; Theodor., lib. V, cap. XIV, pag. 724.
[2] Theodor., lib. V, cap. XV, pag. 724.

duit au camp de Théodose, où sa tête tomba peu d'instants après sa couronne [1]..

Un an avant la victoire de Théodose sur Maxime, la sédition d'Antioche avoit eu lieu; Libanius et saint Chrysostome nous en ont conservé le double récit. Théodose, bien qu'il eût prononcé une sentence terrible, se laissa toucher, et pardonna : trois ans plus tard il ne montra pas la même indulgence pour Thessalonique. A Antioche on avoit renversé les statues de l'empereur, de son père Théodose, de sa première femme Flacilla, de ses deux fils Arcadius et Honorius; à Thessalonique le peuple avoit égorgé Botheric, commandant de la garnison, en vindicte de l'emprisonnement d'un infâme cocher du cirque, épris de la beauté d'un jeune esclave de Botheric. Théodose donna l'ordre d'exterminer ce peuple; ordre qu'il révoqua quand il étoit exécuté. La foule, appelée aux jeux du cirque, fut assaillie par des troupes cachées dans les édifices environnants. Un marchand avoit conduit ses deux fils au spectacle; entouré de meurtriers, il leur offre sa vie et sa fortune pour la rançon de ses fils : les soldats répondent qu'ils sont obligés de fournir un certain nombre de têtes, mais ils consentent à épargner une des deux victimes, et pressent le marchand de désigner celle qu'il veut sauver. Tandis que le père regarde en pleurant ses deux fils, et qu'il hésite, les impatients barbares épargnent à sa tendresse

---

[1] PACAT., *Panegyr. ad Theod.*, pag. 200. *Inter veteres Panegyricos duodecimus.*

l'horreur du choix : ils égorgent les deux enfants [1]..

Saint Ambroise apprend à Milan le massacre de Thessalonique ; il se retire à la campagne, et refuse de venir à la cour. Il écrit à l'empereur : « Je n'ose-« rois offrir le sacrifice, si vous prétendez y assister. « Ce qui me seroit interdit pour le sang répandu «d'un seul homme, me seroit-il permis par le meur-« tre d'une foule d'innocents [2] ? »

Théodose n'est point retenu par cette lettre ; il veut entrer dans l'église ; il trouve sous le portique un homme qui l'arrête ; c'est Ambroise : « Tu as « imité David dans son crime, s'écrie le saint, imite-« le dans son repentir [3]. »

Huit mois s'écoulèrent ; l'empereur n'obtenoit point la permission de pénétrer dans le saint lieu. « Le temple de Dieu, répétoit-il, est ouvert aux es-« claves et aux mendiants, et il m'est fermé ! » Ambroise demeuroit inexorable ; il répondoit à Rufin,

---

[1] Mercator quidam, pro duobus filiis qui comprehensi fuerant semetipsum offerens, rogabat ut ipse quidem necaretur, filii vero abirent incolumes : et pro hujus beneficii mercede quidquid habebat auri militibus pollicebatur. Illi calamitatem hominis miserati, pro altero ex filiis quem vellet, supplicationem ejus admiserunt. Utrumque vero dimittere haud quaquam sibi tutum fore dixerunt, eo quod numerus deficeret. Verum pater cum ambos aspiceret flens et gemens neutrum ex duobus eximere valuit. Sed dubius ancepsque animi quoad interficerentur permansit, utriusque amore ex æquo flagrans. (Sozomeni *Hist. eccles.*, lib. vii, pag. 747. Parisiis, 1678.)

[2] Offerre non audeo sacrificium, si volueris assistere ; an quod in unius innocentis sanguine non licet, in multorum licet? (Ambr., epist. li, n. 11.)

[3] Secutus es errantem, sequere corrigentem. (Paul., *in Vita Ambrosii*, in t. i. Operum, pag. 62.)

qui le pressoit : « Si Théodose veut changer sa puis-
« sance en tyrannie, je lui livrerai ma vie avec joie¹. »
Enfin, touché du repentir de l'empereur, l'évêque
lui accorda l'expiation publique; mais, en échange
de cette faveur, il obtint une loi suspensive des
exécutions à mort pendant trente jours, depuis le
prononcé de l'arrêt : belle et admirable loi qui donnoit le temps à la colère de mourir et à la pitié de
naître! sublime leçon qui tournoit au profit de
l'humanité et de la justice! Si trente jours s'étoient
écoulés entre la sentence de Théodose, et l'accomplissement de cette sentence, le peuple de Thessalonique eût été sauvé².

Dépouillé des marques du pouvoir suprême, l'empereur fit pénitence au milieu de la cathédrale de
Milan. Prosterné sur le pavé, il implora la merci
du ciel avec sanglots et prières³. Saint Ambroise,
lui prêtant le secours de ses larmes, sembloit être
pécheur et tombé avec lui⁴. Cet exemple, à jamais
fameux, apprenoit au peuple que les crimes font

¹ Quod si imperium mutarit in tyrannidem, eædem quidem
lubens excipiam. (THEOD., lib. V, cap. XVIII.)

² AMBR., *de ob. Theod.*, cap. XXXIV; AUG., *de Civit. Dei*, lib. V,
cap. XXVI. Il y a dans le code Théodosien (lib. XIII, *de pœn.*) une
loi semblable qui porte le nom de Gratien, datée du consulat
d'Antoine et de Syagrius, 18 août 382. Ce ne peut être celle
rendue en 390 par Théodose, sur la demande de saint Ambroise.
Apparemment que la loi de Gratien n'étoit point exécutée.

³ In templum ingressus, non stans, Dominum precatus est, nec
genibus flexis, sed pronus humique abjectus, versum illum Da-
vidis recitavit : « Adhæsit pavimento anima mea, vivifica me secundum verbum tuum. » (THEOD., lib. V, *Hist.*, cap. XIV.)

⁴ Si quidem quotiescunque illi aliquis ad percipiendam pœni-

descendre au dernier rang ce qu'il y a de plus élevé; que la cité de Dieu ne connoît ni grand ni petit; que la religion nivelle tout et rétablit l'égalité parmi les hommes. C'est un de ces faits complets, rares dans l'histoire, où les trois vérités, religieuse, philosophique et politique, ont agi de concert. A quelle immense distance le paganisme est ici laissé! L'action de saint Ambroise est une action féconde qui renferme déjà les actions analogues d'un monde à venir : c'est la révélation d'une puissance engendrée dans la décomposition de toutes les autres.

Théodose rétablit Valentinien III dans la possession de l'empire d'Occident, et retourna à Constantinople. Justine mourut.

Arbogaste, élevé aux grandes charges militaires, s'empara de la maison du jeune prince : on a pu voir, à propos de Mellobaudes, que les Franks s'introduisirent dans toutes les affaires du palais et de l'État. Retenu quasi prisonnier à Vienne dans les Gaules, par son hautain sujet, Valentinien fit connoître sa position à saint Ambroise et à Théodose; mais il n'eut pas la patience d'attendre. Il mande Arbogaste, le reçoit assis sur son trône, et lui remet l'ordre qui le destitue de ses emplois. « Tu ne « m'as pas donné le pouvoir, tu ne me le peux ôter, » dit le Frank en jetant le papier à terre'. Valenti-

tentiam lapsus suos confessus esset, ita flebat ut illum flere compelleret; videbatur enim sibi cum jacente jacere. (PAUL., *in Vita Ambrosii*, pag. 65.)

' Nec imperium mihi dedisti, ait, nec auferre poteris; discerptoque libello, et in terram abjecto, discedebat. (Zos., pag. 83. Basileæ.)

nien saisit l'épée d'un de ses gardes pour s'en frapper, ou pour en percer Arbogaste[1]. On le désarma : quelques jours après il fut trouvé étouffé dans son lit[2].

Arbogaste dédaigna de revêtir la pourpre; il en emmaillota un Romain, jadis son secrétaire, Eugène, professeur de rhétorique latine, et devenu garde-sac, place du Palais[3]. Théodose se prépare deux années entières à venger Valentinien; il envoie consulter Jean, solitaire de la Thébaïde, qui lui promet la victoire[4]. Stilicon rassemble les légions avec Timasius; les Barbares auxiliaires joignent l'armée; Alaric, le destructeur de Rome, se trouvoit parmi les recrues de Théodose : la plupart des personnages qui dévoient voir tomber la ville éternelle étoient maintenant sur la scène.

Le soldat frank Arbogaste attendit sur les confins de l'Italie, avec son empereur Eugène, le soldat goth Alaric qui venoit avec son empereur Théodose. Premier choc sous les murs d'Aquilée; dix mille Goths périssent avec Bacurius, général des Ibères. Théodose passa la nuit retranché sur les

---

[1] Gladio ducem confodere voluit, et sibi ipsi manus inferre Valentinianus finxit. (Philost., lib. xi, cap. i, pag. 144 et 145.)

[2] Imperatori dormienti gulam fregerunt. (Socr., lib. v, c. xxv; pag. 294; Zos., lib. vii, cap. xxii, pag. 739.)

[3] Grammaticus quidam, qui, cum litteras latinas docuisset, tandem in palatio militavit, et magister scriniorum imperatoris factus est. — Ce n'est pas le *scrinii magister* de la chancellerie. (Socr., lib. v, pag. 240.)

[4] Ruf., pag. 191; Theodor., pag. 738.

montagnes; au lever du jour, il s'aperçut que sa retraite étoit coupée : il eut recours à un expédient souvent employé auprès des Barbares, peu soucieux et de la cause et des maîtres pour lesquels ils versoient leur sang ; il entama des négociations avec Arbitrion, chef des troupes qui lui barroient le chemin. Un traité fut conclu et écrit à la hâte (le papier et l'encre manquant) sur les tablettes[1] impériales.

Théodose mène aussitôt ses récents alliés à l'attaque du camp d'Eugène. Il marche en avant des bataillons, fait le signe de la croix, et s'écrie : « Où est le dieu de Théodose[2] ? » Une tempête s'élève et jette la terreur parmi les Gaulois : Eugène trahi est saisi, lié, garrotté, conduit à Théodose, tué prosterné à ses pieds.

Arbogaste erra deux jours parmi les rochers, et se donna de son coutelas dans le cœur : la vie et la mort d'un Frank n'appartenoient qu'à lui. Saint Ambroise n'avoit point voulu reconnoître Eugène; il eut le plaisir d'embrasser vainqueur son illustre pénitent. L'évêque de Milan[3], Rufin[4], Orose[5], et

---

[1] Tum vero imperator, cum chartam et atramentum quæsitum non reperisset, acceptis tabulis quas quidam ex astantibus forte gerebat, honoratæ et convenientis ipsis militiæ proscripsit gradum. (Soz., pag. 742, a, b, c.)

[2] Ubi est Theodosii Deus? (AMB., *In obitu Theodosii imp. Serm.*, tom. V, pag. 117.)

[3] AMBR., *de Spiritu Sancto*, 36, pag. 692.

[4] Fracto adversariorum animo, seu potius divinitus expulso. (RUF., lib. II, cap. XXXIII, pag. 192.)

[5] OROS., pag. 220, b.

saint Augustin, qui semblent autorisés par Claudien même[1], disent que les *apôtres Jean et Philippe combattirent à la tête des chrétiens dans un tourbillon.* Théodose avoit tant pleuré la veille de la bataille, afin d'obtenir l'assistance du ciel, que l'on suspendit à un arbre, pour les sécher, ses habits trempés de larmes[2]; trophée de l'humilité, qui devint celui de la victoire. Jean, le solitaire de la Thébaïde, fut instruit de cette victoire à l'heure même où elle s'accomplit[3]. Un possédé, à Constantinople, ravi en l'air au moment du combat, s'écria, en apostrophant le tronc décollé de saint Jean-Baptiste : « C'est donc par toi que je suis vaincu; c'est donc toi « qui ruines mon armée[4]! » Voilà les temps comme ils sont.

Théodose fit abattre les statues de Jupiter placées sur la pente des Alpes; les foudres en étoient d'or : les soldats disoient qu'ils voudroient être frappés de ces foudres; l'empereur leur livra le dieu tonnant[5].

[1] A Theodosii partibus in adversarios vehemens ventus ibat. Unde poeta (Claudianus) :

> O nimium dilecte deo, cum fundit ab antris
> Eolus armatas hyemes cui militat æther,
> Et conjurati veniunt ad classica venti.
>   (Aug., *de Civ. Dei*, lib. IV, cap. XXVI.)

[2] Oros., lib. VII, cap. XXXV, pag. 220.

[3] Rup., *de Vitis patrum*, cap. I, pag. 457.

[4] A dæmone in sublimem raptum Joanni Baptistæ conviciatum esse eumque quasi capite truncatum probris appetiisse, ita vociferando : «Tu me vincis, et exercitui meo insidiaris!» (Soz., pag. 743.)

[5] Eorumque fulmina quod aurea fuissent... se ab illis fulminari

Les nombreuses réminiscences d'un autre ordre de choses, qui fourmillent dans ces récits, ne vous auront point échappé. Les fictions de l'hellénisme vivoient au fond des esprits convertis à l'Évangile; ils s'en accusoient; ils s'en défendoient comme du crime de magie, mais ils en étoient obsédés. Les poëmes d'Homère et de Virgile étoient comme des temples défendus par un démon puissant : les évêques, les prêtres, les solitaires ne les osoient brûler; mais ils déroboient à ces édifices merveilleux tout ce qu'ils pouvoient convertir à un saint usage. Reine détrônée, régnant encore par ses charmes, la mythologie s'empara non-seulement de la littérature chrétienne, mais de l'histoire : il fallut que les nations scandinaves et germaniques descendissent des Grecs et des Troyens, que l'*Iliade* et l'*Énéide* devinssent les premières chroniques des Franks. Les Barbares du Nord se reconnurent enfants d'Homère, comme les Arabes veulent être fils d'Abraham; miraculeux pouvoir du génie, qui donnoit pour père à la vérité le père des fables!

Nous voyons sous Théodose les destructeurs de l'Empire établis dans l'Empire; des Huns et des Goths au service des princes qu'ils alloient exterminer : des Franks, officiers du palais, faisant et défaisant des empereurs ; des Calédoniens, des Maures, des Sarrasins, des Perses, des Ibériens cantonnés dans les provinces : l'occupation militaire du monde romain précéda de cinquante an-

---

velle dicentibus, hilariter benigniterque donavit. (Aug., *de Civit. Dei*, lib. v, cap. xxvi, pag. 110.)

nées le partage de ce monde. Les hommes même qui défendoient encore le trône des Césars, craquant sous les pas de tant d'ennemis, ne procédoient pas de la lignée des Sylla et des Marius : Stilicon étoit du sang des Vandales, Ætius du sang des Goths. L'empire latin-romain n'étoit plus que l'empire romain-barbare : il ressembloit à un camp immense que des armées étrangères avoient pris en passant pour une espèce de patrie commune et transitoire. Il ne manquoit à l'achèvement de la conquête que quelques destructions, le mélange momentané des races, et ensuite leur séparation.

L'invasion morale s'étoit tenue à la hauteur de l'invasion physique ou matérielle ; les chrétiens avoient créé des empereurs comme les Barbares, et ils avoient soumis les Barbares eux-mêmes : « Nous voyons, dit saint Jérôme, affluer sans cesse « à Jérusalem des troupes de religieux qui nous « arrivent des Indes, de la Perse, de l'Éthiopie. Les « Arméniens déposent leurs carquois, les Huns com- « mencent à chanter des psaumes. La chaleur de la « foi pénètre jusque dans les froides régions de la « Scythie ; l'armée des Goths, où flottent des cheve- « lures blondes et dorées, porte des tentes qu'elle « transforme en églises [1]. »

Des règnes de Théodose et de Gratien date la grande ruine du paganisme : ces princes frappèrent à la fois l'idolâtrie et l'hérésie.

Gratien s'empare des biens appartenant au col-

---

[1] Hieron., epist. vii, pag. 54.

lége des prêtres, à la congrégation des Vestales : il fit aussi enlever à Rome l'autel de la Victoire, du lieu où les sénateurs avoient coutume de s'assembler; Constance l'avoit déjà abattu, et Julien restauré. Le sénat chargea Symmaque de solliciter le rétablissement de cet autel et la restitution des biens saisis. Le préfet de Rome plaida la cause du monde païen, l'évêque de Milan celle du monde chrétien. On est toujours obligé de rappeler le passage si connu du discours de Symmaque.

Rome, chargée d'années, s'adresse aux empereurs Théodose, Valentinien II et Arcadius : « Très excel-
« lents princes, pères de la patrie, respectez les
« ans où ma piété m'a conduite ; laissez-moi garder
« la religion de mes ancêtres ; je ne me repens pas
« de l'avoir suivie. Que je vive selon mes mœurs,
« puisque je suis libre. Mon culte a rangé le monde
« sous mes lois : mes sacrifices ont éloigné Annibal
« de mes murailles et les Gaulois du Capitole. N'ai-
« je donc tant vécu que pour être insultée au bout
« de ma longue carrière ? J'examinerai ce que l'on
« prétend régler ; mais la réforme qui arrive dans la
« vieillesse est tardive et outrageuse [1]. »

[1] Romam huc putemus assistere, atque his vobiscum agere sermonibus : Optimi principes, patres patriæ, reveremini annos meos, in quos me pius ritus adduxit. Utar cerimoniis avitis, neque enim me pœnitet. Vivam more meo, quia libera sum. Hic cultus in leges meas orbem redegit. Hæc sacra Annibalem a mœnibus, a Capitolio Senonas repulerunt. Ad hoc ergo servata sum, ut longæva reprehendar? Videro quale sit quod instituendum putatur. Sera tamen et contumeliosa est emendatio senectutis. (Symm., lib. x, epist. liv, pag. 287, etc. ; et Ambr., tom. ii, pag. 828.)

Symmaque demande où seront jurées les lois des princes, si l'on détruit l'autel de la Victoire[1]. Il soutient que la confiscation du revenu des temples, inique en fait, ajoute peu au trésor de l'État. Les adversités des empereurs, la famine dont Rome a été affligée, proviennent du délaissement de l'ancienne religion : le sacrilége a séché l'année[2].

Saint Ambroise répond à Symmaque. Rome, s'exprimant par la voix d'un prêtre chrétien, déclare « que ses faux dieux ne sont point la cause
« de sa victoire, puisque ses ennemis vaincus ado-
« roient les mêmes dieux : la valeur des légions a
« tout fait. Les empereurs qui se livrent à l'ido-
« lâtrie ne furent point exempts des calamités in-
« séparables de la nature humaine : si Gratien, qui
« professoit l'Évangile, a éprouvé des malheurs,
« Julien l'Apostat a-t-il été plus heureux ? La reli-
« gion du Christ est l'unique source de salut et de
« vérité. Les païens se plaignent de leurs prêtres,
« eux qui n'ont jamais été avares de notre sang! Ils
« veulent la liberté de leur culte, eux qui, sous
« Julien, nous ont interdit jusqu'à l'enseignement
« et la parole! Vous vous regardez comme anéantis
« par la privation de vos biens et de vos privilèges ?
« C'est dans la misère, les mauvais traitements, les
« supplices, que nous autres chrétiens nous trou-
« vons notre accroissement, notre richesse et notre
« puissance. Sept vestales dont la chasteté à terme
« est payée par de beaux voiles, des couronnes, des

---

[1] Ubi in leges vestras et verba jurabimus? (AMBR., t. II, p. 828.)
[2] Sacrilegio annus exaruit. (*Id., ibid.*)

« robes de pourpre, par la pompe des litières, par
« la multitude des esclaves, et par d'immenses re-
« venus[1], voilà tout ce que Rome païenne peut
« donner à la vertu chaste! D'innombrables vierges
« évangéliques d'une vie cachée, humble, austère,
« consument leurs jours dans les veilles, les jeûnes
« et la pauvreté. Nos églises ont des revenus! s'écrie-
« t-on. Pourquoi vos temples n'ont-ils pas fait de
« leur opulence l'usage que nos églises font de leurs
« richesses? Où sont les captifs que ces temples
« ont rachetés, les pauvres qu'ils ont nourris, les
« exilés qu'ils ont secourus? Sacrificateurs! on a
« consacré à l'utilité publique des trésors qui ne
« servoient qu'à votre luxe, et voilà ce que vous
« appelez des calamités[2]! »

Dix-huit ou vingt ans après saint Ambroise, Prudence se crut obligé de réfuter de nouveau Symmaque : il redit à peu près, dans les deux chants de son poëme, ce qu'avoit dit l'évêque de Milan; mais il emploie un argument qui semble emprunté à notre siècle, et qu'on oppose aujourd'hui aux hommes amateurs exclusifs du passé. Symmaque regrettoit les institutions des ancêtres;

[1] Quot tamen illis virgines præmia promissa fecerunt, vix septem vestales capiuntur puellæ. En totus numerus, quem infulæ vittati capitis, purpuratorum vestium murices, pompa lectica ministrorum circumfusa comitatu, privilegia maxima, lucra ingentia, præscripta denique pudicitiæ tempora coegerunt. Non est virginitas, quæ pretio emitur non virtutis studio possidetur. (Ambr., libel. II, contr. relat. Symm.)

[2] Je n'ai pu traduire littéralement le texte diffus et prolixe des deux lettres de saint Ambroise. Je me suis contenté d'en donner la substance et d'en resserrer les arguments.

Prudence répond que si la manière de vivre des anciens jours doit être préférée, il faut renoncer à toutes les choses successivement inventées pour le bien-être de la vie, il faut rejeter les progrès des arts et des sciences, et retourner à la barbarie[1]. Quant aux vestales, Prudence nie leur chasteté et leur bonheur; selon le poëte : « La pudeur captive « est conduite à l'autel stérile. La volupté ne périt « pas dans les infortunées parce qu'elles la mépri-« sent, mais parce qu'elle est retranchée de force « à leur corps demeuré intact; leur âme n'est pas « également restée entière. La vestale ne trouve point « de repos dans sa couche; une invisible blessure fait « soupirer cette femme sans noces pour les torches « nuptiales[2]. »

Prudence se livre ensuite à des moqueries sur la permission accordée aux vestales de se marier après quarante ans de virginité : « La vieille en vé-« térance, désertant le feu et le travail divin aux-« quels sa jeunesse fut consacrée, se marie : elle « transporte ses rides émérites à la couche nup-« tiale, et enseigne à attiédir dans un lit glacé un « nouvel hymen[3]. »

---

[1] . . . . Placet damnare gradatim
Quicquid posterius successor repperit usus.
(Prud. *cont. Symm.*, lib. ii, v. 280 et seq.)

[2] Captivus pudor ingratis addicitur aris.
Nec contempta petit miseris, sed adempta voluptas
Corporis intacti; non mens intacta tenetur.
Nec requies datur ulla toris quibus innuba cœcum
Vulnus, et amissas suspirat femina tædas.
(*Id., ibid.*)

[3] Nubit anus veterana, sacro perfuncta labore,
Desertisque focis, quibus est famulata juventus,

Si les plaidoyers de Symmaque et de saint Ambroise n'étoient que les amplifications de deux avocats jouant au barreau, l'histoire dédaigneroit de s'y arrêter; mais c'étoit un procès réel, et le plus grand qui ait jamais été porté au tribunal des hommes : il ne s'agissoit de rien moins que de la chute d'une religion et d'une société, et de l'établissement d'une société et d'une religion. La cause païenne fut perdue aux yeux des empereurs; elle l'étoit devant les peuples.

Théodose, dans une assemblée du sénat, posa cette question : « Quel Dieu les Romains adoreront-« ils, le Christ ou Jupiter[1]? » La majorité du sénat condamna Jupiter. Les prêtres le regrettoient peut-être, mais les enfants préféroient le Dieu d'Ambroise au Dieu de Symmaque. La prospérité de l'Empire n'émanoit point de ces simulacres auxquels des mœurs pures ne communiquoient plus une divinité innocente : l'autel de la Victoire n'avoit eu de puissance que lorsqu'il étoit placé auprès de celui de la vertu.

Prudence nous a laissé le récit de la conversion de Rome :

« Vous eussiez vu les pères conscrits, ces bril« lantes lumières du monde, se livrer à des trans-

Transfert emeritas ad fulcra jugalia rugas,
Discit et in gelido nova nupta tepescere lecto.
(PRUD. cont. Symm., lib. II, v. 1081-1084.)

[1] Orationem habuit qua eos hortabatur ut missum facerent errorem (sic enim appellabat), quem hactenus secuti fuissent et christianorum fidem amplecterentur. (ZOSIM., *Histor.*, lib. IV. Basileæ.)

« ports, ce conseil de vieux Catons tressaillir en
« revêtant le manteau de la piété plus éclatant que
« la toge romaine, et en déposant les enseignes du
« pontificat païen. Le sénat entier, à l'exception de
« quelques-uns de ses membres restés sur la roche
« Tarpéienne, se précipite dans les temples purs
« des nazaréens; la tribu d'Évandre, les descendants
« d'Énée accoururent aux fontaines sacrées des apô-
« tres. Le premier qui présenta sa tête fut le noble
« Anitius..... Ainsi le raconte l'auguste cité de Rome.
« L'héritier du nom et de la race divine des Olybres
« saisit, dans son palais orné de trophées, les fastes
« de sa maison, les faisceaux de Brutus, pour les
« déposer aux portes du temple du glorieux mar-
« tyr, pour abaisser devant Jésus la hache d'Ausonie.
« La foi vive et prompte des Paulus et des Bassus
« les a livrés subitement au Christ. Nommerai-je
« les Gracques si populaires? Dirai-je les consu-
« laires qui, brisant les images des dieux, se sont
« voués avec leurs licteurs à l'obéissance et au ser-
« vice du crucifié tout-puissant? Je pourrois comp-
« ter plus de six cents maisons de race antique
« rangées sous ses étendards. Jetez les yeux sur
« cette enceinte : à peine y trouverez-vous quelques
« esprits perdus dans les rêveries païennes, atta-
« chés à leur culte absurde, se plaisant à demeurer
« dans les ténèbres, à fermer les yeux à la splen-
« deur du jour[1]. »

[1] Exultare patres videas, pulcherrima mundi
Lumina, conciliumque senum gestire Catonum;
Caudidiore toga niveam pietatis amictum
Sumere et exuvias deponere pontificales.

Ne croiroit-on pas, à ces vers de Prudence, que Rome existoit au commencement du cinquième siècle, avec ses grandes familles et ses grands souvenirs? Il écrivoit l'an 403! Sept ans après, Alaric remuoit et balayoit cette vieille poussière des Gracques et des Brutus, dont se couvroit l'orgueil de quelques nobles dégénérés.

Théodose étendit la proscription du paganisme aux diverses provinces de l'Empire. Une commission fut nommée pour abolir les priviléges des prêtres, interdire les sacrifices, détruire les instruments de l'idolâtrie, et fermer les temples. Le

>Jamque ruit, paucis Tarpeia in rupe relictis,
>Ad sincera virum penetralia nazareorum
>Atque ad apostolicos Evandria curia fontes,
>Anniadum soboles...
>Fertur enim ante alios generosus Anitius urbis
>Illustrasse caput : sic se Roma inclyta jactat.
>Quin et Olybriaci generisque et numinis hæres,
>Adjectis factis, palmata insignis ab aula,
>Martyris ante fores, Bruti submittere fasces
>Ambit, et Ausoniam Christo inclinare securim.
>Non Paulinorum, non Bassorum dubitavit,
>Prompta fides dare se Christo...
>Jam quid plebicolas percurram carmine Gracchos;
>Jure potestatis fultos, et in arce senatus
>Præcipuos simulacra Deum jussisse revelli?
>Cumque suis pariter lictoribus omnipotenti.
>Suppliciter Christo se consecrasse regendos?
>Sexcentas numerare domos de sanguine prisco
>Nobilium licet, ad Christi lignacula versas.
>. . . . .
>Respice ad illustrem, lux est ubi publica, cellam :
>Vix pauca invenies gentilibus obsita nugis
>Ingenia, obstrictos ægre retinentia cultus,
>Et quibus exactas placeat servare tenebras
>Splendentemque die medio, non cernere solem..
>
>(Aurel. Prudentius, vir consularis, contra Symmachum, præfectum urbis, *Corpus poetarum*, t. iv, p. 785, v. 128-161.)

domaine de ces temples fut confisqué au profit de l'empereur, de l'Église catholique et de l'armée.

« Nous défendons, dit le dernier édit de Théodose, « à nos sujets, magistrats ou citoyens, depuis la « première classe jusqu'à la dernière, d'immoler « aucune victime innocente en l'honneur d'aucune « idole inanimée. Nous défendons les sacrifices de « la divination par les entrailles des victimes. »

Les fils de Théodose, Arcade et Honorius, et leurs successeurs, multiplièrent ces édits : on peut voir toutes ces lois dans le Code[1]; mais, plus comminatoires qu'expresses, elles étoient rarement exécutées; quelquefois même elles étoient suspendues ou rappelées selon les besoins et les fluctuations de la politique. Le pape Innocent, à l'occasion du premier siége de Rome par Alaric (408), permit les sacrifices, *pourvu qu'ils se fissent en secret*. Les princes, agissant contradictoirement à leurs édits, conservoient des païens dans les hautes charges de l'État, et donnoient des titres aux pontifes des idoles. Aucune loi ne défendoit aux Gentils d'écrire contre les chrétiens et leur religion; aucune loi n'obligeoit un païen à embrasser le christianisme sous peine d'être recherché dans sa personne ou dans ses biens. Il y a plus, nombre d'édits de cette époque (j'en ai déjà cité quelques-uns) s'opposant aux envahissements du clergé par voie de testament ou de donation, retirent des immunités accordées, règlent ce nouveau genre de propriétés de main-morte introduit avec l'Église,

---

[1] Au titre *de Paganis sacrificiis et templis.*

interdisent l'entrée des villes aux moines, et fixent le sort des religieuses. Bien que le pouvoir politique fût chrétien, il étoit déjà inquiet de la lutte ; il craignoit d'être entraîné : n'ayant plus rien à craindre du paganisme, il commençoit à se mettre en garde contre les entreprises de l'autre culte. Les mœurs brisèrent ces foibles barrières, et le zèle alla plus loin que la loi.

De toutes parts on démolit les temples; perte à jamais déplorable pour les arts ; mais le monument matériel succomba, comme toujours, sous la force intellectuelle de l'idée entrée dans la conviction du genre humain.

Saint Martin, évêque de Tours, suivi d'une troupe de moines, abattit dans les Gaules les sanctuaires, les idoles et les arbres consacrés. L'évêque Marcel entreprit la destruction des édifices païens dans le diocèse d'Apamée, capitale de la seconde Syrie. Le temple quadrangulaire de Jupiter présentoit sur ses quatre faces quinze colonnes de seize pieds de circonférence ; il résista : il fallut en produire l'écroulement à l'aide du feu. Plus tard, à Carthage, des chrétiens moins fanatiques sauvèrent le temple devenu céleste, en le convertissant en église, comme, depuis, Boniface III sauva le Panthéon à Rome.

Le renversement du temple de Sérapis à Alexandrie est demeuré célèbre. Ce temple, où l'on déposoit le Nilomètre, étoit bâti sur un tertre artificiel ; on y montoit par cent degrés ; une multitude de voûtes éclairées de lampes le soutenoient : il y avoit plusieurs cours carrées environnées de bâtiments destinés à la bibliothèque, au collége des élèves, au logement des desservants et des gardiens. Quatre rangs de galeries, avec des portiques et des statues, offroient de longs promenoirs. De riches colonnes ornoient le temple proprement dit : il étoit tout de marbre; trois lames de cuivre, d'argent et d'or, en revêtoient les murs. La statue colossale de Sérapis, la tête couverte du mystérieux boisseau, touchoit de ses deux bras aux parois de la Celle, et à un certain jour le rayon du soleil venoit reposer sur les lèvres du dieu [1].

Les païens ne consentirent pas facilement à abandonner un pareil édifice : ils y soutinrent un véritable siége, animés à la défense par le philosophe Olympius [2], homme d'une beauté admirable et d'une éloquence divine. Il étoit plein de Dieu, et avoit quelque chose du prophète [3]. Deux grammairiens, Hellade et Ammone, combattoient sous ses ordres : le premier avoit été pontife de Jupiter, et le second d'un singe [4]. Théophile, archevêque

---

[1] Ruf., lib. xxii, p. 192; Socr., p. 276, lib. vii, cap. xx; *Expositio totius mundi*, Geogr. minor., tom. iii, p. 8.

[2] Ad postremum grassantes in sanguine civium ducem sceleris et audaciæ suæ deligunt Olympium quemdam, nomine et habitu philosophum, quo antesignano arcem defenderent, et tyrannidem tenerent. (Ruf., lib. xx-xxii.)

[3] Οὕτω δὲ ἦν Ὀλυμπος πλήρης τοῦ θεοῦ ὥστε. Olympus autem adeo plenus erat Deo ut, etc. (Suidas, in voce Ὀλυμπος.)

[4] Ἑλλάδιος μὲν οὖν ἱερεὺς τοῦ Διός εἶναι ἐλέγετο Ἀμμώνιος δὲ Πιθήκου. Helladius quidem Jovis, Ammonius vero simiæ sacerdos esse dicebatur. (Socr., lib. v, cap. xvi, p. 275.)

d'Alexandrie, armé des édits de Théodose et appuyé du préfet d'Égypte, remporta la victoire. Hellade se vantoit d'avoir tué neuf chrétiens de sa main [1]. Olympius s'évada après avoir entendu une voix qui chantoit *alleluia* au milieu de la nuit dans le silence du temple [2]. L'édifice fut pillé et démoli. « Nous vîmes, dit Orose, malgré son zèle apostoli- « que, les armoires vides des livres ; dévastations « qui portent mémoire des hommes et du temps [3]. » La statue de Sérapis, frappée d'abord à la joue par la hache d'un soldat, ensuite jetée à bas et rompue vive, fut brûlée pièce à pièce, dans les rues et dans l'amphithéâtre. Une nichée de souris [4] s'étoit échappée de la tête du dieu, à la grande moquerie des spectateurs.

Les autres monuments païens d'Alexandrie furent également renversés, les statues de bronze fondues [5]. Théodose avoit ordonné d'en distribuer la valeur en aumônes ; Théophile s'en enrichit lui et les siens [6].

[1] Helladius vero apud quosdam gloriatus est quod novem homines sua manu in conflictu interemisset. (Socr., lib. v, cap. xvi.)

[2] Olympius vero, sicut à quibusdam accepi, nocte intempesta quæ illum diem præcesserat, quemdam in Serapio *alleluia* canentem audivit. (Zos., p. 588, c, d.)

[3] Nos vidimus armaria librorum, quibus direptis, exinanita ea a nostris hominibus, nostris temporibus memorant. (Oros., lib. vi, cap. xv, p. 421.)

[4] Ubi caput truncatum est, murium agmen ex internis eripuit. (Theodor., *Hist. eccl.*, lib. v, p. 229. Parisiis, 1673.)

[5] Ac templa quidem disturbata sunt. Statuæ vero in lebetes et alios alexandrinæ ecclesiæ usus conflatæ. (Socr., p. 275.)

[6] Cultus numinis et Serapidis delubrum Alexandriæ disturbata

On mit rez-pied, rez-terre, le temple de Canope, fameuse école des lettres sacerdotales où se voyoit une idole symbolique dont la tête reposoit sur les jambes : peu auparavant, Antonin le philosophe y avoit enseigné avec éclat la théurgie, et prédit la chute du paganisme : Sosipatre, sa mère, passoit pour une grande magicienne. Des religieuses et des moines prirent à Canope la place des dieux et des prêtres égyptiens [1].

Ainsi périt encore, sur les confins de la Perse, un temple immense qui servoit de forteresse à une ville. « Sérapis s'étant fait chrétien, dit saint Jé-
« rôme, le dieu Marmas pleura enfermé dans son
« temple à Gaza : il trembloit, attendant qu'on le
« vînt abattre [2]. »

Le sang chrétien que répandirent les mains philosophiques d'Hellade fut trop expié plusieurs années après par celui d'Hypatia [3]. Fille de Théon le géomètre, d'un génie supérieur à son père, elle étoit née, avoit été nourrie et élevée à Alexandrie. Savante en astronomie, au-dessus des convenances de son sexe, elle fréquentoit les écoles et enseignoit elle-même la doctrine d'Aristote et de Platon : on l'appeloit le *Philosophe*. Les magistrats lui rendoient des honneurs; on voyoit tous les jours à sa

---

dissipataque fuere... Imperante tunc Theodosio prætorii præfecto, piaculari homine, et Eurymedonte quopiam... templi qui dona vix manus hostiliter injecerunt. (Eunap., p. 83. Antuerpiæ, 1568.)

[1] Monacos Canopi quoque collocarunt. (Eunap., p. 35.)

[2] Hier., epist. vii, p. 54, d.

[3] La ruine du temple de Sérapis est de l'année 391, et la mort d'Hypatia est de l'année 415.

porte une foule de gens à pied et à cheval qui s'empressoient de la voir et de l'entendre[1]. Elle étoit mariée, et cependant elle étoit vierge : il arrivoit assez souvent alors que deux époux vivoient libres dans le lien conjugal[2], unis de sentiments, de goûts, de destinée, de fortune, séparés de corps. L'admiration qu'inspiroit Hypatia n'excluoit point un sentiment plus tendre : un de ses disciples se mouroit d'amour pour elle; la jeune platonicienne employa la musique à la guérison du malade, et fit rentrer la paix par l'harmonie dans l'âme qu'elle avoit troublée[3]. L'évêque d'Alexandrie, Cyrille, devint jaloux de la gloire d'Hypatia[4]. La populace chrétienne, ayant à sa tête un *lecteur*, nommé Pierre[5], se jeta sur la fille de Théon, lorsqu'elle entroit un jour dans la maison de son père : ces forcenés la traînèrent à l'église Césarium, la mirent toute nue, et la déchiquetèrent avec des coquilles tranchantes; ils brûlèrent ensuite sur la place Cinaron[6] les membres de la créature céleste qui vivoit dans la société des astres qu'elle égaloit en beauté, et dont

---

[1] Suidas, voce Ὑπατία.

[2] Isidori philosophi conjux, sed ita ut conjugii usu abstineret. (Fabric., *Bibl. gr.*, lib. v, cap. xxii.)

[3] Hypatiam ope musicæ illum a morbo isto liberasse.

[4] Suidas, v. Ὑπατία, p. 533.

[5] Quorum dux erat Petrus quidam lector. (Socr., *Hist. eccl.*, lib. vii, cap. xv. Parisiis, 1678.)

[6] Eamque e sella detractam ad ecclesiam quæ Cæsareum cognominatur, rapiunt : et vestibus exutam testis interemerunt. Cumque membratim eam discerpsissent, membra in locum quem Cinaronem vocant comportata incendio consumpserunt. (Socr., *Hist. eccl.*, lib. vii, cap. xv, p. 352.)

elle avoit ressenti les influences les plus sublimes.

Le combat des idées anciennes contre les idées nouvelles à cette époque offre un spectacle que rend plus instructif celui auquel nous assistons[1]. Ce n'étoit plus, comme au temps de Julien, un mouvement rétrograde, c'étoit, au contraire, une course sur la pente du siècle; mais de vieilles mœurs, de vieux souvenirs, de vieilles habitudes; de vieux préjugés disputoient pied à pied le terrain : en abandonnant le culte des aïeux, on croyoit trahir les foyers, les tombeaux, l'honneur, la patrie. La violence, exercée en opposition avec l'esprit de la loi, rendoit le conflit plus opiniâtre; on reprochoit aux chrétiens d'oublier dans la fortune les préceptes de charité qu'ils recommandoient dans le malheur.

Hommes de guerre et hommes d'État, sénateurs et ministres, prêtres chrétiens et prêtres païens, historiens, orateurs, panégyristes, philosophes, poëtes, accouroient à l'attaque ou à la défense des anciens et des modernes autels.

Théodose est un empereur violent et foible, livré au plaisir de la table, selon Zosime[2] : c'est un saint qui règne dans le ciel avec Jésus-Christ aux yeux de saint Ambroise[3].

Les temples s'écroulent à la voix et sous les mains

---

[1] Nous n'y assistons plus ; il est fini. Je corrige, le 13 août 1830, ces épreuves tirées avant le 27 juillet. Insensés qui êtes placés à la tête des États, profiterez-vous de cette rapide et terrible leçon?

[2] Zos., lib. IV.

[3] Ambr., tom. V, *Sermo de diversis*, p. 122, f.

des moines et des évêques ; ils tombent aux chants de victoire de Prudence : le vieux Libanius ranime sa piété philosophique pour attendrir Théodose en faveur de ces mêmes temples.

« Celui, dit-il à l'empereur, celui qui, lorsque
« j'étois encore enfant (Constantin), abattit à ses
« pieds le prince qui l'avoit traité avec outrage
« (Maxence), croyant qu'il lui convenoit d'adopter
« un autre Dieu, se servit des trésors et des revenus
« des temples pour bâtir Constantinople ; mais il
« ne changea rien au culte solennel : si les maisons
« des dieux furent pauvres, les cérémonies demeu-
« rèrent riches. Son fils (Constance) s'abandonna
« aux mauvais conseils de faire cesser les sacrifices.
« Le cousin de ce fils (Julien), prince orné de
« toutes les vertus, les rebâtit. Après sa mort,
« l'usage des sacrifices subsista quelque temps : il
« fut aboli, il est vrai, par deux frères (Valentinien
« et Valens), à cause de quelques novateurs ; mais
« on conserva la coutume de brûler des parfums.
« Vous avez vous-même toléré cette coutume, en
« sorte que nous avons autant à vous remercier de
« ce que vous nous avez accordé qu'à nous plaindre
« de ce dont on nous prive. Vous avez permis que
« le feu sacré demeurât sur les autels, qu'on y brûlât
« de l'encens et d'autres aromates.

« Et voilà pourtant qu'on renverse nos temples !
« Les uns travaillent à cette œuvre avec le bois, la
« pierre, le fer ; les autres emploient leurs mains
« et leurs pieds : proie de Misyène (proverbe grec
« qui signifie *conquête facile*). On enfonce les toits ;

« on sape les murailles; on enlève les statues; on
« renverse les autels. Pour les prêtres, il n'y a que
« deux partis à prendre : se taire ou mourir. D'une
« première expédition on court à une seconde, à
« une troisième; on ne se lasse pas d'ériger des tro-
« phées injurieux à vos lois.

« Voilà pour les villes : dans les campagnes c'est
« bien pis encore! Là se rendent les ennemis des
« temples; ils se dispersent, se réunissent ensuite,
« et se racontent leurs exploits : celui-là rougit qui
« n'est pas le plus criminel. Ils vont comme des
« torrents sillonnant la contrée et bondissant contre
« la maison des dieux. La campagne privée de tem-
« ples est sans dieux; elle est ruinée, détruite,
« morte; les temples, ô empereur ! sont la vie des
« champs; ce sont les premiers édifices qu'on y ait
« vus, les premiers monuments qui soient parvenus
« jusqu'à nous à travers les âges; c'est aux temples
« que le laboureur confie sa femme, ses enfants,
« ses bœufs, ses moissons. . . . .

« Voilà la conduite des chrétiens : ils protestent
« qu'ils ne *font la guerre qu'aux temples;* mais cette
« guerre est le profit de ces oppresseurs; ils ravis-
« sent aux malheureux les fruits de la terre, et s'en
« vont avec les dépouilles, comme s'ils les avoient
« conquises et non volées.

« Cela ne leur suffit pas : ils attaquent encore
« les possessions particulières, parce que, au dire
« de ces brigands, *elles sont consacrées aux dieux.*
« Sous ce prétexte, un grand nombre de proprié-
« taires sont privés des biens qu'ils tenoient de leurs

« ancêtres, tandis que leurs spoliateurs, qui, à les
« entendre, *honorent la Divinité par leurs jeûnes,*
« s'engraissent aux dépens des victimes. Va-t-on se
« plaindre au *pasteur* (nom qu'on affecte de donner
« à un homme qui n'a certainement pas la douceur
« en partage), il chasse les réclamants de sa pré-
« sence, comme s'ils devoient s'estimer heureux de
« n'avoir pas souffert davantage. . . . .

« On prétend que nous avons violé la loi qui
« défend les sacrifices. Nous le nions. On répond
« que, si aucun sacrifice n'a eu lieu, on a égorgé
« des bœufs au milieu des festins et des réjouis-
« sances : cela est vrai; mais il n'y avoit pas d'au-
« tels pour recevoir le sang; on n'a brûlé aucune
« partie de la victime; on n'a point offert de gâ-
« teaux; on n'a point fait de libation. Or, si un
« certain nombre de personnes, pour manger un
« veau ou un mouton, se sont rencontrées dans
« quelque maison de campagne; si, couchées sur
« le gazon, elles se sont nourries de la chair de ce
« veau ou de ce mouton, après l'avoir fait bouillir
« ou rôtir, je ne vois pas quelles lois ont été trans-
« gressées; car, ô divin empereur! vous n'avez pas
« prohibé les réunions domestiques. Ainsi, bien
« qu'on ait chanté un hymne en l'honneur des
« dieux, et qu'on les ait invoqués, on n'a point violé
« votre édit, à moins que vous ne vouliez transfor-
« mer en crime l'innocence de ces festins.

« Nos persécuteurs se figurent que, par leur vio-
« lence, ils nous amènent à la pratique de leur reli-
« gion; ils se trompent : ceux qui paroissent avoir

« varié dans leur culte sont restés tels qu'ils étoient.
« Ils vont avec les chrétiens aux assemblées ; mais
« lorsqu'ils font semblant de prier, ils ne prient
« point, ou ce sont leurs anciens dieux qu'ils ad-
« jurent. . . . .

« En matière de religion, laissez tout à la per-
« suasion, rien à la force. Les chrétiens n'ont-ils
« pas une loi conçue en ces termes : *Pratiquez la*
« *douceur ; tâchez d'obtenir tout par elle ; ayez*
« *horreur de la nécessité ou de la contrainte.* Pour-
« quoi donc vous précipitez-vous sur nos temples
« avec tant de fureur ? vous transgressez donc aussi
« vos lois ? . . . .

« . . . . . Mais puisque les chrétiens allèguent
« l'exemple de celui qui le premier a dépouillé les
« temples (Constantin), j'en vais parler à mon
« tour. Je ne dirai rien des sacrifices ; il n'y toucha
« pas : mais qui fut jamais plus rigoureusement
« puni que le ravisseur des trésors sacrés ? De son
« vivant, il vengea les dieux sur lui-même, sur sa
« propre famille ; après sa mort, ses enfants se sont
« égorgés.

« Les chrétiens s'autorisent encore de l'exemple
« du fils de ce prince (Constance) ; il démolit les
« temples avec d'aussi grands travaux qu'il en eût
« fallu pour les reconstruire (tant il étoit difficile
« de séparer ces pierres liées ensemble par un fort
« ciment) ; il distribuoit les édifices aux favoris
« dont il étoit entouré de la même manière qu'il
« leur eût donné un cheval, un esclave, un chien,
« un bijou. Eh bien ! ces présents devinrent fu-

« nestes à celui qui les accordoit comme à ceux qui
« les acceptoient. . . . .

« De ces favoris, les uns moururent dans l'infor-
« tune, sans postérité, sans testament; les autres
« laissèrent des héritiers; mais qu'il eût mieux
« valu pour eux n'en avoir point ! Nous les voyons
« aujourd'hui, ces enfants qui habitent au milieu
« des colonnes arrachées aux temples; nous les
« voyons couverts d'infamie et se faisant une guerre
« cruelle[1]. »

Cette citation, trop instructive pour être abrégée, offre un tableau presque complet du quatrième siècle : usage et influence des temples dans les campagnes; fin de ces temples; commencement de la propriété du clergé chrétien par la confiscation de la propriété du clergé païen; cupidité et fanatisme des nouveaux convertis, qui s'autorisent des lois en les dénaturant, pour commettre des rapines et troubler l'intérieur des familles; et, de même que Lactance a raconté la mort funeste des persécuteurs du christianisme, Libanius raconte les désastres arrivés aux persécuteurs de l'idolâtrie. Mais quoi qu'il en soit, Dieu, qui punit l'injustice particulière de l'individu, n'en laisse pas moins s'accomplir les révolutions générales calculées sur les besoins de l'espèce.

Les moines furent les principaux ouvriers de la démolition des temples; aussi les outrages et les éloges leur sont-ils également prodigués.

[1] LIBAN., *Pro templis*.

Sozomène assure que les pères du désert pratiquent une philosophie divine.

« Les religieux, dit saint Augustin, ne cessent « d'aimer les hommes, quoiqu'ils aient cessé de les « voir, s'entretenant avec Dieu et contemplant sa « beauté[1]. »

Saint Chrysostome, au sujet de la sédition d'Antioche, compare la conduite des philosophes et des moines. « Où sont maintenant, s'écrie-t-il, ces por-« teurs de bâtons, de manteaux, de longues barbes, « ces infâmes cyniques, au-dessous des chiens leurs « modèles? Ils ont abandonné le malheur; ils se « sont allés cacher dans les cavernes. Les vrais phi-« losophes (les moines des environs d'Antioche) « sont accourus sur la place publique; les habitants « de la ville ont fui au désert, les habitants du dé-« sert sont venus à la ville. L'anachorète a reçu la « religion des apôtres; il imite leur vertu et leur « courage. Vanité des païens! foiblesse de la phi-« losophie! on voit à ses œuvres qu'elle n'est que « fable, comédie, parade et fiction[2]. »

« Quels sont les destructeurs de nos temples? dit « à son tour Libanius. Ce sont des hommes vêtus « de robes noires, qui mangent plus que des élé-« phants, qui demandent au peuple du vin pour « des chants, et cachent leur débauche sous la pâ-« leur artificielle de leur visage[3]. »

« Il y a une race appelée *moines*, dit pareille-

---

[1] Aug., *Lib. retractatio*, cap. xxi.
[2] Chrysost., *Hom.* xvii, p. 196, c.
[3] Liban., *Pro templis.*

« ment Eunape ; ces moines, hommes par la forme,
« pourceaux par la vie, font et se permettent d'abo-
« minables choses. . . . . Quiconque
« porte une robe noire et présente au public une
« sale figure, a le droit d'exercer une autorité ty-
« rannique [1]. »

« Sur la haute mer (c'est le poëte Rutilius qui
« parle) s'élève l'île de Capraria, souillée par des
« hommes qui fuient la lumière. Eux-mêmes se
« sont appelés *moines*, parce qu'ils aspirent à vivre
« sans témoins. Ils redoutent les faveurs de la for-
« tune, parce qu'ils n'auroient pas la force de braver
« ses dédains ; ils se font malheureux de peur de
« l'être. Rage stupide d'une cervelle dérangée ! s'é-
« pouvanter du mal et ne pouvoir souffrir le bien !
« Leur sort est de renfermer leurs chagrins dans
« une étroite cellule, et d'enfler leur triste cœur
« d'une humeur atrabilaire [2]. »

---

[1] Monacos sic dictos, homines quidem specie, sed vitam turpem porcorum more exigentes, qui in propatulo infinita atque
infanda scelera committebant.... Nam ea tempestate quivis atram
vestem indutus, quique in publico sordido habitu spectari non
abnuebat, is tyrannicam obtinebat auctoritatem. (Eunap., *in Vita
Ædesii*, p. 84. Antuerpiæ, 1568.)

[2]
    Processu pelagi jam se Capraria tollit.
       Squalet lucifugis insula plena viris.
    Ipsi se monachos grajo cognomine dicunt,
       Quod soli nullo vivere teste volunt.
    Munera fortunæ metuunt, dum damna verentur ;
       Quisquam sponte miser ne miser esse queat.
    Quænam perversi rabies tam stulta cerebri,
       Dum mala formides, nec bona posse pati !
    Sive suas repetunt fato ergastula pœnas,
       Tristia seu nigro viscera felle tument :

Après avoir passé Capraria, petite île entre la côte de l'Étrurie et celle de la Corse, Rutilius aperçoit une autre île, la Gorgone : « Là s'est enseveli « vivant, au sein des rochers, un citoyen romain. « Poussé des furies, ce jeune homme, noble d'aïeux, « riche de patrimoine, et non moins heureux par « son mariage, fuit la société des hommes et des « dieux. Le crédule exilé se cache au fond d'une « honteuse caverne ; il se figure que le ciel se plaît « aux dégoûtantes misères ; il se traite avec plus de « rigueur que ne le traiteroient les dieux irrités. « Dites-moi, je vous prie, cette secte n'a-t-elle pas « des poisons pires que les breuvages de Circé ? « Alors se transformoient les corps ; à présent se « métamorphosent les âmes [1]. »

> Sic nimiæ bilis morbum adsignavit Homerus
> Bellerophonteis sollicitudinibus;
> Nam juveni offenso, sævi post tela doloris,
> Dicitur humanum displicuisse genus.
> (RUTILII, *Itinerarium*, lib I, p. 105.)

[1] Adversus scopulos damni monumenta recentis,
Perditus hic vivo funere civis erat.
Noster enim nuper juvenis, majoribus amplis,
Nec censu inferior, conjugiove minor,
Impulsus furiis homines divosque reliquit,
Et turpem latebram credulus exul agit.
Infelix putat, illuvie cœlestia passi,
Seque premit læsis sævior ipse deis.
Non, rogo, deterior Circæis secta venenis?
Tunc mutabantur corpora, nunc animi.
(*Id., ib.*, lib. I, v. 517-526.)

Saint Augustin parle avec estime de ces moines de l'île de Capraria si décriés par Rutilius. Il raconte que Mascerel descendit dans cette île, qu'il en emmena avec lui deux religieux, Eustathe et André, aux prières desquels il dut en Afrique sa victoire sur Gildon, son frère. (*Epist.* LXXXI, p. 142.)

Les foiblesses et les jongleries des prêtres du paganisme étoient exposées par le clergé chrétien à la risée de la multitude. Ils se servoient de l'aimant pour opérer des prodiges, pour suspendre un char de bronze attelé de quatre chevaux[1], ou faire monter un soleil de fer à la voûte d'un temple[2]. Ils s'enfermoient dans des statues creuses adossées contre des murailles, et ils rendoient des oracles.

Fleury a osé rappeler, dans l'*Histoire ecclésiastique*[3], une anecdote racontée avec moins de pudeur par Ruffin[4]. « Un prêtre de Saturne, nommé « Tyran, abusa ainsi de plusieurs femmes des prin- « cipaux de la ville : il disoit au mari que Saturne

---

[1] Prosper., lib. III, cap. XXXVIII, p. 150.
[2] Ruff., p. 135.
[3] Tom. IV, liv. XIX, p. 628.
[4] Sacerdos erat apud eos Saturni, Tyrannus nomine. Hic, quasi ex responso numinis, adorantibus in templo nobilibus quibusque et primariis viris, quorum sibi matronæ ad libidinem placuissent, dicebat Saturnum præcepisse ut uxor sua pernoctaret in templo. Tum is qui audierat, gaudens quod uxor sua dignatione numinis vocaretur, exornatam comptius insuper et donariis onustam, ne vacua scilicet repudiaretur, conjugem mittebat ad templum. In conspectu omnium conclusa intrinsecus matrona, Tyrannus, clausis januis et traditis clavibus discedebat. Deinde, facto silentio, per occultos et subterraneos aditus, intra ipsum Saturni simulacrum patulis erepebat cavernis. Erat autem simulacrum illud a tergo excisum, et parieti diligenter annexum. Ardentibusque intra ædem luminibus intentæ, supplicantique mulieri vocem subito per simulacrum oris concavi proferebat, ita ut pavore et gaudio infelix mulier trepidaret, quod dignam se tanti numinis putaret alloquio. Posteaquam vero quæ libitum fuerat vel ad consternationem majorem, vel ad libidinis incitamentum, deseruisset numen impurum ; arte quadam linteolis obductis, repente lumina exstinguebantur universa. Tum descen-

« avoit ordonné que sa femme vînt passer la nuit
« dans le temple. Le mari, ravi de l'honneur que ce
« dieu lui faisoit, envoyoit sa femme parée de ses
« plus beaux ornements et chargée d'offrandes. On
« l'enfermoit dans le temple devant tout le monde ;
« Tyran donnoit les clefs des portes et se retiroit ;
« mais pendant la nuit il venoit par sous terre, et
« entroit dans l'idole. Le temple étoit éclairé, et la
« femme, attentive à sa prière, ne voyant personne,
« et entendant tout d'un coup une voix sortir de
« l'idole, étoit remplie d'une crainte mêlée de joie.
« Après que Tyran, sous le nom de Saturne, lui
« avoit dit ce qu'il jugeoit à propos pour l'étonner
« davantage ou la disposer à le satisfaire, il étei-
« gnoit subitement toutes les lumières, en tirant
« des linges disposés pour cet effet. Il descendoit
« alors et faisoit ce qui lui plaisoit à la faveur des
« ténèbres. Après qu'il eut ainsi trompé des femmes
« pendant long-temps, une, plus sage que les autres,
« eut horreur de cette action ; écoutant plus atten-
« tivement, elle reconnut la voix de Tyran, re-
« tourna chez elle, et découvrit la fraude à son
« mari. Celui-ci se rendit accusateur. Tyran fut mis
« à la question, et convaincu par sa propre con-
« fession qui couvrit d'infamie plusieurs familles
« d'Alexandrie, en découvrant tant d'adultères et

dens obstupefactæ et consternatæ mulierculæ adulterii fucum profanis commentationibus inferebat. Hoc cum per omnes miserorum matronas multo jam tempore gereretur, accidit quamdam pudicæ mentis feminam horruisse facinus, et attentius designantem cognovisse vocem Tyranni, ac domum regressam viro de fraude sceleris indicasse. (Ruff., *Hist. eccl.*, lib. ii, p. 245.)

« rendant incertaine la naissance de tant d'enfants.
« Ces crimes publiés contribuèrent beaucoup au
« renversement des idoles et des temples. »

Une aventure à peu près pareille avoit eu lieu à
Rome sous le règne de Tibère[1]; elle rappeloit encore celle de ce jeune homme qui, jouant le rôle
du fleuve Scamandre, abusa de la simplicité d'une
jeune fille[2]. On étaloit, à la honte de l'idolâtrie,
les poupées empaillées, les simulacres ridicules,
obscènes ou monstrueux, les instruments de magie, et jusqu'aux têtes coupées de quelques enfants
dont on avoit doré les lèvres[3]; toutes divinités
trouvées dans les sanctuaires les plus secrets des
temples abattus.

Les païens tenoient ferme et rendoient mépris
pour mépris; ils insultoient le culte des martyrs :
« Au lieu des dieux de la pensée, les moines obligent les hommes à adorer des esclaves de la pire
espèce; ils ramassent et salent les os et les têtes
des malfaiteurs condamnés à mort pour leurs crimes; ils les translatent çà et là, les montrent comme
des divinités, s'agenouillent devant ces reliques,
se prosternent à des tombeaux couverts d'ordure
et de poussière. Sont appelés martyrs, ministres,
intercesseurs auprès du ciel, ceux-là qui jadis esclaves infidèles ont été battus de verges et portent
sur leurs corps la juste marque de leur infamie;
voilà les nouveaux dieux de la terre[4]. »

[1] Joseph., *Ant.*, lib. viii, cap. iv.
[2] Lucian. [3] Ruff., p. 188.
[4] Eunap., *in Vita Ædes.*

Au milieu de ces combattants animés, des hommes plus justes et plus modérés, dans l'un et l'autre parti, reconnoissoient ce qu'il pouvoit y avoir à louer ou à blâmer parmi les disciples des deux religions. Ammien Marcellin, parlant du pape Damase, remarque que les chrétiens avoient de bonnes raisons pour se disputer, même à main armée, le siége épiscopal de Rome : « Les candidats pré-
« férés sont enrichis par les présents des femmes ;
« ils sont traînés sur des chars, et vêtus d'habits
« magnifiques ; la somptuosité de leurs festins sur-
« passe celle des tables impériales. Ces évêques
« de Rome, qui étalent ainsi leurs vices, seroient
« plus révérés s'ils ressembloient aux évêques de
« province, sobres, simples, modestes, les regards
« baissés vers la terre, s'attirant l'estime et le res-
« pect des vrais adorateurs du Dieu éternel [1]. »

« Faites-moi évêque de Rome, disoit le préfet
« Pretextus à Damase, et je me fais chrétien [2]. »

---

[1] Neque ego abnuo ostentationem rerum considerans urbanarum, hujus rei cupidos ob impetrandum quod appetunt omni contentione laterum jurgari debere : cum id adepti, futuri sint ita securi, ut ditentur oblationibus matronarum procedantque vehiculis insidentes, circumspecte vestiti, epulas currentes profusas, adeo ut eorum convivia regales superent mensas. Qui esse poterant beati revera, si magnitudine urbis despecta cum vitiis, ad imitationem antistitum quorumdam provincialium viverent : quos tenuitas edendi potandique parcissime, vilitas etiam indumentorum, et supercilia humum spectantia, perpetuo numini verisque ejus cultoribus ut puros commendant et verecundos. (Amm. Marcell., lib. xxvii. cap. iv.)

[2] Facite me Romanæ urbis episcopum, et ero protinus christianus. (Hieron., t. ii, p. 165.)

Saint Jérôme, souvent raisonnable à force d'être passionné, écrit : « Voici une grande honte pour « nous : les prêtres des faux dieux, les bateleurs, « les personnes les plus infâmes peuvent être léga- « taires ; les prêtres et les moines seuls ne peuvent « l'être ; une loi le leur interdit, et une loi qui n'est « pas faite par des empereurs ennemis de notre reli- « gion, mais par des princes chrétiens. Cette loi « même, je ne me plains pas qu'on l'ait faite, mais « je me plains que nous l'ayons méritée : elle fut « inspirée par une sage prévoyance ; mais elle n'est « pas assez forte contre l'avarice : on se joue de ses « défenses par de frauduleux fidéicommis[1]. »

Le même Père dit ailleurs : « Il y en a qui bri- « guent la prêtrise ou le diaconat, pour voir les « femmes plus librement. Tout leur soin est de leurs « habits, d'être chaussés proprement, d'être par- « fumés. Ils frisent leurs cheveux avec le fer, les « anneaux brillent à leurs doigts : ils marchent du « bout du pied ; vous les prendriez pour de jeunes « fiancés plutôt que pour des clercs. Il y en a dont « toute l'occupation est de savoir les noms et les « demeures des femmes de qualité, et de connoître « leurs inclinations : j'en décrirai un qui est maître « en ce métier. Il se lève avec le soleil ; l'ordre de « ses visites est préparé ; il cherche les chemins les « plus courts ; et ce vieillard importun entre pres- « que dans les chambres où elles dorment. S'il voit « un oreiller, une serviette, ou quelque autre petit

---

[1] J'emprunte l'élégante imitation de M. Villemain. (*Mél. hist. et littér.*)

« meuble à son gré, il le loue, il en admire la pro-
« preté, il le tâte, il se plaint de n'en avoir point
« de semblable, et l'arrache plutôt qu'il ne l'ob-
« tient[1]. »

Grégoire de Nazianze parle des chars dorés, des beaux chevaux, de la suite nombreuse des prélats ; il représente la foule s'écartant devant eux comme devant des bêtes féroces[2].

Ces controverses avoient lieu partout ; elles passoient les mers ; elles se continuoient par lettres de la grotte de Bethléem à Hippone, du désert de la Thébaïde à Alexandrie, d'Antioche à Constantinople, de Constantinople à Rome. Tous les esprits étoient émus dans tous les rangs, à mesure que la catastrophe approchoit ; mais par un effet naturel, ceux qui s'attachoient à la cause perdue afin de parvenir à la puissance, n'y trouvoient que leur ruine.

Photius nous a conservé un fragment de Damascius, dans lequel ce philosophe fait l'énumération des personnages qui entreprirent inutilement de ressusciter le culte des Hellènes. Julien est nommé le premier. Lucius, capitaine des gardes à Constantinople, voulut tuer Théodose pour ramener l'idolâtrie ; mais il ne put tirer son épée, effrayé qu'il fut d'une femme au regard terrible, qui se tenoit derrière l'empereur, et l'entouroit de ses bras. Marsus et Illus perdirent la vie dans une entreprise de la même nature ; Ammonius, après avoir

---

[1] FLEURY, *Hist. eccl.*, tom. IV, lib. XVIII, p. 493. Molière a imité quelque chose de ce tableau dans *le Tartufe*.

[2] GREG. NAZ., *Orat.* XXXII, p. 526.

conspiré, déserta à un évêque; Severianus ourdit une nouvelle trame; mais il fut trahi par Americhus, qui découvrit le complot à Zénon, empereur d'Orient [1].

Eugène, empereur d'Arbogaste, met l'image d'Hercule dans ses bannières, rend aux temples leurs revenus, et ordonne de rétablir à Rome l'autel de la Victoire. Dans cette même Rome qui avoit tant de peine à renoncer au dieu Mars, un oracle s'étoit répandu : des vers grecs annonçoient que le christianisme subsisteroit pendant trois cent soixante-cinq ans : Jésus étoit innocent de son culte; mais Pierre, versé dans les arts magiques, avoit conservé pour ce nombre fixe d'années la religion du Christ [2]. Or, à compter de la résurrection, cette période expiroit sous le consulat d'Honorius et d'Eutychianus, l'an 398 de l'ère chrétienne. Les païens pleins de joie attendoient l'abolition complète et immédiate de la loi évangélique, et ce même an les temples de l'Afrique furent renversés ou fermés par les ordres d'Honorius [3].

[1] *Vid.* et Voss., *de Histor. gr.*, lib. II, cap. XXI.
[2] Cum enim viderent, nec tot tantisque persecutionibus eam potuisse consumi, sed his potius mira incrementa sumpsisse, excogitaverunt nescio quos versus græcos, tanquam consulenti cuidam divino oraculo effusos, ubi Christum quidem ab hujus tanquam sacrilegii crimine faciunt innocentem. Petrum autem maleficiis fecisse subjungunt, ut coleretur Christi nomen per trecentos sexaginta quinque annos; deinde completo memorato numero annorum sine mora sumeret finem. (*De Civit. Dei*, lib. XVIII, cap. LIII.)
[3] *Id., ibid.*

Une autre espérance survint : Radagaise, païen et Barbare, ravageoit l'Italie et menaçoit Rome. « Comment, disoient les pieux idolâtres, pourrons-nous résister à un homme qui offre soir et matin d'agréables victimes à ces dieux que nous abandonnons[1] ? » Et Radagaise fut vaincu, tandis qu'Alaric, Barbare aussi, mais chrétien, entra dans Rome. Eucher, fils de Stilicon, étoit l'objet de vœux secrets ; il professoit le paganisme.

Attale même, ce jouet des Goths, eut des partisans ; il avoit distribué les principaux offices de l'État à des polythéistes, et Zosime remarque que la famille chrétienne des Anices s'affligeoit seule *du bonheur public*[2]. La passion ne pouvoit aller plus loin.

Enfin un des derniers fantômes d'empereur créés par Ricimer, Anthémius, donna une dernière palpitation au cœur des vieux hellénistes : il inclinoit aux idoles ; il avoit promis à Sévère, tout livré à l'ancien culte, de rétablir la ville éternelle dans sa première splendeur, et de lui rendre les dieux auteurs de sa gloire. Le pape Hilaire traversa ce dessein en faisant promettre à Anthémius d'écarter de lui un certain Philothée[3], de la secte des Macédoniens, qui plaçoit Anthémius entre le paganisme et l'hérésie : Alaric et Genseric avoient déjà pillé Rome, et Odoacre, roi d'Italie, étoit au moment de remplacer l'empereur d'Occident.

---

[1] *De Civit. Dei*, lib. v, cap. xxiii, pag. 63.
[2] Zosim., lib. v, p. 827.
[3] Phot., c. ccxlii, 1040.

Le paganisme alla s'ensevelir dans les catacombes d'où le christianisme étoit sorti : on trouve encore aujourd'hui, parmi les chapelles et les tombeaux des premiers chrétiens, les sanctuaires et les simulacres des derniers idolâtres[1]. Non-seulement les restes de la religion grecque se conservèrent en secret, mais elle domina publiquement quelque partie du nouveau culte : saint Boniface, dans le huitième siècle, s'en plaint à la cour de Rome[2].

[1] D'Agincourt, *Monuments du moyen-âge à Rome.*
[2] Bonif., *Epist. ad Serran.*; et D. Mart., *Thes. Anccd.*

TROISIÈME DISCOURS.

TROISIÈME PARTIE.

Le combat moral et intellectuel se termina de la même manière que le combat politique. Après le sac de Rome, l'idolâtrie accusa les fidèles d'être la cause de toutes les calamités publiques, accusation qu'elle avoit souvent reproduite, et qu'elle renouveloit à sa dernière heure. Des chrétiens foibles joignoient leur voix à celle des païens, et disoient: « Pierre, Paul, Laurent, sont « enterrés à Rome, et cependant Rome est sacca- « gée[1]. » Pour réfuter cet argument rebattu, saint Augustin composa le grand ouvrage de *la Cité de Dieu*. Son but, en relevant la beauté, la vérité et la sainteté du christianisme, est de prouver que les Romains n'ont dû leur perte qu'à la corruption de leurs mœurs et à la fausseté de leur religion. Il les poursuit leur histoire à la main.

« Vous dites proverbialement: Il ne pleut pas, « les chrétiens en sont la cause. » Vous oubliez donc les fléaux qui ont désolé l'Empire avant qu'il se soumît à la foi? Vous vous confiez en vos dieux: quand vous ont-ils protégés? Les Barbares, respectant le nom de Jésus-Christ, ont épargné tout ce

[1] Aug., *Serm.*, p. 1200.

qui s'étoit réfugié dans les églises de Rome : les guerres des païens n'offrent pas un seul exemple de cette nature; les temples n'ont jamais sauvé personne. Au temps de Marius le pontife Mutius Scévola fut tué au pied de l'autel de Vesta, asile réputé inviolable, et son sang éteignit presque le feu sacré. Rome idolâtre a plus souffert de ses discordes civiles, que Rome chrétienne du fer des Goths; Sylla a fait mourir plus de sénateurs qu'Alaric n'en a dépouillé.

« La Providence établit les royaumes de la terre; la grandeur passée de l'Empire ne peut pas plus être attribuée à l'influence chimérique des astres, qu'à la puissance de dieux impuissants. La théologie naturelle des philosophes ne sauroit être opposée à son tour à la théologie divine des chrétiens, car elle s'est souvent trompée. L'école italique que fonda Pythagore, l'école ionique que Thalès institua, sont tombées dans des erreurs capitales. Thalès, appliqué à l'étude de la physique, eut pour disciple Anaximandre; celui-ci instruisit Anaximène, qui fut maître d'Anaxagore, et Anaxagore de Socrate, lequel rapporta toute la philosophie aux mœurs. Platon vint après Socrate et s'approcha beaucoup des vérités de la foi.

« Mais comment est-il que les chrétiens, tout en prétendant n'adorer qu'un seul Dieu, élèvent des temples aux martyrs ? Le fait n'est point exact. Notre respect pour les sépulcres des confesseurs est un hommage rendu à des hommes témoins de la vérité jusqu'à mourir : mais qui jamais entendit un prêtre, officiant à l'autel de Dieu sur les cendres d'un martyr, prononcer ces mots: « Pierre, Paul et « Cyprien, je vous offre ce sacrifice ? »

« Les païens se glorifient des prodiges opérés par leur religion : Tarquin coupe une pierre avec le rasoir; un serpent d'Épidaure suit Esculape jusqu'à Rome; une vestale tire une galère avec sa ceinture; une autre puise de l'eau dans un crible : sont-ce là des merveilles à comparer aux miracles de l'Écriture? Le Jourdain, suspendant son cours, laisse passer les Hébreux; les murs de Jéricho tombent devant l'arche sainte. Ah! ne nous attachons point à la cité de la terre; tournons nos pas vers la cité du ciel qui prit naissance avant la création du monde visible.

« Les anges sont les premiers habitants de cette cité divine; ils tiennent du ciel et de la lumière; car au commencement Dieu fit le ciel, et il dit : *que la lumière soit faite.* Dieu ne créa qu'un seul homme; nous étions tous dans cet homme. Il répandit en lui une âme douée d'intelligence et de raison, soit qu'il eût déjà créé cette âme auparavant, soit qu'il la communiquât en soufflant contre la face de l'homme dont le corps n'étoit que limon. Il donna à l'homme une femme pour se reproduire; mais, comme toute la race humaine devoit venir de l'homme, Eve fut formée de l'os, de la chair et du sang d'Adam.

« L'homme à qui le Seigneur avoit dit : « Le jour que vous mangerez du fruit défendu, vous mourrez, » mangea du fruit défendu, et mourut. La mort est la peine attachée au péché. Mais si le péché est effacé par le baptême, pourquoi l'homme meurt-il à présent? Il meurt afin que la foi, l'espérance et la vertu ne soient pas détruites.

« Deux amours ont bâti les deux cités : l'amour de soi-même jusqu'au mépris de Dieu a élevé la cité terrestre; l'amour de Dieu jusqu'au mépris de soi-même a édifié la cité céleste. Caïn, citoyen de la cité terrestre, bâtit une ville; Abel n'en bâtit point : il étoit citoyen de la cité du ciel, et étranger ici-bas. Les deux cités peuvent s'unir par le mariage des enfants des saints avec les filles des hommes à cause de leur beauté : la beauté est un bien qui nous vient de Dieu.

« Les deux cités se meuvent ensemble : la cité terrestre, depuis les jours d'Abraham, a produit les deux grands empires des Assyriens et des Romains; la cité céleste arrive, par le même Abraham, de David à Jésus-Christ. Il est venu des lettres de cette cité sainte dont nous sommes maintenant exilés; ces lettres sont les Écritures. Le roi de la cité céleste est descendu en personne sur la terre pour être notre chemin et notre guide.

« Le souverain bien est la vie éternelle; il n'est pas de ce monde : le souverain mal est la mort éternelle, ou la séparation d'avec Dieu. La possession des félicités temporelles est une fausse béatitude, une grande infirmité. Le juste vit de la foi.

« Lorsque les deux cités seront parvenues à leurs fins au moyen du Christ, il y aura pour les pécheurs des supplices éternels. La peine de mort sous la loi humaine ne consiste pas seulement dans la minute employée à l'exécution du criminel, mais dans l'acte qui l'enlève à l'existence : le juge éternel retranche le coupable de la vivante éternité, comme le juge temporel retranche le coupable du temps vivant. L'Éternel peut-il prononcer autre chose que des arrêts éternels ?

« Par la même raison, le bonheur des justes sera sans terme. L'âme toutefois ne perdra pas la mémoire de ses maux passés : si elle ne se souvenoit plus de son ancienne misère, si même elle ne connoissoit pas la misère impérissable de ceux qui auront péri, comment chanteroit-elle sans fin les miséricordes de Dieu, ainsi que nous l'apprend le Psalmiste ? Dans la cité divine cette parole sera accomplie : « *Demeurez en repos ; reconnoissez que je suis Dieu,* » c'est-à-dire qu'on y jouira de ce sabbat, de ce long jour qui n'aura point de soir, et où nous reposerons en Dieu. »

Cet ouvrage du Platon chrétien est empreint de la mélancolie la plus profonde : on y sent une âme tendre, inquiète, regrettant peut-être des illusions, et dont les vagues sentiments passent à travers un esprit abstrait et une imagination mystique. Celui qui, jeune encore, s'étoit confessé avec tant de charme d'avoir demandé la pureté, *mais pas trop tôt*[1], d'avoir désiré d'aimer[2]; celui qui avoit dit : « Lorsque vous m'aurez connu tel que je suis, priez « pour moi[3]; » le père d'Adéodat répand sur les-

---

[1] *Confes.*, lib. VIII, c. VII, num. XVII.
[2] *Id., ibid.*, lib. III et IV.   [3] *Id.*, Epist. CCXXXI, num. VI.

pages échappées à sa vieillesse ce dégoût de la terre, bonheur des saints, et partage des infortunés. Le spectacle des calamités publiques contribuoit sans doute à attrister le génie d'Augustin : quel temps pour écrire que les années qui séparent Alaric de Genseric, second destructeur de Rome et de Carthage; que les années qui s'écoulèrent entre le sac de la ville éternelle par les Goths et le sac d'Hippone par les Vandales!

Volusien, homme d'une famille puissante à Carthage, avoit mandé à saint Augustin qu'un de ses amis manifestoit le désir de trouver un chrétien capable de résoudre certaines difficultés relatives au nouveau culte. Saint Augustin, dans une réponse affable et polie, lui envoie une sorte d'abrégé de *la Cité de Dieu.*

Le même Père entretient une correspondance avec la population païenne de Madaure : « Réveillez-« vous, peuples de Madaure, mes parents! mes « frères[1]!... Puisse le vrai Dieu vous convertir à la « foi, vous délivrer des vanités de ce monde! » Un évêque, un controversiste ardent, saint Augustin, appelle des idolâtres ses *parents*, ses *frères*.

Quelques années auparavant il avoit eu un commerce de lettres avec Maxime grammairien dans cette même ville de Madaure : Maxime l'avoit prié de laisser de côté son éloquence et les subtiles arguments de Chrysippe, pour lui dire quel étoit le Dieu des chrétiens. « Et à présent, homme excel-

---

[1] Expergiscimini aliquando, fratres mei et parentes mei madaurenses. (Epist. ccxxxii.)

« lent¹ qui as abandonné ma communion, cette lettre
« sera jetée au feu ou détruite d'une autre manière.
« S'il en est ainsi, un peu de papier périra, mais
« non ma doctrine... Puissent les dieux te conser-
« ver! les dieux par qui les peuples de la terre
« adorent en mille manières différentes, dans un
« harmonieux discord, le père commun de ces dieux
« et des hommes². » Voici le païen qui appelle à
son tour les bénédictions du ciel sur la tête d'un
chrétien.

Longinien écrit ces mots à saint Augustin : « Sei-
« gneur et honoré Père, quant au Christ, en qui tu
« crois, et l'Esprit de Dieu par qui tu espères aller
« dans le sein du vrai, du souverain, du bienheu-
« reux auteur de toutes choses, je n'ose ni ne puis
« exprimer ce que je pense ; il est difficile à un
« homme de définir ce qu'il ne comprend pas ; mais
« tu es digne du respect que je porte à tes vertus³. »

Saint Augustin répond : « J'aime ta circonspec-
« tion à ne rien nier, à ne rien affirmer touchant le
« Christ ; c'est une louable réserve dans un païen⁴. »

L'illustre évêque d'Hippone expira à soixante-
seize ans dans sa ville épiscopale assiégée, en plein

¹ Vir eximie.
² Dii te servent, per quos et eorum atque cunctorum mortalium communem patrem, universi mortales, quos terra sustinet, mille modis concordi discordia veneramur et colimus! (*Ap.* Augustin., ep. xvi, al. xliii, t. ii.)
³ Ut autem me cultorem tuarum virtutum dignatus est. (Augustin., epist. ccxxxiii, n. 3.)
⁴ Proinde quod de Christo nihil tibi negandum vel affirmandum putasti, hoc in pagani animo temperamentum non invitus acceperim. (Epist. ccxxxv.)

10.

exercice des devoirs d'un pasteur courageux et charitable. « Il mourut, » dit l'élégant auteur que vous aimerez encore à retrouver, « il mourut les yeux « attachés sur cette cité céleste dont il avoit écrit la « merveilleuse histoire [1]. »

Mais, avant ces lettres d'Augustin, on trouve peut-être un monument encore plus extraordinaire de la tolérance religieuse entre des esprits supérieurs : ce sont les lettres de saint Basile à Libanius, et de Libanius à saint Basile. Le sophiste païen avoit été le maître du docteur chrétien à Constantinople. « Quand vous fûtes retourné dans votre pays, écrit « Libanius à Basile, je me disois : Que fait mainte-« nant Basile ? Plaide-t-il au barreau ? enseigne-t-il « l'éloquence ? J'ai appris que vous aviez suivi une « meilleure voie : que vous ne vous étiez occupé « qu'à plaire à Dieu, et j'ai envié votre bonheur [2]. »

Basile envoie de jeunes Cappadociens à l'école de Libanius sans crainte de les infecter du venin de l'idolâtrie. « Il suffira, lui mande-t-il, qu'avant l'âge « de l'expérience ces jeunes gens soient comptés « parmi vos disciples [3]. » — « Basile est mon ami, « s'écrie Libanius dans une autre lettre, Basile est « mon vainqueur, et j'en suis ravi de joie [4]. » — « Je « tiens votre harangue, dit Basile ; je l'ai admirée : « ô muses ! ô Athènes ! que de choses vous enseignez « à vos élèves [5] ! »

Est-ce bien l'ennemi de Julien, l'ami de Grégoire

---

[1] Traduct. de M. Villemain, *Mél. hist. et litt.*
[2] Ep. CCCXXXVI. — Edit. Bened.   [3] Ep. CCCXXXVII.
[4] Ep. CCCXXXVIII.   [5] Ep. CCCLIII.

de Nazianze, le fondateur de la vie cénobitique ; est-ce bien l'ardent sectateur de Julien, le violent adversaire des moines, l'orateur qui défendoit les temples ; sont-ce bien ces deux hommes qui ont ensemble un pareil commerce de lettres ?

Synésius, de la colonie lacédémonienne fondée en Afrique dans la Cyrénaïque, descendoit d'Eurysthène, premier roi de Sparte de la race dorique : il étoit philosophe ; comme saint Augustin dans sa jeunesse, il partageoit ses jours entre la lecture et la chasse. Le peuple de Ptolémaïde, en Libye, le demande pour évêque. Synésius déclare qu'il ne se reconnoît point la pureté de mœurs nécessaire à un si saint état ; que Dieu lui a donné une femme, qu'il ne veut ni la quitter ni s'approcher d'elle furtivement comme un adultère ; qu'il souhaite avoir un grand nombre d'enfants beaux et vertueux. Il ajoutoit : « Je ne dirai jamais que l'âme soit créée « après le corps ; je ne croirai jamais que le monde « doit périr en tout ou en partie : la résurrection me « paroît une chose fort mystérieuse, et je ne me « rends point aux opinions du vulgaire[1]. » On lui laissa sa femme et ses opinions, et on le fit évêque. Quand il fut ordonné, il ne put pendant sept mois se résoudre à vivre au milieu de son troupeau ; il pensoit que sa charge étoit incompatible avec sa philosophie ; il vouloit s'expatrier et passer en Grèce[2]. On lui laissa sa philosophie, et il resta à Ptolémaïde.

[1] *Syn.*, Ep. LVII.—CV.
[2] Ep. XCV.—*ad Olymp.*

Synésius avoit été disciple d'Hypathia, à Alexandrie. Les lettres qu'il lui écrit sont ainsi suscrites : *Au philosophe. Au philosophe Hypathia*[1]. Dans une de ces lettres (et il étoit alors évêque), il l'appelle sa mère, sa sœur, sa maîtresse[2]. Il lui trouve une âme très divine[3]. Il félicite Herculien de lui avoir fait connoître cette femme extraordinaire qui révèle les mystères de la vraie philosophie[4]. Ces relations paisibles s'entretenoient dans un coin du monde, l'an 410 de J.-C., l'année même qui vit entrer Alaric dans la ville éternelle. Cinq ans auparavant, les Macètes et d'autres peuples barbares avoient assiégé Cyrène[5]. La main de Dieu se montroit dans la nue; sous cette main, les siècles, les empires, les monuments s'abîmoient, et les hommes poursuivoient le cours ordinaire de leur destinée : en ce temps-là il y avoit beaucoup de vie, parce qu'il y avoit beaucoup de mort.

Il n'est pas jusqu'aux poëtes dans les deux cultes qui ne gémissent de ne pouvoir chanter aux mêmes fontaines et sur la même montagne. Ausone, de la religion d'Homère, écrit à Paulin, de la religion du Christ : « Muses, divinités de la Grèce, entendez « cette prière, rendez un poëte aux muses du La- « tium ! » Le poëte de la croix répond : « Pourquoi « rappelles-tu en ma faveur les muses que j'ai répu-

---

[1] Τῇ φιλοσόφῳ. Τῇ φιλοσόφῳ Ὑπαθίᾳ: Ep. xv, p. 172; ep. x, p. 170.
[2] Μῆτερ, καὶ ἀδελφὴ, καὶ διδάσκαλε. Ep. xvi, p. 173.
[3] Τῆς θεοτάτης σοῦ ψυχῆς. Ep. x, p. 170.
[4] Ep cxxxvi, p. 272.
[5] Ep. cclxv.—ccxlix.

« diées ? Un plus grand Dieu subjugue mon âme... »
« Rien ne t'arrachera de ma mémoire... Cette âme
« ne peut t'oublier, puisqu'elle ne peut mourir [1]. »

Le temps, comme vous le voyez, avoit usé la violence des partis : les hommes supérieurs, le moment de l'action passé, ne tardent pas à s'entendre; il est entre ces hommes une paix naturelle qu'on pourroit appeler la paix des talents, semblable à cette paix de Dieu qu'une religion commune établissoit entre les vaillants et les forts. Aussi, vers la fin du quatrième siècle et dans les deux siècles suivants, la tendance que les philosophes des deux religions ont à se rapprocher est visible : la haine a disparu; il ne reste que les regrets. Les contentions n'existent plus que parmi les chrétiens des différentes sectes.

Néanmoins quelques caractères rigides, instruits aux rudes enseignements apostoliques, désapprouvoient ces ménagements : ils condamnoient orateurs et poëtes, et méprisoient la délicatesse du langage. Saint Jérôme confesse avec larmes son penchant pour les auteurs profanes; il expie d'avance, par le jeûne, les veilles et les prières, la lecture qu'il se prépare à faire de Cicéron et de Platon. Rufin accuse Jérôme d'un crime énorme : d'avoir occupé certains religieux du mont des Olives à copier les dialogues de Cicéron, et d'avoir, dans sa grotte de Bethléem, expliqué Virgile à des enfants chrétiens.

Les philosophes, après le règne de Julien, avoient

---

[1] Villemain, *Mél. hist. et litt.*, pag. 449.

cessé de se distinguer de la foule par les habits et les mœurs; mais la suite des doctrines et la succession des maîtres se prolongèrent bien au-delà du règne de l'Apostat. Dans le cinquième et dans le sixième siècle, les chaires publiques à Athènes étoient encore occupées par des païens [1] : Syrannius fut le prédécesseur de Proclus, qui transmit le doctorat à Marinus, converti du judaïsme samaritain à l'hellénisme. Proclus étoit auteur d'un double commentaire sur Homère et sur Hésiode, de deux livres de théurgie, de quatre livres sur la *République* de Platon, de dix livres sur les Oracles, de plusieurs autres traités, et de dix-huit Arguments contre les chrétiens, réfutés par Philoponus [2]. Marinus nous a laissé la biographie de son maître : alors un saint écrivoit la vie d'un saint, un philosophe la vie d'un philosophe; ils se partageoient la gloire du ciel et de la terre.

Marinus attribue à Proclus une vertu surnaturelle de bienfaisance : il en apporte en preuve la guérison miraculeuse de la jeune Asclépigénie, fille d'Archiades et de Plutarcha. Il remarque que la maison de Proclus touchoit au temple d'Esculape; car, dit-il, Athènes étoit encore assez heureuse pour conserver dans son entier le temple du *Sauveur*. Platon étoit pauvre (c'est toujours Marinus qui parle); il n'avoit qu'un jardin dans l'enceinte de l'Académie, et un revenu de la valeur de trois pièces

---

[1] Iontius donne le catalogue de la succession des philosophes athéniens. Pag. 301 et 302 : *De Scriptoribus hist. philosophicæ.*
[2] SUIDAS. *Lex.* voce *Procl.*; FABRIC., *de Procli script. edit.*, p. 80.

d'or; mais du temps de Proclus, le revenu de l'Académie s'élevoit à plus de mille [1].

Marinus nous donne encore l'époque certaine de la perte de la fameuse statue de Phidias, la Minerve du Parthénon : échappée aux ravages des Goths, elle n'échappa point à ceux des chrétiens. « Minerve, dit-il, manifesta le grand attachement qu'elle avoit pour Proclus, quand la statue de cette déesse, qui jusqu'alors étoit restée au Parthénon, fut enlevée par ceux *qui touchent aux choses qui ne devroient pas être touchées*. Quand donc Minerve eut été chassée de son temple, une femme d'une beauté exquise apparut en songe à Proclus; elle lui commanda de parer ses foyers, en lui disant : « Minerve « veut habiter et dormir avec toi [2]. »

Marinus date la mort de Proclus de l'an 124 à partir de celle de Julien [3] : c'étoit une ère à l'usage des regrets et de la reconnoissance philosophiques. Les chrétiens comptoient ainsi de l'époque des martyrs.

[1] Phot., *cod.* ccxlii, pag. 1054; Damasc., *in Vit. Isidor.*

[2] Marin., *in Vit. Procli*, cap. xxx, p. 62. Nous devons à M. Boissonade une excellente édition de la Vie de Proclus par Marinus, et du commentaire inédit de Proclus sur le Cratyle.

Je ne sais si, par rapport à l'histoire de l'art, ce passage a jamais été remarqué. Il m'avoit échappé dans mon mémoire sur l'histoire de Sparte et d'Athènes, dans l'introduction à l'*Itinéraire de Paris à Jérusalem*. M. Quatremère de Quincy ne le cite point dans son *Jupiter Olympien*. Il y avoit deux statues de Minerve à Athènes de la main de Phidias : celle de la *citadelle;* elle étoit de bronze, et l'on apercevoit l'aigrette de son casque du cap Sunium: celle du *Parthénon;* elle étoit d'or et d'ivoire. Marinus parle évidemment de la dernière

[3] Marin., *in Vit. Procli*, cap. xxxvi, pag. 73.

Plus tard encore, vers l'an 550, nous trouvons Damascius le stoïcien, lié d'amitié avec Simplicius et Eulanius. L'aventure de ces derniers philosophes du monde romain mérite d'être racontée.

Damascius de Syrie, Simplicius de Cilicie, Eulianus de Phrygie, Ermias et Diogène de Phœnicie, Isidore de Gaza, accablés du triomphe de la croix, résolurent de s'expatrier et d'aller vivre chez les Perses. Arrivés dans la contrée des mages, ils trouvèrent que le roi n'étoit pas un philosophe, que les nobles étoient pleins d'orgueil, que le peuple, rusé et voleur, ne valoit pas mieux que le peuple romain. Ils furent surtout révoltés du spectacle de la polygamie, impuissante même à prévenir l'adultère : ils se repentirent et désirèrent rentrer dans leur pays. Chosroës, qui négocioit alors un traité avec la cour de Constantinople, y fit généreusement insérer une clause en faveur de ses hôtes : on ne les inquiéta point à leur retour, et ils jouirent en paix à leurs foyers de la liberté de conscience [1].

Dans cette agonie d'une société prête à passer, l'assimilation de langage, d'idées et de mœurs étoit presque complète entre les hommes supérieurs des deux religions; mêmes principes de morale, mêmes expressions de *salut*, de *grâce* divine, mêmes invocations au Dieu unique, éternel, au Dieu *Sauveur*. Quand on lit Synésius et Marinus, Fulgence et Damascius, et les autres écrivains religieux et moraux de cette époque, on auroit peine à déter-

---

[1] Agathias, lib. ii, p. 69 et seq.; Suidas, voce Πρέσβεις; Brucker, *Hist. crit. de la philosoph.*, tom. ii, pag. 451.

miner la croyance à laquelle ils appartiennent, si les uns ne s'appuyoient de l'autorité homérique, les autres de l'autorité biblique.

Boëce dans l'Occident, Simplicius dans l'Orient, terminèrent cette série des beaux génies qui s'étoient placés entre le ciel et la terre : ils virent entrer la solitude dans les écoles où le christianisme avoit été nourri, et dont il chassa l'auditoire; ils fermèrent avec honneur les portes du Lycée et de l'Académie des sages. Justinien supprima les écoles d'Athènes quarante-quatre ans après la mort de Proclus [1]. Boëce, chrétien et persécuté, étoit un philosophe; Simplicius, philosophe et heureux, avoit le caractère d'un chrétien. « O Seigneur, » dit-il (dans la prière qui termine son commentaire de l'*Enchiridion* d'Épictète) : « O Seigneur, père, auteur et « guide de notre raison, permets que nous n'ou- « bliions jamais la dignité dont tu décoras notre na- « ture! Fais que nous agissions comme des êtres « libres; que purifiés de toutes passions déréglées « nous sachions, si elles s'élèvent, les combattre et « les gouverner! Guidé par la lumière de la vérité, « que notre jugement nous attache aux choses vé- « ritablement bonnes! Je te supplie, ô mon SAU- « VEUR! de dissiper les ténèbres qui couvrent les « yeux de nos âmes, afin que nous puissions, « comme le dit Homère, distinguer et l'homme et « Dieu. »

Boëce enfermé dans un cachot à Ticinum (Pavie)

---

[1] JOAN. MATT., tom. II, pag. 187; ALEMAN., pag. 106.

se plaint du changement de sa fortune et des malheurs de sa vieillesse : les muses l'environnent dans des vêtements de deuil. Tout à coup une femme majestueuse se montre à lui; ses regards sont perçants, ses couleurs brillantes. Elle est jeune, et pourtant on voit que sa naissance a précédé celle des hommes du siècle : tantôt elle ne paroît pas s'élever au-dessus de la taille commune; tantôt son front touche aux nues, et se cache aux regards des mortels. Un tissu d'une matière incorruptible forme sa robe; l'éclat de cette robe est légèrement adouci par une espèce de teinte semblable à celle que le temps répand sur les vieux tableaux. Cette femme tient un livre dans sa main droite, un sceptre dans sa main gauche. Dès qu'elle aperçoit les muses dictant des vers à la douleur de Boëce, elle chasse ces courtisanes, qui, loin de fermer les blessures, les tiennent ouvertes avec un poison subtil. Ensuite elle s'assied sur le lit du prisonnier et lui adresse ces paroles : « Est-ce donc toi que j'ai nourri de « mon lait, que j'ai élevé avec un si tendre soin ? « toi dont j'avois fortifié l'esprit et le cœur, tu te « serois laissé vaincre à l'adversité! Me reconnois- « tu ? Tu gardes le silence! » La Divinité essuie avec un pan de sa robe les larmes qui roulent dans les yeux de Boëce: aussitôt il reconnoît la mère féconde des vertus, son amie céleste, la Philosophie. Elle donne ses dernières leçons à son élève; elle lui répète que le souverain bien ne se trouve qu'en Dieu, et comme Simplicius, la Philosophie, ou plutôt Boëce, s'écrie : « Être infini! source de tous les

« biens ! Dieu SAUVEUR ! élevez nos âmes jusqu'au
« séjour que vous habitez ! répandez sur nous cette
« lumière qui seule peut donner à nos yeux la force
« de vous contempler ! »

Y a-t-il rien de plus beau et en même temps de
plus semblable que ces derniers accents de Simplicius et de Boëce ? A cette époque le christianisme étoit philosophique ; il rétrograda ; il devint
monacal par l'ignorance et les malheurs répandus
sur la terre : c'est précisément ce qui fit sa force.
Le temps de la barbarie couva les germes de la
société moderne, et son incubation fut d'une énergie prodigieuse. Le christianisme, philosophique
trop tôt à la suite d'une vieille civilisation qui
n'étoit pas née de lui, se seroit épuisé ; il falloit
qu'il traversât des siècles de ténèbres ; qu'il fût lui-
même l'auteur de la civilisation nouvelle, pour
arriver à son âge philosophique *naturel*, âge qu'il
atteint aujourd'hui.

Entre Platon et saint Augustin, entre Socrate et
Boëce, s'accomplit une des grandes périodes de
l'histoire de l'esprit humain. Les maîtres de la sapience païenne remirent, en se retirant, le style
et les tablettes aux maîtres de la science évangélique. Le principe de la philosophie ne périt point,
parce qu'aucun principe ne se détruit, parce que
la philosophie est à la fois la langue de l'esprit, et
la haute région où l'âme habite à part de son enveloppe. La théologie s'assit sur les bancs que la
philosophie abandonnoit, et la continua. Les systèmes d'Aristote et de Platon, la forme et l'idée,

divisèrent toujours les intelligences, jusqu'au temps où les ouvrages du Stagyrite, rapportés à l'Europe par les Arabes, renouvelèrent la doctrine des péripatéticiens et enfantèrent la scolastique. La branche gourmande du christianisme, l'hérésie, qui ne cessa de pousser avec vigueur, reproduisit de son côté le fruit philosophique dont le germe l'avoit fait naître.

En lisant le récit de la spoliation des temples sous le règne de Théodose, vous aurez cru assister à la destruction des églises, perpétrée de nos jours. Mais l'écroulement de nos églises n'a point amené la chute de la religion du Christ, tandis que la religion de Jupiter, ruinée d'ailleurs, disparut avec ses temples. La vérité ne tient point à une pierre, elle subsiste indépendamment d'un autel : l'erreur ne peut vivre si elle n'est enfoncée dans les ténèbres d'un sanctuaire. Le christianisme, au temps de Théodose et de ses fils, se trouvoit prêt à remplacer le paganisme : le christianisme n'a point d'héritier dans notre siècle. La philosophie humaine qui se présenteroit pour succéder à la foi, ainsi qu'elle s'offrit pour tenir lieu de l'idolâtrie, qu'auroit-elle à nous donner ? Une théurgie ? Qui l'admettroit ? Et cette théurgie que cacheroit-elle sous ses voiles, sinon ces mêmes vérités de l'essence divine, que les enseignements publics de l'Église ont mises à la portée du vulgaire ? Les mystères des initiations sont révélés à la foule dans le symbole que répète aujourd'hui l'enfant du peuple.

Si l'on imaginoit d'établir autre chose que les vérités reçues de la foi, le panthéisme, par exemple, le pourroit-on ? Le christianisme est la synthèse de l'idée religieuse; il en a réuni les rayons : le panthéisme est l'analyse de la même idée, il en disperse les éléments. Chacun aura-t-il à ses foyers une petite fraction de la vérité divine, dont il se fera un Dieu pour sa consommation particulière ? Les pénates, les fétiches, les manitous, les énones, les génies ressusciteroient-ils ? L'idolâtrie reviendroit-elle encore une fois par cette route fausser la société ? Y auroit-il autant d'autels que de familles ? autant de prêtres, de cérémonies, de rites que d'imaginations pour les inventer ? Là pluralité des religions privées remplaceroit-elle l'unité de la religion publique ? Auroit-elle le même effet sur l'homme ? Quel chaos que le mouvement et l'exercice de ces cultes infinis et divers ! toutes les bizarreries, tous les désordres d'esprits et de mœurs qui ont décrédité les sectes philosophiques et les hérésies, revivroient; toutes les aberrations sur la nature de Dieu renaîtroient. Qu'est-il, ce Dieu ? est-il éternel ? a-t-il créé la matière ? existe-t-il à part auprès d'elle ? est-il une source d'où sortent et où rentrent les intelligences ? La matière même existe-t-elle ? L'univers est-il en nous ? hors de nous ? Qu'est-ce que l'esprit, effet ou cause ? Ira-t-on jusqu'à supposer, dans un nouveau système, que Dieu n'est pas encore complet, qu'il se forme chaque jour par la réunion des âmes dégagées des corps; de sorte que ce ne seroit plus Dieu qui auroit formé l'homme, mais les hommes qui seroient les créateurs de Dieu? Et comment revêtirez-vous d'une forme sacrée pour remplacer la forme chrétienne, ces allégories, ces mythes, ces rêveries, ces vapeurs des esprits défectueux, nébuleux et vagues, qui cherchent la religion et qui n'en veulent pas? Le mysticisme, l'éclectisme où le choix des vérités dans chaque système, peuvent-ils devenir un culte? ces vérités sont-elles évidentes, et tous les esprits consentent-ils aux mêmes abstractions métaphysiques?

Enfin tout système philosophique, en s'implantant dans les ruines du christianisme, ne trouveroit plus pour véhicule populaire le moyen qui se rencontra autrefois : la prédication de la morale universelle. L'Évangile eut à développer ces grands principes de liberté et d'égalité qui, connus de quelques génies privilégiés, étoient ignorés des nations et combattus par les lois. Aujourd'hui l'ouvrage est accompli : la philosophie peut recommander une réforme, mais elle n'a aucun enseignement nouveau à propager. Comment alors, sans la ressource d'une morale à établir, déterminerez-vous les hommes à changer les mystères chrétiens contres d'autres mystères, aussi difficiles à comprendre?

Ces choses étant impossibles, on n'aperçoit réellement derrière le christianisme que la société matérielle; société bien ordonnée, bien réglée, jusqu'à un certain point exempte de crimes, mais aussi bien bornée, bien enfantine, bien circonscrite aux sens polis et hébétés. Lorsque dans la société matérielle on pousseroit les découvertes physiques et les inventions des machines jusqu'aux miracles, cela ne produiroit que le genre de perfectionnement dont la machine même est susceptible. L'homme, privé de ses facultés divines, est indigent et triste; il perd la plus riche moitié de son être : borné à son corps, qu'il ne peut ni rajeunir ni faire vivre, il se dégrade dans l'échelle de l'intelligence. Nous deviendrions, par l'absence de religion, des espèces d'Indiens ou de Chinois. La Chine et l'Inde, l'une par le matérialisme, l'autre par une philosophie pétrifiée, sont de véritables nations-momies : assises depuis des milliers de siècles, elles ont perdu l'usage du mouvement et la faculté de progression, semblables à ces idoles muettes et accroupies, à ces sphinx couchés et silencieux qui gardent encore le désert dans la Thébaïde.

Religieusement parlant, on est obligé de conclure de ces investigations impartiales, qu'il n'y a rien après le christianisme.

Mais si le christianisme tombe comme toute institution que l'homme a touchée, et à laquelle il a communiqué la défaillance de sa nature, si le temps de cette religion est accompli, qu'y faire? Le mal est sans remède? Je ne le pense pas. Le christianisme intellectuel, philosophique et moral, a ses racines dans le ciel, et ne peut périr; quant à ses relations avec la terre, il n'attend pour se renouveler qu'un grand génie. On aperçoit très bien aujourd'hui la possibilité de la fusion des diverses sectes dans l'unité catholique : mais la première condition pour arriver à la recomposition de l'unité, c'est l'affranchissement complet des cultes. Tant que la religion catholique sera une religion soldée, dépendante de l'autorité politique et de la forme variable des gouvernements, tant qu'elle continuera d'être gênée dans ses mouvements, entravée dans ses assemblées particulières et générales, contaminée dans ses chaires et ses écoles par l'argent du fisc; en un mot, tant qu'elle ne retournera pas au pied et à la liberté de la croix, elle languira dégénérée

Le tableau de la chute du polythéisme et de la destruction des écoles philosophiques auroit été mal aperçu, s'il s'étoit déroulé lentement dans l'ordre chronologique du récit : le triomphe complet de la religion chrétienne, sous le règne de Théodose, indiquoit la place où ce tableau devoit être exposé. Reprenons la suite des faits politiques et militaires.

ÉTUDE QUATRIÈME

ou

QUATRIÈME DISCOURS

SUR LA CHUTE

DE L'EMPIRE ROMAIN,

LA NAISSANCE ET LES PROGRÈS

DU CHRISTIANISME

ET L'INVASION DES BARBARES.

PREMIÈRE PARTIE.

D'ARCADE ET HONORIUS A THÉODOSE II ET VALENTINIEN III.

Théodose ne survécut que trois mois à sa victoire sur Eugène : il mourut à Milan ; son corps fut transporté à Constantinople. Il laissa deux fils, Arcade et Honorius. Arcade avoit été déclaré auguste par son père, la cinquième année du règne de ce dernier. Honorius fut revêtu de la même dignité après la mort de Valentinien II, et lorsque Théodose se préparoit à marcher contre Eugène.

Arcade, Honorius, emp.
Siricius,
Anastase Ier,
Innocent Ier,
papes.
An de J.-C. 395-408.

Arcade hérita de l'empire d'Orient, Honorius de celui d'Occident ; Arcade s'ensevelit dans le palais de Constantinople, Honorius dans les murs de Ravenne. Arcade étoit petit, mal fait, laid, noir et bête ; il avoit les yeux à demi endormis, comme un serpent [1] ; Honorius étoit fainéant et léger [2]. Rufin se chargea de tromper et d'avilir les deux empereurs ; Stilicon de les trahir et de les défendre. Arcade subissoit le joug des eunuques et de sa femme ; Honorius élevoit une poule appelée Rome, et Alaric prenoit la cité de Romulus.

Rufin fut le ministre d'Arcade, comme Stilicon le ministre d'Honorius. Originaire d'Éause, dans les Gaules, Rufin avoit obtenu sous Théodose, qui le favorisa trop, les charges de grand-maître du palais, de consul et de préfet du prétoire. Il est accusé d'ambition, de perfidie, de cruauté et surtout d'avarice par Claudien, Suidas, Zosime, Orose, saint Jérôme et Symmaque [3], lequel louant tout le monde ne louoit personne, ainsi qu'on l'a remarqué.

Déclaré préfet d'Orient, aspirant secrètement à l'empire, Rufin avoit une fille qu'il prétendoit donner en mariage à Arcade. Eutrope l'eunuque déjoua ce projet, et Arcade mit dans le lit impérial Eudoxie, fameuse par ses démêlés avec saint Jean

---

[1] Philost., *Hist. eccl.*, lib. xi, cap. iii ; Procop., *de Bel. Persic.*, lib. i, cap. ii.

[2] Procop., *de Bel. Vandal.*, lib. i, cap. ii ; Phot., cap. lxxx.

[3] *In Ruf* Suid., pag. 690 ; Zosim., lib. v ; Oros., pag. 221 ; Hier., epist. iii ; Symm., lib. vi, epist. xv.

Chrysostome; elle étoit fille de Bauton, vaillant chef frank, devenu comte et général romain.

Stilicon gouvernoit l'Occident sous Honorius; c'étoit un grand capitaine de race vandale[1]. Il avoit épousé Serène, nièce de Théodose. Cette alliance enfloit le cœur du demi-barbare[2]; il prétendoit que son oncle Théodose lui avoit laissé la tutelle de ses deux fils, et ne supportoit qu'avec impatience l'autorité dont Rufin jouissait en Orient.

Celui-ci, trompé dans ses projets par le mariage d'Eudoxie, craignant les entreprises de Stilicon qui levoit des soldats, déchaîna les Barbares sur l'empire; il invita les Huns à se précipiter sur l'Asie, et il livra l'Europe aux Goths[3]. Ces derniers étoient commandés par Alaric.

Alaric étoit né dans l'île de Peucé, à l'embouchure du Danube, au sein même de la Barbarie. Claudien appelle poétiquement le Danube le dieu paternel d'Alaric. Cet homme, un des cinq ou six hommes millénaires ou fastiques, n'étoit pas de la famille des *Amales*, la première de la nation des Goths, mais de la seconde, la famille des *Balthes*. Son courage lui avoit fait donner parmi ses compatriotes le surnom de Balt, qui signifie le hardi ou le vaillant.

Tout jeune encore, Alaric avoit passé le Danube en 376 avec les Visigoths, lorsqu'ils fuyoient devant les Huns. Il s'étoit trouvé aux combats qui

---

[1] Oros., lib. vii, cap. xxxvii.
[2] Hier., ep. xxi.
[3] Hier., ep. iii, xxx, xx, pag. 783.

précédèrent et amenèrent la défaite et la mort de Valens[1]. Il fit la paix avec Théodose, et le suivit en qualité d'allié dans l'expédition contre Eugène.

Rufin alla déterrer, pour venger sa querelle domestique, l'homme que Dieu avoit destiné pour venger la querelle du monde. Afin que le Goth ne rencontrât aucun obstacle, le favori d'Arcade plaça deux traîtres, Antioque et Géronce, l'un à la garde des Thermopyles, l'autre à celle de l'isthme de Corinthe[2] : ces deux portiers de la Grèce la devoient ouvrir aux Barbares.

Alaric, feignant donc quelque mécontentement de la cour d'Arcade, marauda tout le pays, entre la mer Adriatique et le Pont-Euxin. Les Goths promenoient avec eux quelques troupes des Huns qui, l'hiver d'antan, avoient passé le Danube sur la glace. Les Barbares butinèrent jusque sous les murs de Constantinople, d'où Rufin sortit en habit goth pour parlementer avec eux[3].

Stilicon, sous prétexte de secourir l'Orient, se mit en marche avec l'armée que Théodose avoit employée contre Eugène.

Alors arrive un ordre d'Arcade, qui redemande à Stilicon l'armée de Théodose, et lui défend de passer outre de sa personne : Stilicon obéit : il remet le commandement de l'armée à Gaïnas, capitaine goth qui servoit sous lui, et le charge

---

[1] Claud., *de Sext. Hon. consul.*, p. 117; *id. de Bell. Get.*, p. 170; Symm., lib. II; Jornand., cap. XIV, pag. 29.

[2] Zos., pag. 782.

[3] Claud., *in Ruf.*, pag. 22.

secrètement de tuer Rufin; entreprise dans laquelle il ne manqua pas d'être assisté par l'eunuque Eutrope[1].

Rufin se flattoit d'être proclamé empereur par les soldats qui lui apportoient une autre pourpre; il alla avec Arcade au-devant d'eux : Gaïnas le fit envelopper, et tout aussitôt massacrer aux pieds d'Arcade. Sa tête, détachée de son corps, fut portée à Constantinople au bout d'une pique, et promenée par les rues; sa main droite coupée accompagnoit sa tête; on présentoit cette main de porte en porte[2]. Un caillou introduit dans la bouche du mort la tenoit ouverte, et les lèvres entre-bâillées étoient censées demander l'aumône que la main[3] attendoit; satire populaire d'une effrayante énergie contre l'exaction et le pouvoir. On ne gagna rien

---

[1] Zos., pag. 785; PHILOST., lib. II, cap. III.

[2] Data a Gaine tessera simul universi Rufinum circumdatum gladiis feriunt. Et hic quidem ei dexteram adimebat, ille manum alteram procidebat. Alius a cervice revulso capite recedebat consuetos victoriæ Poanas accinens... et manum ejus ubique per urbem circumgestarent et ab occurrentibus peterent insatiabili pecuniam darent. (Zos., *Hist.*, lib. v, pag. 89.)

Rufinus quidem etiam imperatorium nomen ad se ipsum trahere omni arte studebat..... Milites, in loco qui Tribunal dicitur, ad ipsos imperatoris pedes gladiis contrucidarunt..... Eo ipso die quo ii qui militum delectum agebant, purpuram ipsi circumdaturi erant. (PHILOSTORG., *Hist. eccl.*, lib. IX, pag. 528.)

[3] Porro milites cum Rufino caput amputassent, lapidem ori ejus immiserunt : hastæque infixum circumferentes quaqua versum discurrere cœperunt. Dextram quoque ejusdem præcisam gestantes, per singulas officinas urbis circumtulerunt; hæc addentes : Date stipem insatiabili. Magnamque auri vim hujusmodi postulatione collegerunt. (*Id., ibid.*)

au changement du ministère : Eutrope prit la place de Rufin.

Alaric et ses Goths, n'ayant plus rien à piller ni à combattre, passèrent le défilé des Thermopyles, qui n'étoit défendu que par le tombeau de Léonidas. Des pâtres avoient enseigné aux Perses le sentier de la montagne; des *Robes noires* (ce qui, dans le langage d'Eunape, signifie des moines) le découvrirent aux Goths[1]. Quel prodigieux changement dans les temps! Quelle révolution parmi les hommes!

Les murailles de Thèbes la protégèrent[2], les souvenirs de cette ville venoient d'OEdipe, passoient par Épaminondas et Alexandre. Alaric épargna Athènes, qui n'étoit plus qu'une université, moins fameuse par sa philosophie que par son miel[3]. Il accepta un repas et se baigna dans la cité de Périclès et d'Aspasie pour montrer qu'il n'étoit pas étranger à la civilisation[4]. Mais l'Attique fut livrée aux flammes. On voit encore aujourd'hui cette Athènes qui ressemble, comme elle ressembloit au temps des Goths, à la peau vide et sanglante d'une victime dont la chair avoit été offerte

---

[1] EUNAP., cap. VI, pag. 93, *in Vita Philosoph.*

[2] Zos., pag. 783.

[3] Athenæ vero quondam civitas fuit, sapientum domicilium, nunc eam mellatores celebrant : quibus pars illud sapientum plutarcheorum adjice, qui non orationum suarum fama juvenes in theatris congregant, sed mellis ex Hymeto amphoris. (SYNES., epist. CXXXV, *ad fratrem*, pag. 272.)

[4] Zos., pag. 784.

en sacrifice[1]. On affirmoit que Minerve avoit remué sa lance; que l'ombre d'Achille avoit effrayé Alaric [2]. Des esprits débilités par des fables sont bien petits dans les réalités des empires : la Grèce, conservée et comme embaumée dans ses fictions, opposoit puérilement les mensonges du passé aux terribles vérités du présent.

Alaric continua sa marche vers le Péloponèse, Cérès périt à Éleusis avec ses mystères; plusieurs philosophes moururent de douleur, ou par l'épée des Barbares, entre autres Protaire, Hilaire et Priscus si chéri de Julien[3]. Corinthe, Argos et Sparte virent leur gloire foulée aux pieds. Alors périt aussi peut-être ce Jupiter-Olympien qui n'avoit d'immortel que sa statue. Malheureusement il étoit d'or et d'ivoire; s'il eût été de marbre, quelque espoir resteroit de le retrouver sous les buissons de l'Élide, à moins que la pensée broyée de Phidias ne fût devenue la chaux d'une cahutte ou d'un minaret.

Stilicon débarque avec une armée sur les côtes de la Grèce; il enferme Alaric dans le mont Pholoë, et le laisse ensuite échapper[4]. Sorti du Péloponèse, Alaric, par un soudain changement de fortune, est déclaré maître général de l'Illyrie orientale, au nom

---

[1] Nihil enim jam Athenæ splendidum habent, præter celeberrima locorum nomina. Ac velut ex hostia consumpta sola pellis superest animalis, quod olim aliquando fuerat indicium. (SYNES., *ad fratrem*, ep. cxxxv, pag. 272.)

[2] Zos., pag. 784.
[3] EUNAP., cap. vi, pag. 93-94.
[4] Zos., pag. 784.

de l'empereur Arcade. Ce prince prétendoit qu'Honorius n'avoit pas eu le droit de le secourir, parce que la Grèce étoit du ressort de l'empire d'Orient[1] : Arcade ne vouloit rien perdre de la légitimité de sa couardise. Il crut gagner Alaric en l'investissant du commandement d'une province, et ne fit que le rendre plus redoutable. Une éternelle justice punit la lâcheté : Alaric venoit d'égorger les fils; on lui donna la puissance sur les pères : on ne règne point par de pareils moyens.

Les Goths déclarent Alaric roi, sous le nom de roi des Visigoths : ils envahissent l'Italie, la première année même de ce cinquième siècle, fameux par la destruction de l'empire d'Occident et la fondation des royaumes barbares. Stilicon rassemble une armée; Alaric se retire; Honorius va triompher à Rome. Je ne vous parle de ce ridicule triomphe qu'afin de rappeler le véritable triomphateur; c'étoit un moine qui portoit un nom voué à l'immortalité : Télémaque, sorti tout exprès de la solitude de l'Orient, étoit venu à Rome sans autre autorité que celle de son froc, pour accomplir ce que les lois de Constantin n'avoient pu faire. Il se jette dans l'amphithéâtre au milieu des gladiateurs, et s'efforce de les séparer avec ses mains pacifiques. Les spectateurs, enivrés de l'esprit du meurtre, le massacrèrent[2]; vrai martyr de l'humanité, il

---

[1] CLAUD., *de Bell. Get.*

[2] Telemachus, monasticæ vitæ deditus. Hic ab Orientis partibus profectus, ejusque rei causa Romam ingressus... Ipse quoque in amphitheatrum venit. Et in arenam descendens, gladiatores qui inter se pugnabant compescere conabatur. Sed cruentæ cædis

racheta de son sang le sang répandu au spectacle de la mort. De ce jour, les combats des gladiateurs furent définitivement abolis.

Stilicon, dont Honorius épousa successivement les deux filles, avoit traité avec les Franks aux bords du Rhin. Marcomir et Sunnon, frères, régnoient sur ces peuples. L'un fut banni en Toscane, l'autre tué par ses compatriotes. On veut que Marcomir ait été père de Pharamond [1].

Saint Ambroise étoit mort dès l'année 397. Stilicon regarda sa mort comme la ruine de l'Italie [2].

Guidon se révolta en Afrique, et fut défait par son frère Marcezel. « L'incertitude des choses de ce siècle est si grande, écrivoit alors saint Augustin ; on voit si souvent tomber les princes de la terre, que ceux qui mettent en eux leurs espérances y trouvent leur ruine [3]. » Marcezel fut jeté dans une rivière près de Milan, par ordre de Stilicon jaloux.

Les Scots et les Pictes ravagèrent l'Angleterre. Alaric sorti d'Italie, y rentra vers la fin de l'an 402.

---

spectatores eum ægre ferentes, et dæmonis qui eo sanguine oblectabatur furorem animis suis concipientes, pacis autorem lapidibus obruerunt. (THEOD. *episcop.*; CYRI *eccl. Hist.*, lib. V, cap. XXVI, pag. 234. Parisiis, 1673.)

[1] ADRIAN.; VAL. *rer. Fr.*, lib. III.

[2] AMBR., *Vit. P.*, cap. XLV.

[3] Deus noster refugium et virtus ; sunt quædam refugia quo quisque cum fugerit magis infirmatur quam confirmetur. Confugis, verbi gratia, ad aliquem in seculo magnum... Tanta hujus seculi incerta sunt et ita potentum ruinæ quotidianæ crebrescunt ut cum ad tale refugium perveneris, plus tibi timere incipias. (AUG., *Enarrationes in Psalmos* XLV, v. II, pag. 299, cap. IV.)

L'histoire confuse de cette époque ne laisse pas voir les causes de ces mouvements divers. Les partis s'accusent mutuellement : tantôt c'est Alaric représenté comme un chef sans foi, se jouant des serments qu'il prête tour à tour aux deux empereurs Arcade et Honorius ; tantôt c'est Stilicon soupçonné de vouloir faire tomber la couronne sur la tête d'Eucher son fils, et suscitant à dessein les Barbares : mais cette fièvre à redoublements n'étoit que l'effet de la décomposition du corps social dans sa maladie de mort. L'Italie fut consternée à la seconde irruption d'Alaric. Rome répara les murailles d'Aurélien ; Honorius, prêt à fuir, trembloit dans les marais de Ravenne. Stilicon attaque les Goths à Pollence, sur les confins de la Ligurie, et remporte une victoire chèrement achetée [1]. Les Goths avoient d'abord refusé le combat, à cause de la célébration des fêtes de Pâques (403). La femme et les enfants d'Alaric demeurèrent prisonniers entre les mains de Stilicon, et, pour les délivrer, Alaric consentit à évacuer ses conquêtes. Dieu avoit, au milieu de l'empire romain, deux armées de Goths investies de ses justices : l'une conduite par un Goth chrétien, Alaric, l'autre par un Goth païen, Radagaise, ou Rhodogaise, selon la forme grecque. L'armée de celui-ci étoit composée de toute la race gothe trans-danubienne et trans-rhénane. Il menoit aux batailles deux cent mille soldats.

---

[1] Claud., *de Bell. Get.*, pag. 173 ; Prud., *in Sym.*, lib. ii ; Oros., lib. vii, cap. xxxvii ; Jorn., pag. 653. Pollence est encore un petit village dans le Piémont, sur le Tanaro.

Radagaise monta à son tour en Italie (405), comme une haute marée remplace celle qui est descendue. Stilicon rassemble des Alains, des Huns, et d'autres Goths commandés par Sarus. Les ennemis pénètrent jusqu'à Florence. Saint Ambroise apparoît à un chrétien dont jadis il avoit été l'hôte dans cette ville, et lui promet une délivrance subite. Le lendemain Stilicon, par force ou par famine, contraint la multitude barbare à fuir ou à se rendre. Radagaise est pris, chargé de chaînes, et enfin exécuté : ses compagnons, parqués en troupeaux, sont vendus un écu pièce. Ils moururent presque tous à la fois : ce qu'on avoit épargné en les achetant fut dépensé pour creuser leurs fosses.

Un an après la défaite de Radagaise (406), les Alains, les Vandales et les Suèves envahirent les Gaules, toujours, supposoit-on, excités par Stilicon, qui renversoit les Barbares par ses batailles, et les relevoit par ses intrigues.

Les Bourguignons et les Franks suivirent les Alains, les Vandales et les Suèves dans les Gaules; en 407, et n'en sortirent plus.

Les légions de la Grande-Bretagne élurent cette même année, pour empereur, Marcus, qu'ils massacrèrent, et ensuite un soldat, nommé Constantin. Celui-ci passa dans le continent, battit ce qu'il rencontra, et s'établit à Arles. Il fut reconnu ou toléré par Honorius, qui faisoit paisiblement des lois assez bonnes pour des sujets qu'il n'avoit plus. Il proscrivit les priscillianistes et les donatistes.

Constant, fils de ce Constantin, empereur d'Arles,

d'abord moine, ensuite césar et auguste, se rendit maître de l'Espagne. Il en ouvrit la porte aux Barbares, en retirant la garde des Pyrénées aux fidèles et braves paysans chargés de les défendre [1].

Honorius épouse, en 408, Thermancie, seconde fille de Stilicon. Alaric traite avec Stilicon par députés : il obtient la qualité de général des armées d'Honorius, dans l'Illyrie occidentale. Ætius, donné en otage à Alaric, passa trois ans auprès de lui.

Alaric, non encore satisfait, s'avança vers l'Italie, et demanda quatre mille livres pesant d'or, que Stilicon lui fit accorder.

Honorius commençoit à se défier de Stilicon, à la fois son oncle et son beau-père, et accusé de songer à la pourpre pour Eucher, son fils, ouvertement attaché au paganisme.

Un camp réuni à Pavie, secrètement travaillé par Olympe, favori d'Honorius, donna le signal de la révolte. Stilicon apprend cette révolte à Bologne, en devine la cause, et se retire à Ravenne. Deux ordres d'Honorius arrivent, l'un pour arrêter, l'autre pour tuer le sauveur de l'Empire, déclaré ennemi public : il eut la tête tranchée le 23 d'août 408; c'étoit Rome qui portoit sa tête sur l'échafaud. Héraclien exécuta Stilicon de sa propre main, et fut fait comte d'Afrique : par une vertu d'extraction, le sang d'un grand homme anoblissoit son bourreau. Eucher, qui vouloit les temples, et qui chercha à Rome un abri dans les églises, fut tué; Ther-

---

[1] Orose, pag. 223.

mancie, femme d'Honorius, eut le même sort. Olympe hérita de la faveur dont avoit joui Stilicon.

Durant ces troubles de l'Occident, l'Orient avoit été gouverné par Arcade, successivement gouverné lui-même par Rufin et par Eutrope; l'un mauvais favori, qui se croyoit haï à cause de sa fortune, et ne l'étoit que pour sa personne; l'autre, hideux eunuque, devenu consul, d'esclave d'un palefrenier qu'il avoit été, avide publicain qui prenoit tout, même des femmes, qui vendoit tout par habitude, se souvenant d'avoir été vendu[1]. Vous avez vu la mort de Rufin.

Eutrope, pour défendre sa bassesse, inventa des lois qui restent dans le Code comme un monument de la honte humaine[2]. Ces lois appliquent le crime de lèse-majesté à ceux qui conspirent contre les personnes dévouées à l'empereur; elles punissent la pensée, et s'appesantissent jusque sur les enfants des coupables de lèse-favoris. Ces lois, qui ne mirent pas même leur auteur à l'abri, firent trembler des esclaves, et n'arrêtèrent pas des Goths. Tribigilde, chef d'une colonie d'Ostrogoths établie par Théodose dans la Phrygie, se révolta à l'instigation de Gaïnas, cet autre Goth, meurtrier de Rufin. Tribigilde, opprimé tant qu'il fut ami, fut respecté quand il devint ennemi; on reconnut qu'il avoit été fidèle lorsqu'il cessa de l'être. L'eunuque régnant, accusé de ces désordres, les paya de sa chute. Il avoit osé insulter l'impératrice Eudoxie. Saint Chry-

---

[1] CLAUD., *in Eutrop. eun.*, lib. I, pag. 94 et seq.
[2] *Cod. Th.*, loi du 4 septembre 397.

sostome, qui devoit le siége épiscopal de Constantinople à Eutrope, eut le courage de défendre son bienfaiteur; s'il ne put le sauver du glaive de la loi, il l'arracha du moins aux fureurs populaires; il le peignit trop vil pour être égorgé, et réclama en sa faveur l'inviolabilité du mépris. Eutrope, tout tremblant, la tête couverte de poussière, s'étoit réfugié dans l'église à laquelle il avoit retiré le droit d'asile. « Elle lui ouvrit son sein, dit Chrysostome,
« elle l'admit au pied de l'autel; elle le cacha des
« mêmes voiles qui couvroient le lieu sacré : elle ne
« permit pas qu'on l'arrachât du sanctuaire dont il
« embrassoit les colonnes[1]. »

Eutrope fut banni dans l'île de Chypre, ramené à Pantique et décapité. Cet homme, qui avoit possédé plus de terre qu'on n'en pouvoit mesurer, obtint à peine le peu qu'il en falloit pour couvrir son cadavre[2].

Saint Chrysostome sauva la vie à Aurélien et à Saturnin, que Gaïnas accusoit d'être les auteurs des troubles de l'Orient. Gaïnas, trompé dans ses projets de vengeance, conspira ouvertement. Les Goths qu'il commandoit, et à l'aide desquels il vouloit surprendre Constantinople, furent massacrés, et lui-même, après avoir été défait par Fravitas, trouva la mort chez les Huns, de l'autre côté du Danube, dans l'ancienne patrie des Goths.

Eudoxie, proclamée augusta, ordonna d'honorer

[1] *Homelia* IV, pag. 60.
[2] Ac tantum telluris possedit quantum nec facile nominare qui nunc exigua conditur humo, et quantulum ei non nemo miseratione motus imperties. (CHRYS., tom. IV, pag. 481, a, d.)

ses images. Une statue d'argent élevée à cette femme ambitieuse, assez près de l'église de Sainte-Sophie, excita le zèle de saint Chrysostome, et devint la principale cause de l'exil de ce grand prélat. Il sortit de Constantinople le 20 juin 404. Eudoxie succomba le sixième jour d'octobre : *une fausse couche termina sa vie, son règne, sa fierté, son animosité et tous ses crimes* [1].

Arcade mourut le 1er mai de l'année 408, quelques mois avant la fin tragique de Stilicon; il laissa un fils unique, Théodose II. Anthemius, préfet d'Orient, fut son tuteur. Les Huns et les Squières envahirent la Thrace.

HONORIUS,
THÉODOSE II,
emp.
INNOCENT 1er,
ZOSIME,
BONIFACE Ier,
CÉLESTIN Ier,
papes.
An de J.-C. 409-423.

Pulchérie, sœur aînée de Théodose, devint, dès l'âge de quinze ans, l'institutrice de son frère. Le palais se changea en monastère. Théodose se levoit de grand matin avec ses sœurs, pour chanter à deux chœurs les louanges de Dieu. Jamais ce prince ne vengea une injure; il laissa rarement exécuter un criminel à mort. Il disoit : « Il est aisé de faire mourir « un homme, mais Dieu seul lui peut rendre la vie. » Un jour le peuple demandoit un athlète pour combattre les bêtes féroces; Théodose, qui étoit présent, répondit : « Ne savez-vous pas qu'il n'y a rien « de cruel et d'inhumain dans les combats où nous « avons accoutumé d'assister [2] ? »

---

[1] TILLEMONT, *Hist. des Emp.*, tom. V, pag. 472.

[2] Populus vociferari cœpit : Cum fera bestia audax quidam bestiarius pugnet!
Quibus ille ita respondit :
Nescitis nos cum humanitate et clementia spectaculis interesse solitos! (SOCR., pag. 362.)

Ce prince doux avoit inventé une lampe perpétuelle, afin que ses domestiques ne fussent pas obligés de se lever la nuit pour la rallumer [1]. Instruit [2], aimant les arts jusqu'à peindre et à modeler de sa propre main, il écrivoit si bien, qu'on lui avoit donné le surnom de *Calligraphe*. Du reste, il manquoit de grandeur d'âme, avoit peu de cœur, n'aimoit point la guerre, achetoit la paix des Barbares, et particulièrement d'Attila. Il mettoit son seing au bas de tous les papiers qu'on lui présentoit sans les lire, tant il avoit aversion des affaires [3]. Il signa de la sorte l'acte de l'esclavage de l'impératrice [4]. Ce fut Pulchérie qui essaya de le corriger par cette innocente leçon. Saint Augustin remarque que cet empereur auroit été un saint dans la solitude [5].

Théodose étoit livré aux eunuques, qui débauchoient la virilité du prince : Antioque, grand chambellan du palais, conduisoit tout. Théodose se mêla

---

[1] Soz., *Prolegom.*, pag. 396.

[2] Semper lectitandis libris occupatus. (*Constantini Manassis Compendium*, pag. 55.)

[3] Si quis ei chartam offerret, rubris et in ea litteris nomen imperatorium subscribebat, non inspectis prius eis quæ essent in ea præscriptis. (*Id., ibid.*)

[4] Quamobrem divinis exornata dotibus Pulcheria fratrem ab hoc vitio revocare studens, singulari diligentia imperatorem monebat... Litteras fingit, in quibus perscriptum foret, imperatorem Pulcheriæ sorori conjugem suam veluti mancipium donasse. Hanc chartam fratri offert, rogat hanc scripturam litteris imperatoriis munire ac subsignare velit. Imperator precibus sororis annuit, mox calamum prehendit manu, et exaratis purpurei coloris litteris, chartam confirmat. (*Id., ibid.*)

[5] *Epist.*

trop des affaires ecclésiastiques; il favorisa l'hérésie d'Eutichès et appuya les violences de Dioscore.

Je dois vous faire remarquer sous Théodose quelques lois caractéristiques du temps : lois contre les hérésiarques de toutes les sortes : manichéens, pépuzeniens, phrygiens, priscillianistes, ariens, macédoniens, tunoniens, novatiens, sabastiens; lois pour les professeurs des lettres à Constantinople; dix professeurs latins pour les humanités, dix grecs, trois latins pour la rhétorique, cinq grecs appelés sophistes; un pour les secrets de la philosophie; deux pour le droit. C'étoit le sénat qui choisissoit les professeurs publics; ils subissoient un examen : lois pour défendre d'enseigner (419) aux Barbares la construction des vaisseaux, et qui prononcent la peine de mort contre les délinquants : lois qui accordent à chacun le droit de fortifier ses terres et ses propriétés[1]. Ce droit est tout le moyen-âge.

En 421 Théodose épouse Eudocie, fille d'Héraclide, philosophe d'Athènes, ou de Léonce, sophiste; elle s'appeloit Athénaïde avant d'être baptisée. Athènes, qui n'avoit pas fourni un tyran à l'empire romain, lui donnoit pour reine une muse : Eudocie étoit poëte : elle mit en vers cinq livres de Moïse, Josué, les Juges, et la touchante églogue de Ruth.

Il ne faut pas confondre Eudocie avec Eudoxie, nom de sa belle-mère et nom aussi de la fille qu'elle eut de Théodose, et qui fut mariée à Valentinien III, l'an 437.

[1] *Cod. Th.*

Revenons aux affaires de l'Italie.

Honorius s'étant privé du secours de Stilicon auroit pu donner le commandement des troupes romaines à Sarus le Goth, homme de guerre ; mais il le rejeta parce que Sarus étoit païen. Alaric proposoit la paix à des conditions acceptables ; on les refusa : il vint mettre le siége devant Rome[1]. Serène, veuve de Stilicon, étoit dans cette ville ; le sénat la crut d'intelligence avec Alaric, et la fit étouffer, par le conseil de Placidie, sœur d'Honorius.

Alaric ferma le Tibre : la famine et la peste désolèrent les assiégés[2]. Alaric consentit à s'éloigner moyennant une somme immense[3]. On dépouilla les statues des richesses dont elles étoient ornées, entre autres celles du Courage et de la Vertu[4].

Honorius, renfermé dans Ravenne, ne ratifioit point le traité conclu. Le sénat lui députa Attale, intendant des largesses, Cécilien et Maximien : ils n'obtinrent rien de l'empereur, dominé par Olympe.

Alaric se rapprocha de Rome, et battit Valens qui la venoit secourir.

[1] An. 408.

[2] Portas undique concluserat, et occupato Tiberi flumine, subministrationem commeatus e porta impediebat... Famem pestis comitabatur. (Zosim., *Hist.*, lib. v, pag. 105. Basileæ.)

[3] Omne aurum quod in urbe foret et argentum. (*Id.*, p 106.)

[4] Non ornamenta duntaxat sua simulachris ademerunt, verum etiam nonnulla ex auro et argento facta conflarunt : quorum erat in numero Fortitudinis, quoque simulachrum quam Romani Virtutem vocant.

Quod sane corrupto quidquid fortitudinis atque virtutis apud Romanos superabat extinctum fuit. (Zosim., *Hist.*, lib. v, p. 107. Basileæ.)

Olympe disgracié, puis rétabli, puis disgracié encore, eut les oreilles coupées, et on l'assomma. Jove succéda à Olympe; il avoit connu Alaric en Épire; il étoit païen et versé dans les lettres grecques et latines. La nécessité des temps avoit amené une tolérance momentanée; une loi d'Honorius, de 409, accorde la liberté de religion aux païens et aux hérétiques.

Alaric assiége de nouveau la ville éternelle; l'habile et dédaigneux Barbaré, voulant trancher les difficultés qu'il avoit avec l'empereur, change le chef de l'Empire; il oblige les Romains à recevoir pour auguste Attale, devenu préfet de Rome. Attale plaisoit aux Goths parce qu'il avoit été baptisé par leur évêque.

Attale nomme Alaric général de ses armées. Il va coucher une nuit au palais, et prononce un discours pompeux devant le sénat.

Il marche ensuite contre Honorius, son digne rival. Honorius envoie des députés à Attale; et lui offre la moitié de l'empire d'Occident. Attale propose la vie à Honorius et une île pour lieu d'exil. Jove trahit à la fois Honorius et Attale. Alaric, qui tient Ravenne bloquée, et qui commence à se dégoûter d'Attale, lui soumet néanmoins toutes les villes de l'Italie, Bologne exceptée[1]. Ces scènes étranges se passent en 409.

En Espagne, Géronce se soulève contre Constantin, l'usurpateur qui régnoit à Arles, et communique la pourpre à Maxime.

[1] Zosim., pag. 829 et seq.

L'Angleterre, que Rome ne défend plus, se met en liberté. Dans les Gaules, les provinces armoricaines se forment en républiques fédératives [1]. Les Alains, les Vandales et les Suèves entrent en Espagne (409, 28 septembre). Les Vandales avoient pour roi Gonderic, et les Suèves, Ermeric. Les provinces ibériennes sont tirées au sort : la Galice échoit aux Suèves et aux Vandales de Gonderic, la Lusitanie et la province de Carthagène sont adjugées aux Alains, la Bœtique tombe en partage à d'autres Vandales, dont elle prit le nom de *Vandalousie*. Quelques peuples de la Galice se maintinrent libres dans les montagnes [2].

En 410, sur des négociations entamées avec Honorius, Alaric dégrade Attale; il le dépouille publiquement des ornements impériaux à la porte de Rimini [3]. Attale et son fils Ampèle restent sur les chariots de leur maître. Alaric gardoit aussi dans ses bagages Placidie, sœur d'Honorius, demi-reine, demi-esclave. Il essaie de conclure la paix avec le frère de cette princesse, auquel il envoie le manteau d'Attale. Honorius hésite; Alaric reprend son empereur parmi ses valets, remet la pourpre sur le dos d'Attale, et marche à Rome. L'heure fatale sonna le vingt-quatrième jour d'août, l'an 410 de Jésus-Christ.

Rome est forcée ou trahie : les Goths, élevant

---

[1] Zos., pag. 829 et seq.

[2] Aug., ep. 122; Pros., Chr., Zos., pag. 814; Idat., Chr., p. 10.

[3] Zos., pag. 830.

leurs enseignes au haut du Capitole, annoncent à la terre les changements des races[1].

Après six jours de pillage, les Goths sortent de Rome comme effrayés; ils s'enfoncent dans l'Italie méridionale; Alaric meurt : Ataulphe, son beau-frère, lui succède.

Dans les années 411 et 412 il n'y eut plus de consul, comme il n'y avoit plus de monde romain : du moins on ne trouve pas leurs fastes dans ces deux années. Il s'éleva pourtant alors un général de race latine. Constance étoit de Naïsse, patrie de Constantin; il s'étoit fait connoître du temps de Théodose; il avoit le titre de comte lorsque Honorius songea à l'employer. Si l'on ne connoissoit l'orgueil humain, on ne comprendroit pas qu'Honorius pardonnât moins à un chétif compétiteur qui lui disputoit le diadème, qu'aux Barbares qui le lui arrachoient : Constance eut ordre d'aller attaquer Constantin, tyran des Gaules.

Géronce, qui avoit proclamé Maxime auguste en Espagne, tenoit Constantin assiégé dans Arles : il fut abandonné de son armée aussitôt que Constance parut. Maxime tomba avec Géronce, et vécut parmi les Barbares dans la misère.

Constantin, délivré de Géronce, se remit lui et son fils Julien entre les mains du général d'Honorius : il s'étoit fait ordonner prêtre avant de se rendre[2], par Héros, évêque d'Arles; précaution

---

[1] Les détails se trouveront à l'article des *Mœurs des Barbares*.

[2] Post hanc victoriam..... Constantinus cognita Edonici cæde, purpuram et reliqua imperii insignia deposuit.

qui ne le sauva pas : il fut envoyé avec son fils en Italie; on les décapita à douze lieues de Ravenne.

Édobic ou Édobinc, chef frank et général de Constantin, avoit essayé de le secourir. Constance et Ulphilas, capitaine goth qui commandoit sa cavalerie, défirent Édobic sur les bords du Rhône. Édobic se réfugia chez Ecdice, seigneur gaulois auquel il avoit jadis rendu des services[1]. Ecdice coupa la tête à son hôte, et la porta à Constance[2]. « L'empire, dit Constance, en recevant le présent, « remercie Ulphilas de l'action d'Ecdice[3]; » et Constance chassa de son camp, comme y pouvant attirer la colère du ciel, ce traître à l'amitié et au malheur[4].

Jovin prit la pourpre à Mayence dans l'année 412.

Les Goths, après avoir évacué l'Italie, étoient descendus dans la Provence. Ataulphe s'allie avec Jovin, lequel avoit nommé auguste Sébastien son frère : il se brouille bientôt avec eux, et les extermine[5]. Les généraux d'Honorius s'étoient joints aux Goths dans cette expédition.

Cumque ad ecclesiam venisset, illic presbyter ordinatus est. (Soz., cap. xv, lib. ix, pag. 816, d.)

[1] Profugit ad Ecdicium, qui multis olim beneficiis ab Edobico affectus, amicus illi esse putabatur. (*Id., ibid.*)

[2] Verum Ecdicius caput Edobici amputatum ad Honorii duces detulit. (*Id., ibid.*)

[3] Constantius vero caput quidem accipi jussit, dicens rempublicam gratias agere Ulfilæ ob facinus Edicii. (*Id., ibid.*)

[4] Sed cum Ecdicius apud eum manere vellet, abscedere eum jussit, nec sibi, nec exercitui commodam fore ratus consuetudinem hujus viri, qui tam male hospites suos exciperet. (*Id., ibid.*)

[5] Oros., pag. 224; Idat., *Chr.*

L'an 413 Héraclien se révolte en Afrique. Il aborde en Italie, et repoussé, s'enfuit à Carthage, et va mourir inconnu dans le temple de Mnémosyne.

Honorius avoit une qualité singulière : c'étoit de n'entendre à aucun arrangement; il opposoit son ignominieuse lâcheté à tout, comme une vertu. Lui offroit-on la paix lorsqu'il n'avoit aucun moyen de se défendre, il chicanoit sur les conditions, les éludoit, et finissoit par s'y refuser. Sa patience usoit l'impatience des Barbares; ils se fatiguoient de le frapper, sans pouvoir l'amener à se reconnoître vaincu. Mais admirez l'illusion de cette grandeur romaine qui imposoit encore, même après la prise de Rome !

Ataulphe désiroit ardemment épouser Placidie, toujours captive; il la demandoit toujours en mariage à son frère qui la refusoit toujours. Pendant ces négociations, cent fois interrompues et renouées, le successeur d'Alaric s'empare de Narbonne et peut-être de Toulouse; il échoua devant Marseille; il y fut repoussé et blessé par le comte Boniface : Bordeaux lui ouvrit ses portes.

Les Franks, dans l'année 413, brûlèrent Trèves. Les Burgondes ou Bourguignons[1], s'établirent définitivement dans la partie des Gaules à laquelle ils donnèrent leur nom.

Las du refus d'Honorius, Ataulphe résolut de prendre à femme celle dont il eût pu faire sa concubine par le droit de victoire. Le mariage avoit

---

[1] Il y a aussi les Burugondes, qu'il ne faut pas confondre avec les Burgondes ou Bourguignons.

peut-être eu lieu à Forli¹, en Italie; il fut solennisé à Narbonne, au mois de janvier l'an 414. Ataulphe étoit vêtu de l'habit romain, et cédoit la première place à la grande épousée : on la voyoit assise sur un lit orné de toute la pompe de l'impératrice. Cinquante beaux jeunes hommes, vêtus de robes de soie, eux-mêmes partie de l'offrande, déposèrent aux pieds de Placidie cinquante bassins remplis d'or et cinquante remplis de pierreries². Attale, qui d'empereur étoit devenu on ne sait quelle chose à la suite des Goths, entonna le premier épithalame². Ainsi un roi goth, venu de la Scythie, épousoit à Narbonne Placidie son esclave, fille de Théodose et sœur d'Honorius, et lui donnoit en présent de noces les dépouilles de Rome : à ces noces dansoit et chantoit un autre Romain que les Barbares faisoient histrion, comme ils l'avoient fait empereur, comme ils le firent ambassadeur auprès d'un aspirant à l'empire, comme il leur plut de lui jeter de nouveau la pourpre.

Finissons-en avec Attale. Après le mariage de Placidie, ce maître du monde qui n'avoit ni terre, ni argent, ni soldats, nomme intendant de son do-

---

[1] Jornand., cap. xxxi.

[2] Inter alia nuptiarum dona, donatur Adulphus etiam quinquaginta formosis pueris, serica veste indutis, ferentibus singulis utraque manu ingentes discos binos, quorum alter auri plenus, alter lapillis pretiosis, vel pretii inæstimabilis, quæ ex romanæ urbis direptione Gothi deprædati fuerant. (Idat., *Chron.*, an. 414. Voyez aussi Olymp. *apud Photium.*)

[3] Idat., *Chron.*, an. 414; Olymp. *ap. Phot.*

maine le poëte Paulin, petit-fils du poëte Ausone [1]. Abandonné par les Barbares, Attale, qui avoit suivi les Goths en Espagne, s'embarque pour aller on ne sait où : il est pris sur mer, et conduit enchaîné à Ravenne. A la nouvelle de cette capture, Constantinople se répandit en actions de grâces [2], et s'épuisa en réjouissances publiques. Honorius, dans une espèce de triomphe à Rome, en 417, fit marcher devant son char le formidable vaincu, le contraignit ensuite de monter sur le second degré de son trône afin que Rome, déshonorée par Alaric, pût contempler et admirer l'illustre victoire du grand César de Ravenne. Le prisonnier eut la main droite coupée, ou tous les doigts, ou seulement un doigt de cette main [3] : on ne craignoit pas qu'elle portât l'épée, mais qu'elle signât des ordres; apparemment qu'il y avoit encore quelque chose au-dessous d'Attale pour lui obéir. Il acheva ses jours dans l'île de Lipari, qu'il avoit jadis proposée à Honorius; et, comme il étoit possédé de la fureur de vivre, il est probable qu'il fut heureux. On avoit vu un autre Attale, chef d'un autre empire : c'étoit ce martyr de Lyon à qui on fit faire le tour de l'amphithéâtre, précédé d'un écriteau portant ces mots : *Le chrétien Attale.*

Honorius avoit conclu la paix avec Ataulphe, son beau-frère; celui-ci s'engageoit à évacuer les Gaules et à passer en Espagne. Placidie accoucha d'un fils

---

[1] Paulin., *Pœnit. Euchar.*, poem., pag. 287.
[2] *Chron. Alex.*, pag. 708.
[3] Oros., pag. 224; Philost., lib. xii, cap. v; Zos., lib. vi.

qu'on nomma Théodose, et qui vécut peu. Retiré au-delà des Pyrénées, Ataulphe est tué d'un coup de poignard par un de ses domestiques, à Barcelone (415). Les six enfants qu'il avoit eus d'une première femme sont tués après lui.

Les Visigoths mettent sur le trône Sigéric, frère de Sarus; Sigéric est massacré le septième jour de son élection. Son successeur fut Vallia : Vallia traite avec Honorius, et lui renvoie Placidie, redevenue esclave, pour une rançon de six cent mille mesures de blé [1].

Constance, général des armées d'Occident, épousa la veuve d'Ataulphe malgré elle : elle lui donna une fille, Justa Grata Honoria, et un fils, Valentinien III.

L'année qui précéda l'éclipse de 418 marque le commencement du règne de Pharamond [2].

En 418, Vallia extermina les Silinges et les Alains en Espagne. Les Goths revinrent dans les Gaules, où Honorius leur céda la seconde Aquitaine, tout le pays depuis Toulouse jusqu'à l'Océan [3].

Le royaume des Visigoths prenoit la forme chrétienne sous les évêques ariens [4]. Théodoric porta la couronne après Vallia. Vallia laissa une fille mariée à un Suève, dont elle eut ce Ricimer [5], qui devoit

---

[1] Pros., *Chron.*; Phot.; Zos., lib. ix, cap. ix; Philost., lib. xii, cap. iv, pag. 534; Oros., pag. 224.

[2] Valeis, *Re. Franc.*, lib. iii, pag. 118.

[3] *Id., ib.*, pag. 115.

[4] Sid. Ap., carm. ii, pag. 300.

[5] Dom. Bouq., *Re. Gal. et Franc. script.*; Sid. Ap.

achever la ruine de l'empire d'Occident. Une constitution d'Honorius et de Théodose, adressée l'an 418 à Agricola, préfet des Gaules, lui enjoint d'assembler les états généraux des trois provinces d'Aquitaine, et de quatre provinces de la Narbonnoise. Les empereurs décidèrent que, selon un usage déjà ancien, les états se tiendront tous les ans dans la ville d'Arles, des ides d'août aux ides de septembre (du 15 août au 13 septembre). Cette constitution est un très grand fait historique qui annonce le passage à une nouvelle espèce de liberté. Constance, père d'Honoria et de Valentinien III, est fait auguste et meurt.

Honorius oblige sa sœur Placidie, qu'il aimoit trop peut-être[1], à se retirer à Constantinople avec sa fille Honoria et son fils Valentinien. Au bout d'un règne de vingt-huit ans, qui n'a d'exemple pour le fracas de la terre que les trente dernières années où j'écris, Honorius expire à Ravenne, douze ans et demi après le sac de Rome, attachant son petit nom à la traîne du grand nom d'Alaric.

Cette époque compte quelques historiens; elle eut aussi des poëtes. Ceux-ci se montrent particulièrement au commencement et à la fin des sociétés : ils viennent avec les images; il leur faut des tableaux d'innocence ou de malheurs; ils chantent autour du berceau ou de la tombe, et les villes s'élèvent ou s'écroulent au son de la lyre. Une partie des ouvrages d'Olympiodore, de Frigerid, de Claudien, de Rutilius, de Macrobe, sont restés.

[1] Phot., cap. lxxx, pag. 197, voce *Olymp.*

Honorius publia (414) une loi par laquelle il étoit permis à tout individu de tuer des lions en Afrique, chose anciennement prohibée. « Il faut, « dit le rescrit d'Honorius, que l'intérêt de nos peu- « ples soit préféré à notre plaisir. »

QUATRIÈME DISCOURS.

SECONDE PARTIE.

DE THÉODOSE II ET VALENTINIEN III A MARCIEN, AVITUS, LÉON Ier, MAJORIEN, ANTHÊME, OLYBRE, GLYCÉRIUS, NÉPOS, ZÉNON ET AUGUSTULE.

L'EMPEREUR d'Occident, Valentinien III, étoit à Constantinople avec sa mère Placidie lorsque Honorius décéda. Jean, premier secrétaire, profita de la vacance du trône, et se fit déclarer auguste à Rome. Pour soutenir son usurpation il sollicita l'alliance des Huns. Théodose défendit les droits de son cousin. Ardaburius passa en Italie avec une armée. Jean, abandonné des siens, fut pris : on le promena sur un âne au milieu de la populace d'Aquilée; on lui avoit déjà coupé une main[1]; on lui trancha bientôt la tête. Ce prince d'un moment décréta la liberté perpétuelle des esclaves[2] : les grandes idées sociales traversent rapidement la tête de quelques hommes, long-temps avant qu'elles puissent devenir des faits : c'est le soleil qui essaie de se lever dans la nuit.

Valentinien avoit six ans lorsqu'on le proclama

<small>Théodose II, Valentinien III, Marcien, Avitus, Léon Ier, Majorien, Anthême, Olybre, Glycérius, Népos, Zénon et Augustule, emp.
Célestin Ier, Sixte III, Léon Ier, Hilaire et Simplicius, papes.
An de J.-C. 423-476.</small>

---
[1] Philost., pag. 538; Procop., de Bell. Vand., lib. I, cap. III.
[2] Cod. Theod., tom. III, pag. 938.

auguste sous la tutelle de sa mère. L'Illyrie occidentale fut abandonnée à l'empire d'Orient. Un édit déclara qu'à l'avenir les lois des deux empires cesseroient d'être communes.

Deux hommes jouissoient à cette époque d'une réputation méritée : Ætius et Boniface ont été surnommés les derniers Romains de l'Empire, comme Brutus est appelé le dernier Romain de la République : malheureusement ils n'étoient point, ainsi que Brutus, enflammés de l'amour de la liberté et de la patrie; cette noble passion n'existoit plus. Brutus aspiroit au rétablissement de l'ancienne liberté affranchie de la tyrannie domestique : qu'auroient pu rêver Ætius et Boniface ? le rétablissement du vieux despotisme délivré du joug étranger. Ce résultat ne pouvoit avoir pour eux la force d'une vertu publique : aussi combattoient-ils avec des talents personnels pour des intérêts privés nés d'un autre ordre de choses. Il se mêloit à leurs actions un sentiment d'honneur militaire; mais l'indépendance de leur pays, s'ils l'avoient conquise, n'eût été qu'un accident de leur gloire.

La défaite d'Attila a immortalisé Ætius; la défense de Marseille contre Ataulphe et la reprise de l'Afrique sur les partisans de l'usurpateur Jean, ont fait la renommée de Boniface : il est devenu plus célèbre pour avoir livré l'Afrique aux Barbares que pour l'avoir délivrée des Romains. Dans les titres d'illustration de Boniface, on trouve l'amitié de saint Augustin. Placidie devoit tout à ce grand capitaine : il lui avoit été fidèle au temps de ses malheurs; Ætius, au contraire, avoit favorisé la révolte de Jean, et négocié le traité qui faisoit passer soixante mille Huns des bords du Danube aux frontières de l'Italie.

Ætius étoit fils de Gaudence, maître de la cavalerie romaine et comte d'Afrique : élevé dans la garde de l'empereur, on le donna en otage à Alaric vers l'an 403, et ensuite aux Huns, dont il acquit l'amitié. Ætius avoit les qualités d'un homme de tête et de cœur : un trait particulier le distinguoit des gens de sa sorte : l'ambition lui manquoit, et pourtant il ne pouvoit souffrir de rival d'influence et de gloire. Cette jalouse foiblesse le rendit faux envers Boniface, quoiqu'il eût de la droiture : il invita Placidie à retirer à Boniface son gouvernement d'Afrique, et il mandoit à Boniface que Placidie le rappeloit dans le dessein de le faire mourir[1]. Boniface s'arme pour défendre sa vie qu'il croit injustement menacée; Ætius représente cet armement comme une révolte qu'il avoit prévue. Poussé à bout, Boniface a recours aux Vandales répandus dans les provinces méridionales de l'Espagne.

Gonderic, roi de ces Barbares, venoit de mourir; son frère bâtard Genseric, ou plus correctement Gizerich, avoit pris sa place. Sollicité par Boniface, il fait voile avec son armée et aborde en Afrique, au mois de mai 420 : trois siècles après, le ressentiment et la trahison d'un autre capitaine devoient appeler d'Afrique en Espagne des vengeurs d'une

---

[1] Procop., *de Bell. Vand.*, lib. I, cap. III, pag. 183.

autre querelle domestique : les Maures s'embarquèrent où les Vandales avoient débarqué ; ils traversèrent en sens contraire ce détroit dont les tempêtes ne purent défendre le double rivage contre les passions des hommes.

Les troubles que produisoit en Afrique le schisme des donatistes facilitèrent la conquête de Genseric : ce prince étoit arien ; tous ceux qu'opprimoit l'Église orthodoxe regardèrent l'étranger comme un libérateur[1]. Les Vandales, assistés des Maures, furent bientôt devant Hippone, où mourut saint Augustin.

Boniface et Placidie s'étoient expliqués : la fourberie d'Ætius avoit été reconnue. Boniface repentant essaya de repousser l'ennemi : on répare le mal qu'un autre a fait, rarement le mal qu'on fait soi-même. Boniface, vaincu dans deux combats, est obligé d'abandonner l'Afrique, quoiqu'il eût été secouru par Aspar, général de Théodose[2] : Placidie le reçut généreusement, l'éleva au rang de patrice et de maître général des armées d'Occident. Ætius, qui triomphoit dans les Gaules, accourt en Italie avec une multitude de Barbares. Les deux généraux, comme deux empereurs, vident leur différend dans une bataille : Boniface remporta la victoire (432), mais Ætius le blessa avec une longue pique qu'il s'étoit fait tailler exprès[3]. Boniface survécut trois mois à sa blessure : par une magnanimité que réveilloient en lui les malheurs de la patrie, il con-

---

[1] Gibb., *Fall of the Rom. Emp.*
[2] Procop., *de Bell. Vand.*, lib. I, cap. III.
[3] Idat., *Chron.*; Marcel., *Chron.*; *Excerp. ex Hist. Goth.*; Prisc.

jura sa femme, riche Espagnole, veuve bientôt, de donner sa main à Ætius[1]. Placidie déclare Ætius rebelle, l'assiége dans les forteresses, où il essaie de se défendre, et le force de se réfugier auprès de ces Huns qu'il devoit battre aux champs catalauniques.

Après avoir négocié un traité de paix avec Valentinien III, pour se donner le temps d'exterminer ses ennemis domestiques, Genseric s'approcha de Carthage, surnommée la Rome africaine; il y entra le 9 octobre 439. Cinq cent quatre-vingt-cinq ans s'étoient écoulés depuis que Scipion le jeune avoit renversé la Carthage d'Annibal.

L'année de la prise de la Carthage romaine par un Vandale, fut celle du voyage d'Eudocie, l'Athénienne, femme de Théodose II, à Jérusalem. Assise sur un trône d'or, elle prononça, en présence du peuple et du sénat, un panégyrique des Antiochiens[2], dans la ville dont Julien avoit fait la satire. De Jérusalem, elle envoya à Pulchérie, sa belle-sœur, le portrait de la Vierge, fait, disoit-on, de la main de saint Luc[3]. La tradition de cette image arriva, par la succession des peintres, jusqu'au pinceau de Raphaël : la religion, la paix et les arts marchent inaperçus à travers les siècles, les révolutions, la guerre et la barbarie. Eudocie, soupçonnée d'un attachement trop vif pour Paulin, retourna à Jérusalem où elle mourut. Une pomme que Théodose avoit envoyée à Eudocie, et qu'Eu-

---

[1] Marcel., *Chron.*
[2] *Chron. Alex.*, pag. 732; Le Sag., *de Hist. eccl.*, pag. 227.
[3] Nicephor., lib. xiv, cap. ii, pag. 44, b, c.

docie donna à Paulin, découvrit un mystère dont l'ambition de Pulchérie profita [1].

Maintenant que je vous ai retracé l'invasion des Goths et des divers peuples du Nord, il me reste à vous parler de celle des Huns, qui engloutit un moment toutes les autres.

Lorsque les Huns passèrent les Palus-Méotides, ils avoient pour chef Balamir ou Balamber; on trouve ensuite Uldin et Caraton [2]. Les ancêtres d'Attila avoient régné sur les Huns, ou, si l'on veut, ils les avoient commandés. Munduique ou Mundzucque, son père, avoit pour frères Octar et Rouas, ou Roas, ou Rugula, ou Rugilas, et il étoit puissant. Les Huns multiplièrent leurs camps entre le Tanaïs et le Danube [3] : ils possédoient la Pannonie et une partie de la Dacie, lorsque Rouas mourut [4]; il eut pour successeurs ses deux neveux, Attila et Bléda, qui pénétrèrent dans l'Illyrie. Attila tua Bléda, et resta maître de la monarchie des Huns [5]. Il attaqua les Perses en Asie, et rendit tributaire le nord de l'Europe : la Scythie et la Germanie reconnoissoient son autorité; son empire touchoit au territoire des Franks et s'approchoit de celui des Scandinaves; les Ostrogoths et les Gépides étoient ses sujets; une foule de rois et

---

[1] *Chron. Pascal. seu Alexand.*, pag. 315-16.

[2] JORNAND., cap. XXIV-XLVIII; VALES., *Re. Franc.*, lib. III; PHOT., cap. LXXX.

[3] AMM. MARCEL., lib. XXXI.

[4] PRISC., pag. 47; PROSP. TIS., *Chron.*

[5] PROSP.; MARCEL.

sept cent mille guerriers marchoient sous ses ordres [1].

On veut aujourd'hui, sur l'autorité des *Nibelungen*, poëme allemand de la fin du douzième siècle ou du commencement du treizième, que le nom original d'Attila ait été *Etzel* : je n'en crois rien du tout. Dans tous les cas il n'est guère probable que le nom d'Etzel fasse oublier celui d'Attila [2].

Vainqueur du monde barbare, Attila tourna ses regards vers le monde civilisé. Genseric, craignant que Théodose II n'aidât Valentinien III à recouvrer l'Afrique, excita les Huns à envahir de préférence l'empire d'Orient [3]. Vous remarquerez combien les Barbares étoient rusés, astucieux, amateurs des traités, combien les intérêts des diverses cours leur étoient connus, avec quel art ils négocioient en Europe, en Afrique, en Asie, au milieu des événements les plus divers et les plus compliqués. Une querelle pour une foire au bord du Danube, fut le prétexte de la guerre entre Attila [4] et Théodose (407 ou 408).

Le débordement des Huns couvrit l'Europe dans toute sa largeur, depuis le Pont-Euxin jusqu'au golfe Adriatique. Trois batailles perdues par les Romains amenèrent Attila aux portes de Constantinople. Une paix ignominieuse termina ces premiers ravages. Attila en se retirant emporta un lambeau de l'em-

---

[1] Prisc., pag. 64; Prosp., *Chron.*; Jornand.
[2] Voyez les *Éclaircissements* à la fin du volume.
[3] Prisc., pag. 40.
[4] *Id.*, pag. 33.

pire d'Orient : Théodose lui donna six mille livres d'or, et s'engagea à lui payer un tribut annuel du sixième ou des deux sixièmes de cette somme[1].

A la suite de ces événements le roi des Huns avoit envoyé à Constantinople (449) une députation dont faisoit partie Oreste, son secrétaire, qui fut père d'Augustule, dernier empereur romain. Ces guerres prodigieuses, ces changements étranges de destinée, nous étonnoient plus il y a un demi-siècle qu'ils ne nous frappent aujourd'hui : accoutumés au spectacle de petits combats renfermés dans l'espace de quelques lieues et qui ne changeoient point les empires, nous étions encore habitués à la stabilité héréditaire des familles royales. Maintenant que nous avons vu de grandes et subites invasions; que le Tartare, voisin de la muraille de la Chine, a campé dans la cour du Louvre, et est retourné à sa muraille; que le soldat françois a bivouaqué sur les remparts du Kremlin ou à l'ombre des Pyramides; maintenant que nous avons vu des rois de vieille ou nouvelle race, mettre le soir dans leurs porte-manteaux leurs sceptres vermoulus ou coupés le matin sur l'arbre, ces jeux de la fortune nous sont devenus familiers : il n'est monarque si bien apparenté qui ne puisse perdre dans quelques heures le bandeau royal du trésor de Saint-Denis; il n'est si mince clerc ou gardeur de cavales qui ne puisse trouver une couronne dans la poussière de son étude ou dans la paille de sa grange.

[1] Evag., *de Hist. eccl.*, p. 62; Marcel., *Chron.*; Jorn., *Rer. Goth.*, cap. xliv; Prisc., pag. 44; Théoph., *Chron.*, pag. 88.

L'eunuque Chrysaphe, favori de Théodose, essaya de séduire Édécon, un des négociateurs d'Attila, et crut l'avoir engagé à poignarder son maître. Édécon de retour au camp des Huns révéla le complot. Attila renvoya Oreste à Constantinople avec des preuves et des reproches, demandant pour satisfaction la tête du coupable. Les patrices Anatole et Nomus furent chargés d'apaiser Attila avec des présents[1]; Priscus les accompagnoit; il nous a laissé le récit de sa mission et de son voyage. Ce même Priscus avoit vu Mérovée, roi des Franks, à Rome[2].

Sur ces entrefaites Théodose mourut à Constantinople, l'an 450, d'une chute de cheval[3]; il étoit âgé de cinquante ans. Le code qui porte son nom a fait la seule renommée de ce prince; monument composé des débris de la législation antique, semblable à ces colonnes qu'on élève avec l'airain abandonné sur un champ de bataille; monument de vie pour les Barbares, de mort pour les Romains, et placé sur la limite de deux mondes.

Les historiens ecclésiastiques sont de cette époque; les rappeler, c'est reconnoître la position de l'esprit humain : Sozomène, Socrate, Théodoret, Philostorge, Théodore, auteur de l'*Histoire Tripartite*, Philippe de Side, Priscus et Jean l'orateur.

Pulchérie, depuis long-temps proclamée *augusta*,

---

[1] Prisc., *de Leg.*, pag. 34 et seq.
[2] *Id., ibid.*, pag. 40.
[3] Theodor., pag. 55.

plaça la couronne de son frère Théodose sur la tête de Marcien : pour mieux assurer les droits de ce citoyen obscur, moitié homme d'épée, moitié homme de plume, elle l'épousa et demeura vierge (461)[1]. Cette élection ne fut contestée ni du sénat, ni de la cour, ni de l'armée; prodigieux changement dans les mœurs. Ici commence un esprit inconnu à l'antiquité, et qui fait pressentir ce moyen-âge où tout étoit aventures : des femmes disposoient des empires; Placidie, sœur d'Honorius et captive d'un Goth, passe dans le lit de ce Goth qui aspire à la pourpre; Pulchérie, sœur de Théodose II, porte l'Orient à Marcien; Honoria, sœur de Valentinien III, veut donner l'Occident à Attila; Eudoxie, fille de Théodose II et veuve de Valentinien III, appelle Genseric à Rome; Eudoxie, fille de Valentinien III, épouse Hunneric, fils de Genseric. C'est par les femmes que le monde ancien s'unit au monde nouveau : dans ce mariage, dont nous sommes nés, les deux sociétés se partagèrent les sexes : la vieille prit la quenouille, et la jeune l'épée.

Marcien étoit digne du choix de Pulchérie; il possédoit ce mérite qu'on ne retrouve que dans les classes inférieures au temps de la décadence des nations. Il a été loué par saint Léon-le-Grand[2] : on dit qu'il avoit le cœur au-dessus de l'argent et de la crainte. Il apaisa les troubles de l'Église par le concile de Calcédoine; il répondit à Attila

---

[1] Evag., lib. 1, cap. 1.
[2] Leo., ep. lxxxix, pag. 616; *Id.*, ep. xciv, pag. 628.

qui lui demandoit le tribut : « J'ai de l'or pour « mes amis, du fer pour mes ennemis[1]. » Lorsque Aspar, général de Théodose, attaqua l'Afrique, Marcien l'accompagnoit en qualité de secrétaire; Aspar fut défait par les Vandales, et Marcien se trouva au nombre des prisonniers de Genseric : attendant son sort, il se coucha à terre, et s'endormit dans la cour du roi. La chaleur étoit brûlante; un aigle survint, se plaça entre le visage de Marcien et le soleil, et lui fit ombre de ses ailes. Genseric l'aperçut, s'émerveilla, et, s'il en faut croire cette ingénieuse fable, il rendit la liberté au prisonnier dont il préjugea la grandeur[2].

La fière réponse de Marcien à Attila blessa l'orgueil de ce conquérant : le Tartare hésitoit entre deux proies; du fond de sa ville de bois, dans les herbages de la Pannonie, il ne savoit lequel de ses deux bras il devoit étendre pour saisir l'empire d'Orient ou l'empire d'Occident, et s'il arracheroit Rome ou Constantinople de la terre.

Il se décida pour l'Occident, et prit son chemin par les Gaules. Ætius étoit rentré en grâce auprès de Placidie : on a vu qu'il avoit été l'hôte et le suppliant des Huns.

[1] Prisc., pag. 39.
[2] Illi sub dium coacti circiter meridiem, cum a sole quippe æstivo languescerent, sederant : inter quos Marcianus negligenter stratus ducebat somnum; quadam interim, ut perhibent, aquila supervolante, quæ passis alis ita se librabat, eumdemque in aere locum insistebatur, umbra blandiretur uni Marciano. Rem Gizericus e superiori contemplatus ædium parte, atque ut erat sagacissimus vir ingenio, divinum ostentum interpretatus... Deus illi destinasset imperium. (Procop., *de Bell. Vand.*, l. 1, p. 185 et 176.)

Le royaume des Visigoths, dans les provinces méridionales des Gaules, s'étoit fixé sous le sceptre de Théodoric, que quelques-uns ont cru fils d'Alaric. Clodion, le premier de nos rois, avoit étendu ses conquêtes jusqu'à la Somme; Ætius le surprit et le repoussa[1]; mais Clodion finit par garder ses avantages. Clodion mort, ses deux fils se disputèrent son patrimoine; l'un d'eux, peut-être Mérovée, qui tout jeune encore étoit allé en ambassade à Rome[2], implora le secours de Valentinien, et son frère aîné rechercha la protection d'Attila[3].

Honoria, sœur de Valentinien, rigoureusement traitée à la cour de son frère, avoit été aimée d'Eugène, jeune Romain attaché à son service[4]. Des signes de grossesse se manifestèrent; l'impératrice Placidie fit partir Honoria pour Constantinople. Au milieu des sœurs de Théodose et de leurs pieuses compagnes, Honoria, qui avoit senti les passions, ne put goûter les vertus : de même que Placidie, sa mère, étoit devenue l'épouse d'un compagnon d'Alaric, elle résolut de se jeter dans les bras d'un Barbare : elle envoya secrètement un de ses eunuques porter son anneau au roi des Huns : Attila étoit horrible, mais il étoit le maître du monde et le fléau de Dieu[5].

Armé de l'anneau d'Honoria, le chef des Huns

---

[1] Idat., *Chron.*, pag. 19; Vales., *Re. Franc.*, lib. iii.

[2] Prisc., *Leg.*, pag. 40.

[3] Sid., *Car.* vii; Greg. Tur., lib. ii.

[4] Marcel., *Chron.*

[5] Jornandès place plus tôt l'envoi de cet anneau; mais il confond les temps.

réclamoit la dot de sa haute fiancée; c'est-à-dire une portion des États romains : on lui répondit que les filles n'héritoient pas de l'Empire. Attila se prétendoit encore attiré par des intérêts que mettoit en mouvement une autre femme. Théodoric avoit marié sa fille unique à Hunneric, fils de Genseric : sur un soupçon d'empoisonnement, Genseric la renvoya à son père, après lui avoir fait couper le nez et les oreilles. Les Visigoths menaçoient les Vandales de leur vengeance, et Genseric appeloit Attila son allié pour retenir Théodoric son ennemi[1].

Trois causes ou trois prétextes amenoient donc Attila en Gaule : la réclamation de la dot d'Honoria, l'intervention réclamée dans les affaires du royaume des Franks, la guerre contre les Visigoths, en vertu d'une alliance existante entre les Huns et les Vandales. Arbitre des nations, défenseur d'une princesse opprimée, le ravageur du monde, devancier de la chevalerie, se prépara à passer le Rhin au nom de l'amour, de la justice et de l'humanité.

---

[1] Hujus ergo mentem ad vastationem orbis paratam comperiens Gizericus, rex Vandalorum, quem paulo ante memoravimus, multis numeribus ad Vesegotharum bella præcipitat, metuens ne Theodoricus, Vesegotharum rex, filiæ ulcisceretur injuriam, quæ Hunnericho, Gizerici filio, juncta, prius quidem tanto conjugio lætaretur : sed postea, ut erat ille et in sua pignora truculentus, ob suspicionem tantummodo veneni ab ea parati, eam, amputatis naribus, spolians decore naturali, patri suo ad Gallias remiserat, ut turpe funus miseranda semper offerret, et crudelitas, qua etiam moverentur externi, vindictam patris efficacius impetraret. (JORNAND., *de Reb. Get.*, cap. XXXVI.)

Des forêts entières furent abattues; le fleuve qui sépare les Gaules de la Germanie se couvrit de barques[1] chargées d'innombrables soldats, comme ces autres barques qui transportent aujourd'hui, le long du Pénée, les abeilles nomades des bergers de la Thessalie[2]. Saint Agnan, évêque d'Orléans, saint Loup, évêque de Troyes, sainte Geneviève, gardeuse de moutons à Nanterre, s'efforcèrent de conjurer la tempête : vous verrez l'effet et le caractère de leur intervention quand je vous parlerai des mœurs des chrétiens.

Ætius n'avoit rien négligé pour combattre ses anciens amis : les Visigoths s'étoient, non sans hésitation, joints à ses troupes; beaucoup de négociations avoient eu lieu entre Théodoric, Attila et Valentinien[3]. Ætius marcha au-devant des Huns, et les rencontra occupés et retardés devant Orléans, dont la destinée étoit de sauver la France; Attila se retira dans les plaines catalauniques, appelées aussi mauritiennes, longues de cent lieues, dit Jornandès, et larges de soixante-dix[4] : il y fut suivi par Ætius et Théodoric.

Les deux armées se mirent en bataille. Une colline qui s'élevoit insensiblement bordoit la plaine; les Huns et leurs alliés en occupoient la droite;

---

[1] . . . . Cecidit cito secta bipenni
Hercynia in lintres, et Rhenum texuit alno.
(Sid. Ap., carm. vii, pag. 97.)

[2] Pouqueville, *Voyage en Grèce.*

[3] Jornand., cap. xxxvi.

[4] C leugas, ut Galli vocant, in longum tenentes, et lxx in latum. (Jornand., cap. xxxvi.).

les Romains et leurs alliés la gauche. Là se trouvoit rassemblée une partie considérable du genre humain[1], comme si Dieu avoit voulu faire la revue des ministres de ses vengeances au moment où ils achevoient de remplir leur mission : il leur alloit partager la conquête, et désigner les fondateurs des nouveaux royaumes. Ces peuples mandés de tous les coins de la terre, s'étoient rangés sous les deux bannières du monde à venir et du monde passé, d'Attila et d'Ætius. Avec les Romains marchoient les Visigoths, les Lœti, les Armoricains, les Gaulois, les Bréonnes, les Saxons, les Bourguignons, les Sarmates, les Alains, les Allamans, les Ripuaires et les Franks soumis à Mérovée; avec les Huns se trouvoient d'autres Franks et d'autres Bourguignons, les Rugiens, les Érules, les Thuringiens, les Ostrogoths et les Gépides. Attila harangua ses soldats :

« Méprisez ce ramas d'ennemis désunis de mœurs
« et de langage, associés par la peur. Précipitez-
« vous sur les Alains et les Goths qui font toute
« la force des Romains : le corps ne se peut tenir
« debout quand les os en sont arrachés. Courage!
« que la fureur accoutumée s'allume! Le glaive ne
« peut rien contre les braves avant l'ordre du des-
« tin. Cette foule épouvantée ne pourra regarder
« les Huns en face. Si l'événement ne me trompe,
« voici le champ qui nous fut promis par tant de
« victoires. Je lance le premier trait à l'ennemi :

---

[1] Fit ergo area innumerabilium populorum pars illa terrarum. (JORNAND., cap. XXXVI.)

« quiconque oseroit devancer Attila au combat, est
« mort¹. »

Cette bataille (453) fut effroyable, sans miséricorde, sans quartier. Celui qui pendant sa vie, dit l'historien des Goths, fut assez heureux pour contempler de pareilles choses et qui manqua de les voir, se priva d'un spectacle miraculeux². Les vieillards du temps de l'enfance de Jornandès se souvenoient encore qu'un petit ruisseau, coulant à travers ces champs héroïques, grossit tout à coup non par les pluies, mais par le sang, et devint un torrent. Les blessés se traînoient à ce ruisseau pour y étancher leur soif, et buvoient le sang dont ils l'avoient formé³. Cent soixante-deux mille morts couvrirent la plaine; Théodoric fut tué, mais Attila vaincu. Retranché derrière ses chariots pen-

---

¹ Adunatas despicite dissonas gentes. Judicium pavoris est, societate defendi. . . . . Alanos invadite, in Vesegothas incumbite. . . . . . . Nec potest stare corpus, cui ossa substraxerit. Consurgant animi, furor solitus intumescat. . . . . . . Victuros nulla tela convenient, morituros et in ocio fata præcipitant. . . . . Non fallor eventu, hic campus est quem nobis tot prospera promiserant. Primus in hostes tela conjiciam. Si quis potuerit Attila pugnante ocium ferre, sepultus est. (JORNAND., cap. XXXVI.)

² Ubi talia gesta referuntur, ut nihil esset, quod in vita sua conspicere potuisset egregius, qui hujus miraculi privaretur aspectu. (*Id.*, cap. XL.)

³ Nam si senioribus credere fas est, rivulus memorati campi humili ripa prolabens, peremptorum vulneribus sanguine multo provectus, non auctus imbribus, ut solebat, sed liquore concitatus insolito, torrens factus est cruoris augmento. Et quos illic coegit in aridam sitim vulnus inflictum, fluenta mixta clade traxerunt : ita constricti sorte miserabili sordebant, potantes sanguinem quem fudere sauciati. (*Id.*, *ibid.*)

dant la nuit, il chantoit en choquant ses armes ; lion rugissant et menaçant à l'entrée de la caverne où l'avoient acculé les chasseurs [1].

L'armée triomphante se divisa, soit par l'impatience ordinaire des Barbares, soit par la politique d'Ætius, qui craignit qu'Attila passé ne laissât les Visigoths trop puissants. Comme je marque à présent tout ce qui finit, la victoire catalaunienne est la dernière grande victoire obtenue au nom des anciens maîtres du monde. Rome, qui s'étoit étendue peu à peu jusqu'aux extrémités de la terre, rentroit peu à peu dans ses premières limites ; elle alloit bientôt perdre l'empire et la vie dans ces mêmes vallées des Sabins où sa vie et son empire avoient commencé ; il ne devoit rester de ce géant qu'une tête énorme, séparée d'un corps immense.

Attila s'attendoit à être attaqué ; il ne s'aperçut de la retraite des vainqueurs qu'au long silence des campagnes [2] abandonnées aux cent soixante-deux mille muets de la mort. Échappé contre toute attente à la destruction, et rendu à sa destinée, il repasse le Rhin. Plus puissant que jamais, il entre l'année suivante en Italie, saccage Aquilée, et s'empare de Milan. Valentinien quitte sa cache de Ravenne pour se recacher dans Rome, avec l'intention d'en sortir à l'approche du péril : la peur le faisoit fuir, la lâcheté le retint ; également indigne de

---

[1] Strepens armis tubis canebat, incussionemque minabatur : velut leo venabulis pressus, speluncæ aditus obambulans. (*Id., ib.*)

[2] Sed ubi hostium absentia sunt longa silentia consecuta, erigitur mens ad victoriam, gaudia præsumuntur, atque potentis regis animus in antiqua fata revertitur. (JORNAND., cap. XLI.)

l'empire en l'abandonnant ou en le vendant. Deux consuls, Avienus et Trigesius, et le pape saint Léon, viennent traiter avec Attila. Le Tartare consent à se retirer, sur la promesse de ce qu'il appeloit toujours la dot d'Honoria : une raison plus intérieure le toucha; il fut arrêté par une main qui se montroit partout alors, au défaut de celles des hommes : cela sera dit en son lieu.

Attila se jette une seconde fois sur les Gaules, d'où Thorismond, successeur de Théodoric, le repousse. Le Hun rentre encore dans sa ville de bois, méditant de nouveaux ravages : il y disparoît. Le héros de la barbarie meurt, comme le héros de la civilisation, dans l'enivrement de la gloire et les débauches d'un festin; il s'endormit une nuit sur le sein d'une femme, et ne revit plus le soleil; une hémorragie l'emporta : le conquérant creva du trop de sang qu'il avoit bu et des voluptés dont il se gorgeoit. Le monde romain se crut délivré; il ne l'étoit pas de ses vices; châtié, il n'étoit pas averti.

L'invasion d'Attila en Italie donna naissance à Venise. Les habitants de la Vénitie se renfermèrent dans des îlots voisins du continent. Leurs murailles étoient des claies d'osier : ils vivoient de poisson; ils n'avoient pour richesse que leurs gondoles, et du sel qu'ils vendoient le long des côtes. Cassiodore les compare à des oiseaux aquatiques qui font leur nid aux milieu des eaux [1]. Voilà cette opulente, cette

---

[1] Aquatilium avium more domus est. (VARIAR., l. XII, ep. XXIV.)
Voyez aussi *Verona illustrata* de MAFFEI, et l'*Histoire de Venise*, par M. DARU.

mystérieuse, cette voluptueuse Venise, de qui les palais rentrent aujourd'hui dans le limon dont ils sont sortis.

La Grande-Bretagne, malgré ses larmes et ses prières, avoit été abandonnée des Romains.

Quand l'épée d'Attila fut brisée, Valentinien, tirant pour la première fois la sienne, l'enfonça dans le cœur du dernier Romain : jaloux d'Ætius, il tua celui qui avoit retardé si long-temps la chute de l'Empire [1]. Valentinien viole la femme de Maxime, riche sénateur de la famille Anicienne [2]; Maxime conspire; Valentinien, dernier prince de la famille de Théodose, est assassiné en plein jour par deux Barbares, Transtila et Optila, attachés à la mémoire d'Ætius [3]. Maxime est élu à la place de Valentinien; son règne fut de peu de jours, et il le trouva trop long. « Fortuné Damoclès ! s'écrioit-il, « regrettant l'obscurité de sa vie, ton règne com- « mença et finit dans un même repas [4]. »

Maxime, devenu veuf, avoit épousé de force Eudoxie, veuve de Valentinien et fille de Théodose II.

[1] Prosp., Idat., an 454.

[2] Maximus quidam erat senator romanus... Uxorem habebat singulari continentia et forma, commendatissimæ famæ præditam... Huic nactæ concubitu, obscœni libidine ardens Valentinianus... vim attulit obluctanti. (Procop., de Bell. Vand., lib. ii, cap. iv, pag. 487.)

[3] Id., ibid. ; Evag., lib. ii, cap. vii.

[4] Dicere solebat vir litteratus atque ob ingenii merita quæstorius Fulgentius, se ex ore ejus frequenter audisse, cum perosus pondus imperii veterem desiderat securitatem : Felicem te, Damocles, qui non unò longitus prandio regni necessitatem toleravisti ! (Sid. Ap., ep. xiii, lib. ii, pag. 166.)

Eudoxie cherche un vengeur, et n'en voit point de plus terrible que Genseric. Les Vandales étoient devenus des pirates habiles et audacieux ; ils avoient dévasté la Sicile, pillé Palerme, ravagé les côtes de la Lucanie et de la Grèce. Genseric, appelé par Eudoxie[1], ne refuse point la proie ; ses vaisseaux jettent l'ancre à Ostie. Maxime se veut échapper ; il est arrêté par le peuple, qui le déchire. Saint Léon essaie de sauver une seconde fois son troupeau, et n'obtient point de Genseric ce qu'il avoit obtenu d'Attila : la ville éternelle est livrée au pillage pendant quatorze jours et quatorze nuits. Les Barbares se rembarquent ; la flotte de Genseric apporte à Carthage les richesses de Rome, comme la flotte de Scipion avoit apporté à Rome les richesses de Carthage. Le chantre de Didon sembloit avoir prédit Genseric dans Annibal. Parmi le butin se trouvèrent les ornements enlevés au temple de Jérusalem : quel mélange de ruines et de souvenirs ! Tous les vaisseaux arrivèrent heureusement, excepté celui qui étoit chargé des statues des dieux[2]. Ces nouvelles calamités n'étonnèrent pas : Alaric avoit tué Rome ; Genseric ne fit que dépouiller le cadavre.

Avitus, d'une famille puissante de l'Auvergne, beau-père de Sidoine Apollinaire, et maître général des forces romaines dans les Gaules, remplaça Maxime. Il reçut la pourpre des mains de Théo-

---

[1] Procop., *de Bell. Vand.*, pag. 188.
[2] Navibus Giserici unam qua simulachra vehebantur periisse ferunt. (Procop., *de Bell. Vand.*, lib. II, pag. 189.)

doric II, roi des Visigoths, régnant à Toulouse. Ce Théodoric étoit frère de Thorismond, fils de Théodoric Ier, tué aux champs catalauniques. Il soumit le reste des Suèves en Espagne ; mais, tandis qu'il avoit l'air de combattre pour la gloire de l'empereur, son ouvrage, Avitus étoit déjà tombé : il fut dégradé par le sénat de Rome, qui sembloit puiser ce pouvoir d'avilir dans sa propre dégradation. Ricimer ou Richimer, fils d'un Suève et de la fille du roi goth Vallia, comme je vous l'ai déjà dit, fut le principal auteur de cette chute. Ce chef des troupes barbares, à la solde des Romains en Italie, donna une double marque de sa puissance en nommant l'empereur déposé (16 octobre 457), évêque de Plaisance [1] : la tonsure alloit devenir la couronne des rois sans couronne. On ne sait trop comment finit Avitus : privé de l'empire, il le fut aussi de la vie, dit pourtant un historien [2].

Ricimer passa la pourpre à Majorien, ancien compagnon d'Ætius. Majorien étoit un de ces hommes que le ciel montre un moment à la terre dans l'abâtardissement des races : étrangers au monde où ils viennent, ils ne s'y arrêtent que le temps nécessaire pour empêcher la prescription contre la vertu [3]. Majorien ranima la gloire romaine en attaquant les Franks et les Vandales avec les vieilles bandes sans chef d'Attila et d'Alaric. On a de lui plusieurs

---

[1] VICT. TUN.

[2] IDAT., *Chron.*

[3] SID. AP., carm. v, pag. 312 ; PROCOP., *de Bell. Vand.*, lib. 1, cap. VII.

belles lois. Ricimer ne l'avoit placé sur le trône que parce qu'il le croyoit sans génie; quand il s'aperçut de sa méprise, il fit naître une sédition, et Majorien abdiqua. On croit qu'il fut empoisonné [1] (7 août 461). Le faiseur et le défaiseur de rois (à cette époque de révolutions, cela ne supposoit ni talents supérieurs ni grands périls) remit le diadème à Libius Sévère : il prit garde cette fois que le prince ne fût pas un homme, et il y réussit. On ne connoît guère que le titre impérial de ce Libius Sévère : l'excès de l'obscurité pour les rois a le même résultat que l'excès de la gloire; il ne laisse vivre qu'un nom.

Deux hommes, fidèles à la mémoire de Majorien, refusèrent de reconnoître la créature de Ricimer : Marcellin, sous le titre de patrice de l'Occident, resta libre dans la Dalmatie; Ægidius, maître général de la Gaule, conserva une puissance indépendante : ce fut lui que les Bretons implorèrent, et que les Franks nommèrent un moment leur chef, quand ils chassèrent Childéric.

L'Italie continua d'être livrée aux courses des Vandales; chaque année, au printemps, le vieux Genseric y rapportoit la flamme. Par un renversement de l'ordre du destin, dit Sidoine, la brûlante Afrique versoit sur Rome les fureurs du Caucase [2].

---

[1] Selon une autre version, Majorien fut déposé par Ricimer, qui le fit tuer cinq jours après sa déposition.

[2] . . . . conversosque ordine fati
Torrida caucaseos infert mihi Byrsa furores.
(SIDON. APOLL.)

Léon Ier, surnommé le Grand, ou le Boucher, ou plus souvent Léon de Thrace, avoit été élu empereur d'Orient après la mort de Marcien, arrivée vers la fin de janvier, l'an 457. Constantinople, échappée aux Barbares, obtenoit sur Rome la prééminence, non la supériorité, que donne le bonheur sur l'infortune. L'empire d'Occident, sur son lit de mort, ressembloit à un guerrier ou à un roi dont on pille la tente ou le palais tandis qu'il expire, ne lui laissant pas un linceul pour l'ensevelir. Léon, qui voyoit donner des maîtres à Rome, lui accorda Anthême (468) en qualité d'empereur, sur la demande du sénat. Ricimer empoisonna Libius Sévère, et épousa la fille d'Anthême. Il y eut de grandes réjouissances; tout parut consolidé dans une ruine.

Vous avez vu qu'Anthême pensoit à rétablir le culte des idoles [1]. Les deux empires, et surtout celui d'Orient, préparèrent un puissant armement contre les Vandales. Le commandement en fut donné à Basilisque, qui laissa brûler sa flotte devant Carthage, réduit à la nécessité de passer pour un traître, afin de conserver la réputation d'un grand général. Sauvé de ce danger, Genseric reprit ses courses et s'empara de la Sicile.

Théodoric II avoit rompu ses traités avec Rome à la mort de l'empereur Majorien; il réunit Narbonne à son royaume. Euric, son frère, qui l'assassina, acheva la conquête des Espagnes sur les Romains et sur les Suèves: ceux-ci reconnurent

---

[1] Ci-dessus, pag. 139.

son autorité, en restant en possession de la Galice. Dans les Gaules, Euric ne fut pas moins heureux : il étendit sa domination, d'un côté, depuis les Pyrénées jusqu'au Rhône; de l'autre jusqu'à la Loire. En ce temps, les Bourguignons étoient alliés de Rome et se déchiroient entre eux; il en étoit ainsi des Franks et des Saxons.

Cependant Ricimer se brouille avec Anthême, son beau-père, et se détermine à changer encore le maître titulaire de l'Occident. Il appelle à la pourpre Olybre, qui avoit épousé Placidie, fille de Valentinien III. Il en résulte une guerre civile. Rome est saccagée une troisième fois, dit le pape Gélase, et les misérables restes de l'Empire sont foulés aux pieds. Anthême est tué (11 juillet 472), Olybre meurt, et Ricimer le précède dans la tombe où il avoit précipité cinq empereurs, tous faits de sa main [1].

Gondivar ou Gondibalde, neveu de Ricimer, et élevé à la dignité de patrice par Olybre, pousse Glycérius à s'emparer du pouvoir. Gondibalde est peut-être le célèbre roi des Bourguignons. A Constantinople, on proclama Julius-Népos empereur d'Occident. Il surprit son compétiteur Glycérius, le fit raser et ordonner évêque de Salone [2]. Julius-

---

[1] Valois s'appuie de l'auteur anonyme, conforme, pour ces temps obscurs, à ce que l'on trouve dans les Fastes consulaires d'Onuphre, dans les actes des Conciles, dans Cassiodore, dans Victor de Tunne, dans la Chronique d'Alexandrie, etc., etc. (VALES., *Re. Franc.*)

[2] PHOT., cap. LXXVIII, pag. 372; ONUPH.; JORN., *de Reg. ac temp. suc.*, pag. 654.

Népos céda l'Auvergne à Euric, roi des Visigoths, croyant qu'on pouvoit sacrifier ses amis à ses ennemis. Les troupes que Népos tenoit à sa solde se révoltent; il fuit, traînant dans sa retraite en Dalmatie un titre que lui seul reconnoissoit : il retrouva à Salone son rival impérial qu'il avoit fait évêque [1]. Népos ne valoit pas la peine d'un coup de poignard, et fut assassiné pourtant [2]. Les Ostrogoths, pendant l'apparition de Glycérius, s'étoient montrés en Italie.

Les autres Barbares, qui opprimoient plus qu'ils ne défendoient ce malheureux pays, avoient alors pour chef Oreste, ce secrétaire d'Attila dont je vous ai déjà parlé. A la mort du roi des Huns, il passa au service des empereurs d'Occident, sous lesquels il devint patrice et maître général des armées; il avoit eu un fils d'une mère inconnue, ou peut-être de la fille de ce comte Romulus que Valentinien envoya en ambassade auprès d'Attila. Ce fils est Romulus-Auguste, surnommé Augustule : humiliez-vous, et reconnoissez le néant des empires !

Oreste refusa la pourpre que lui offroient ses soldats, et en laissa couvrir son fils [3]. Les Scyres, les Alains, les Rugiens, les Hérules, les Turcilinges, qui composoient ces défenseurs redoutables des

---

[1] Quo comperto, Nepos fugit in Dalmatias, ibique defecit privatus regno, ubi jam Glycerius, dudum imperator, episcopatum Salonitanum habebat. (VALES., *Re. Franc.*, p. 227; Id. *in not.* AMM. MARCEL.)

[2] ONUPH., pag. 477; MARC., *Chron.* XVI.

[3] Augustulo a patre Oreste in Ravenna imperatore ordinato. (JORNAND., cap. XLV.)

misérables Romains, enflammés par l'exemple de leurs compatriotes établis en Afrique, dans les Espagnes et dans les Gaules, sommèrent Oreste de leur abandonner le tiers des propriétés de l'Italie : il leur crut pouvoir résister. Odoacre (peut-être fils d'Édécon, ancien collègue d'Oreste dans sa mission à Constantinople), Odoacre, après diverses aventures, se trouvoit investi d'une charge éminente dans les gardes de l'Italie; il se met à la tête des séditieux, assiége Oreste dans Pavie, emporte la place, le prend et le tue[1]. Le 23 août de l'an 476, Odoacre, arien de religion, est proclamé *roi d'Italie*. L'empire romain avoit duré cinq cent sept ans moins quelques jours, depuis la bataille d'Actium; on comptoit douze cent vingt-neuf ans de la fondation de Rome.

Quand Augustule, dernier successeur d'Auguste, quitta les marques de la puissance, Simplicius, quarante-septième pontife depuis saint Pierre, occupoit la chaire de l'apôtre dont l'empire avoit commencé sous l'héritier immédiat d'Auguste; les successeurs de Simplicius, après treize cent cinquante-quatre ans, règnent encore dans les palais des Césars.

Odoacre établit son siége à Ravenne. Le sénat romain renonça au droit d'élire son maître; satisfait d'être esclave à merci, il déclara que le Capitole abdiquoit la domination du monde, et renvoya, par une ambassade solennelle, les enseignes à Zénon,

---

[1] Ennodii Ticin., *Vit. Epiph.*, pag. 387.

qui gouvernoit l'Orient. Zénon[1] reçut à Constantinople les ambassadeurs avec un front sévère; il reprocha au sénat le meurtre d'Anthême et le bannissement de Népos : « Népos vit encore, dit-il aux « ambassadeurs; il sera, jusqu'à sa mort, votre vrai « maître. » Ce brevet de tyran honoraire, délivré par Zénon à Népos, est le dernier titre de la légitimité des Césars.

Augustule, trouvé à Ravenne par Odoacre, fut dégradé de la pourpre[2]. L'histoire ne dit rien de lui, sinon qu'il étoit beau[3]. Le premier roi d'Italie accorda au dernier empereur de Rome une pension de 6000 pièces d'or : il le fit conduire à l'ancienne *villa* de Lucullus[4], située sur le promontoire de Misène, et convertie en forteresse depuis les guerres des Vandales : elle avoit d'abord appartenu à Marius; Lucullus l'acheta[5].

Ainsi la Providence assignoit pour prison au fils du secrétaire d'Attila, à un prince de race gothique, revêtu de la pourpre romaine par les derniers Barbares qui renversoient l'empire d'Occident, la Providence assignoit, dis-je, pour prison à ce prince une maison où fut portée la dépouille des

---

[1] Malchno., *Excerp. de Leg.*, pag. 93.

[2] Non multum post, Odovacer, Turcilingorum rex, habens secum Scyros, Herulos, diversarumque gentium auxiliarios, Italiam occupavit, et, Oreste interfecto, Augustulum filium ejus de regno pulsum. (Jornand., cap. xlvi.)

[3] Pulcher erat. Anon. Vales.

[4] Deposuit (Odovacer) Augustulum de regno... Tamen donavit ei reditum sex millia solidos. (Anon. Val., p. 706.) In Lucullano Campaniæ castello exsilii pœna damnavit. (Jornand., cap. xlvi.)

[5] Plut., *in Mario et in Lucul.*

Cimbres, premiers Barbares du septentrion qui menacèrent le Capitole. C'est là qu'Augustule passa sa jeunesse et sa vie inconnues, sans se douter de tout ce qui s'attachoit à son nom, indifférent aux leçons que donnoit sa présence, étranger aux souvenirs que rappeloient les lieux de son exil.

Ajoutons ceci, attentifs que nous sommes à l'immutabilité des conseils éternels et à la vicissitude des choses humaines : les reliques de saint Severin succédèrent à la personne d'Augustule dans la demeure que Marius décora de ses proscriptions et de ses trophées, Lucullus de ses fêtes et de ses banquets : elle se changea en une église[1]. Odoacre, n'étant encore qu'un obscur soldat, avoit visité saint Severin dans la Norique. Le solitaire, à l'aspect de ce Barbare d'une haute taille, qui se courboit pour passer sous la porte de la cellule, lui dit : « Va en Italie; tu es maintenant couvert de « viles peaux de bêtes; un temps viendra que tu « distribueras des largesses[2]. »

Enfin, le Dieu qui d'une main abaissoit l'empire romain, élevoit de l'autre l'empire françois. Augustule déposoit le diadème l'an 476 de Jésus-Christ, et l'an 481, Clovis, couronné de sa longue chevelure, régnoit sur ses compagnons.

---

[1] Eugip., *in Vit. S. Severin.*
[2] Vade ad Italiam, vade vilissimis nunc pellibus coopertus : sed multis cito plurima largiturus. (Anon. Val., pag. 717.)

ÉTUDE CINQUIÈME

ou

CINQUIÈME DISCOURS

SUR LA CHUTE

DE L'EMPIRE ROMAIN,

LA NAISSANCE ET LES PROGRÈS

DU CHRISTIANISME,

ET L'INVASION DES BARBARES.

PREMIÈRE PARTIE.

MOEURS DES CHRÉTIENS. AGE HÉROÏQUE.

ARRÊTONS-NOUS pour contempler les vastes ruines que nous venons de traverser. Ce n'est rien que de connoître les dates de leur éboulement, rien que d'avoir appris les noms des hommes employés à cette destruction : il faut entrer plus profondément, plus intimement dans les mœurs, dans la vie des trois peuples chrétien, païen et barbare, qui se confondirent pour donner naissance à la société moderne. Elle va paroître, cette société, puisque l'empire d'Occident est détruit ; voyons ce que fut le monde ancien dans les quatre siècles qui précédèrent sa mort, et ce qu'il étoit devenu lorsqu'il expira. Commençons par les chrétiens.

Le christianisme naquit à Jérusalem, dans une tombe que j'ai visitée au pied de la montagne de Sion : son histoire se lie à celle de la religion des Hébreux.

Pendant la durée du premier Temple, tout fut renfermé dans la lettre de la loi de Moïse; quand le roi, le peuple, ou quelque partie du peuple, se livroient à l'idolâtrie, le glaive les châtioit.

Sous le second Temple, la pureté de la loi s'altéra par le mélange des dogmes exotiques : la synagogue se forma.

La conquête d'Alexandre introduisit à son tour la philosophie grecque dans le système hébraïque. Des écoles juives se constituèrent; ces écoles, répandues dans la Médie, l'Élymaïde, l'Asie-Mineure, l'Égypte, la Cyrénaïque, l'île de Crète, et jusque dans Rome, subirent l'influence des religions, des lois, des mœurs, et de la langue même de ces divers pays. Les livres des Machabées se scandalisent de ces nouveautés.

« En ce temps-là il sortit d'Israël des enfants
« d'iniquité qui donnèrent ce conseil à plusieurs :
« Allons, et faisons alliance avec les nations qui
« nous environnent.........

« Et ils bâtirent à Jérusalem un collége à la
« manière des nations [1].

[1] Machab., lib. i, cap. i.

« Les prêtres même......... ne faisoient aucun état
« de ce qui étoit en honneur dans leur pays, et ne
« croyoient rien de plus grand que d'exceller en
« tout ce qui étoit en estime parmi les Grecs [1]. »

Il se forma bientôt quatre sectes principales :
celle des pharisiens, celle des sadducéens, celle
des samaritains, celle des esséniens.

Les pharisiens altéroient le dogme et la loi en
reconnoissant une sorte de destin impuissant qui
n'ôtoit point la liberté à l'homme; ils se divisoient
en sept ordres. Livrés à des imaginations bizarres,
ils jeûnoient et se flagelloient; ils prenoient soin
en marchant, de ne pas toucher les pieds de Dieu,
qui ne s'élèvent que de quarante-huit pouces au-
dessus de terre. Ils mettoient surtout un grand zèle
à propager leur doctrine.

Ce qui distingue les sectes juives des sectes grecques, c'est précisément cet esprit de propagation.
La sagesse hellénique se réduisoit, en général, à la
théorie; la sagesse juive avoit pour fin la pratique;
l'une formoit des *écoles*, l'autre des *sociétés*. Moïse
avoit imprimé une vertu législative au génie des
Hébreux, et le christianisme, juif d'origine, retint
et posséda au plus haut degré cette vertu.

Les sadducéens s'attachoient à la lettre écrite; ils
rejetoient la tradition, et conséquemment la science
cabalistique : ne trouvant rien sur l'âme dans les
livres de Moïse, ils étoient matérialistes, et préféroient Épicure à Zénon.

---

[1] Machab., lib. II, cap. IV.

Les samaritains n'adoptoient que le Pentateuque, et remontoient à la religion patriarcale.

Les esséniens de la Judée (qui produisirent les thérapeutes de l'Égypte, secte plus contemplative encore) repoussoient la tradition comme les sadducéens, et croyoient à l'immortalité de l'âme comme les pharisiens. Ils fuyoient les villes, vivoient dans les campagnes, renonçoient au commerce, et s'occupoient du labourage. Ils n'avoient point d'esclaves et n'amassoient point de richesses : ils mangeoient ensemble, portoient des habits blancs qui n'appartenoient en propre à personne, et que chacun prenoit à son tour. Les uns demeuroient dans une maison commune, les autres dans des maisons particulières, mais ouvertes à tous. Ils s'abstenoient du mariage, et élevoient les enfants qu'on leur confioit. Ils respectoient les vieillards, ne mentoient point, ne juroient jamais. Ils promettoient le silence sur les *mystères* : ces mystères n'étoient autres que la morale écrite dans la loi.

Les premiers fidèles prirent des esséniens cette simplicité de vie, tandis que les thérapeutes donnèrent naissance à la vie monastique chrétienne.

Mais, d'une autre part, l'essénianisme étoit la seule secte juive qui n'attendît point le Messie et qui condamnât le sacrifice, en quoi les chrétiens ne la suivirent pas. Une opinion commune reposoit au fond de la société israélite : le sauveur de la race de David, de tous temps promis, étoit espéré de siècle en siècle, d'année en année, de jour en jour, d'heure en heure; homme et Dieu, roiconquérant pour les sadducéens, les caraïtes ou scripturaires ; sage ou docteur pour les samaritains.

Il y avoit encore chez ce peuple un fait qui n'appartenoit qu'à ce peuple, je veux dire la grande école poétique des prophètes : commençant auprès du berceau du monde, elle erra quarante ans avec l'arche dans le désert ; école que n'interrompirent point la captivité d'Égypte et celle de Babylone, la conquête d'Alexandre, l'oppression des rois de Syrie, la domination romaine, la monarchie des Hérodes qui implantèrent de force et improvisèrent en Judée une éducation étrangère. Cette école de l'avenir évoquant le passé, et dédaignant le présent, ne manqua de maîtres ni dans la prospérité, ni dans le malheur, ni sur les rivages du Nil, ni sur les bords du Jourdain, ni sur les fleuves de Babylone, ni sur les ruines de Tyr et de Jérusalem. Et quels maîtres ! Moïse, Josué, David, Salomon, Isaïe, Jérémie, Ézéchiel, Daniel et le Christ, en qui s'accomplirent toutes les prophéties, et qui fut lui-même le dernier prophète.

Lorsqu'il eut paru, les Juifs le méconnurent : ils le regardèrent comme un séducteur. Les deux commentaires de la Mishna, le Talmud babylonien et le Talmud de Jérusalem donnent de singulières notions du Christ[1].

« Un certain jour, lorsque plusieurs docteurs

---

[1] La Mishna est un recueil des traditions juives, fait vers le milieu du second siècle de l'ère chrétienne, par le rabbin Juda, fils

« étoient assis à la porte de la ville, deux jeunes
« garçons passèrent devant eux : l'un couvrit sa
« tête, l'autre passa la tête découverte. Éliézer,
« voyant l'effronterie de celui-ci, le soupçonna
« d'être un enfant illégitime; il alla trouver la mère
« qui vendoit des herbes au marché, et il apprit
« que non-seulement l'enfant étoit illégitime, mais
« qu'il étoit né d'une femme impure[1]. »

Marie est appelée plusieurs fois dans le Talmud une coiffeuse de femmes.

Des juifs composèrent deux histoires du Christ sous le titre de *Sepher toldos Jeschu*, livre des générations de Jésus. Joseph Pandera, de Bethléem, se prend d'amour pour une jeune coiffeuse nommée Mirjan (Marie), fiancée à Jochanan. Pandera abuse de Mirjan; elle accouche d'un fils, appelé Jehoscua (Jésus). Jehoscua, élevé par Elchanan, devient habile dans les lettres. Les sénateurs que Jehoscua ne voulut pas saluer à la porte de la ville firent publier, au son de trois cents trompettes, que sa naissance étoit impure. Il s'enfuit en Galilée,

---

de Simon, appelé *le Saint* à cause de la pureté de sa vie, et chef de l'école hébraïque à Tibériade, en Galilée.

« Ea omnia secundum certa doctrinæ capita disposuit, et in « unum volumen redegit, cui nomen hoc *Mishna*, hoc est δευτέρωσις, « imposuit. » Tela ignea Satanæ. (WAGENEIL, pr., pag. 55.)

[1] Cum aliquando seniores sederent in porta (urbis), præterierunt ante ipsos duo pueri, quorum alter caput texerat, alter detexerat. Et de eo quidem, qui caput proterve, et contra bonos mores, texerat, pronuntiavit R. Elieser, quod esset spurius. . . . . . . Abiit ergo ad matrem pueri istius, quàm cum videret sedentem in foro, et vendentem legumina. . . . . . . Unde apparuit puerum istum esse non modo spurium, sed et menstruatæ filium.

revient à Jérusalem, se glisse dans le peuple, apprend et dérobe le nom de Dieu, l'écrit sur une peau [1], s'ouvre la cuisse sans douleur, et cache son larcin dans cette incision. Avec l'ineffable nom Schemhamephoras, il accomplit une foule de prodiges. Jehoscua, condamné à mort par le sanhédrin, est couronné d'épines, fouetté et lapidé ; on le vouloit pendre à du bois, mais tous les bois se rompirent parce qu'il les avoit enchantés. Les sages allèrent chercher un grand chou [2], et l'on y attacha Jehoscua.

Telle est une des misérables histoires que les juifs opposoient à la majesté du récit évangélique.

La première Église juive se composa des trois mille convertis. Ces convertis écoutoient les instructions des apôtres, prioient ensemble, et faisoient dans les maisons particulières la fraction du pain. Ils mettoient leurs biens en commun, et vendoient leurs héritages pour en distribuer le prix à leurs frères. Leur vie, comme je l'ai dit plus haut, étoit à peu près celle des esséniens.

Cette simplicité se conserva long-temps. Domitien, ayant appris que certains chrétiens juifs se

---

[1] Venit itaque Jesus-Nazarenus, et ingressus templum didicit litteras illas, et scripsit in pergameno : deinde scidit carnem cruris sui, et in incisione illa inclusit dictam chartulam, et dicendo nomen, nullum sensit dolorem, et rediit cutis continuo sicut ante erat.

[2] Ipse quippe per Schemhamephoras adjuraverat omnia ligna ne susciperent eum. Abierunt itaque, et adduxerunt stipitem unius caulis qui non est de lignis, sed de herbis, et suspenderunt eum super eum.

prétendoient issus de la race royale de David, les fit venir à Rome. Questionnés sur leurs richesses, ils répondirent qu'ils possédoient trente-neuf plèthres de terre, environ sept arpents et demi, qu'ils payoient l'impôt et vivoient de leurs champs; ils montrèrent leurs mains endurcies par le travail. L'empereur leur demanda ce que c'étoit que le royaume du Christ; ils répliquèrent qu'il n'étoit pas de ce monde : on les renvoya. Ces deux laboureurs étoient deux évêques. Ils vivoient encore sous Trajan [1].

En faisant l'histoire de l'Église, on a confondu les temps; il est essentiel de distinguer deux âges dans le premier christianisme : l'âge héroïque ou des martyrs, l'âge intellectuel ou l'âge philosophique : l'un commence à Jésus-Christ et finit à Constantin; l'autre s'étend de cet empereur à la fondation des royaumes barbares. C'est de l'âge héroïque que je vais d'abord parler. Je vous le vais montrer tel qu'il s'est peint lui-même et tel que l'ont représenté les païens.

« Chez nous, dit un apologiste, vous trouverez
« des ignorants, des ouvriers, de vieilles femmes,
« qui ne pourroient peut-être pas montrer par des
« raisonnements la vérité de notre doctrine; ils ne

---

[1] Nec sibi in pecunia subsistere, sed in æstimatione terræ, quod eis esset in quadraginta minus uno jugeribus constituta, quam suis manibus excolentes, vel ipsi alerentur vel tributa dependerent. Simul et testes ruralis et diurni operis, manus labore rigidas et callis obduratas præferebant. Interrogati vero de Christo; quale sit regnum ejus... responderunt, quod non hujus mundi regnum. (HEGESIP., *ap. Euseb.*, lib. III, cap. XX.)

« font pas de discours, mais ils font de bonnes
« œuvres. Aimant notre prochain comme nous-
« mêmes, nous avons appris à ne point frapper
« ceux qui nous frappent, à ne point faire de procès
« à ceux qui nous dépouillent : si l'on nous donne
« un soufflet, nous tendons l'autre joue ; si l'on nous
« demande notre tunique, nous offrons encore notre
« manteau. Selon la différence des années, nous re-
« gardons les uns comme nos enfants, les autres
« comme nos frères et nos sœurs : nous honorons
« les personnes plus âgées comme nos pères et nos
« mères. L'espérance d'une autre vie nous fait mé-
« priser la vie présente, et jusqu'aux plaisirs de l'es-
« prit. Chacun de nous, lorsqu'il prend une femme,
« ne se propose que d'avoir des enfants, et imite
« le laboureur qui attend la moisson en patience.
« Nous avons renoncé à vos spectacles ensanglantés,
« croyant qu'il n'y a guère de différence entre re-
« garder le meurtre et le commettre. Nous tenons
« pour homicides les femmes qui se font avorter,
« et nous pensons que c'est tuer un enfant que de
« l'exposer. Nous sommes égaux en tout, obéissant
« à la raison sans la prétendre gouverner[1]. »

Remarquez que ce n'est pas là une *école*, une *secte*, mais une *société*, fondée sur la morale universelle, inconnue des anciens.

Les repas se mesuroient sur la nécessité, non sur la sensualité : les frères vivoient plutôt de poisson que de viande, d'aliments crus, de préférence

---

[1] ATHENAGOR., *Apolog.*, trad. de FLEURY. (*Hist. eccl.*, lib. III, t. I, pag. 389.)

aux aliments cuits; ils ne faisoient qu'un seul repas, au coucher du soleil, et s'ils mangeoient quelquefois le matin, c'étoit un peu de pain sec. Le vin, défendu aux jeunes gens, étoit permis aux autres personnes, mais en petite quantité. La règle prohiboit les riches ameublements, la vaisselle, les couronnes, les parfums, les instruments de musique. Pendant le repas on chantoit des cantiques pieux : le rire bruyant, interdit, laissoit régner une gravité modeste.

Après le repas du soir on louoit Dieu du jour accordé, puis on se retiroit pour dormir sur un lit dur : on abrégeoit le sommeil afin d'allonger la vie. Les fidèles prioient plusieurs fois la nuit, et se levoient avant l'aube.

Leurs habits blancs, sans mélange de couleurs, ne devoient point traîner à terre, et se composoient d'une étoffe commune : c'étoit une maxime reçue que l'homme doit valoir mieux que ce qui le couvre. Les femmes portoient des chaussures par bienséance; les hommes alloient pieds nus, excepté à la guerre; l'or et les pierreries n'entroient jamais dans leurs parures : déguiser sa tête sous une fausse chevelure, se farder, se teindre les cheveux ou la barbe, sembloit chose indigne d'un chrétien. L'usage du bain n'étoit permis que pour santé et propreté.

Cependant quelques ornements étoient laissés aux femmes comme un moyen de plaire à leurs maris. Point d'esclaves, ou le moins possible; point d'eunuques, de nains, de monstres, aucune de ces bêtes que les femmes romaines nourrissoient aux dépens des pauvres.

Pour entretenir la vigueur du corps dans la jeunesse, les hommes s'exerçoient à la lutte, à la paume, à la promenade, et se livroient surtout au travail manuel : le ménage et le service domestique occupoient les femmes. Les dés et les autres jeux de hasard, les spectacles du cirque, du théâtre et de l'amphithéâtre, étoient défendus, comme une source de corruption. On alloit à l'église d'un pas mesuré, en silence, avec une charité sincère. Le baiser de paix étoit le signe de reconnoissance entre les chrétiens ; ils évitoient pourtant de se saluer dans les rues, de peur de se découvrir aux infidèles. Toutes ces règles étoient visiblement faites en opposition avec la société romaine, et établies comme une censure de cette société.

La virginité passoit pour l'état le plus parfait, et le mariage pour être dans l'intention du Créateur. Les vieillards disoient à ce sujet : « Il n'y a point, « dans les maladies et dans le long âge, de soins « pareils à ceux que l'on reçoit de sa femme et de « ses enfants. Attachez-vous à l'âme ; ne regardez le « corps que comme une statue dont la beauté fait « songer à l'ouvrier et ramène à la beauté véri- « table. » On reconnoissoit que la femme est susceptible de la même éducation que l'homme, et que l'on pouvoit philosopher sans lettres, le Grec, le Barbare, l'esclave, le vieillard, la femme et l'enfant : c'étoit l'espèce humaine rendue à sa nature.

Le chrétien honoroit Dieu en tout lieu, parce

que Dieu est partout. « La vie du chrétien est une « fête perpétuelle; il loue Dieu en labourant, en « naviguant, dans les divers états de la société. » Néanmoins il y avoit des heures plus particulièrement consacrées à la prière, comme tierce, sexte et none. On prioit debout, le visage tourné vers l'orient, la tête et les mains levées au ciel. En répondant à l'oraison finale, on levoit aussi symboliquement un pied, comme un voyageur prêt à quitter la terre [1].

Dieu, pour les disciples du Sauveur, étoit sans figure et sans nom : quand ils l'appeloient Un, Bon, Esprit, Père, Créateur, c'étoit par indigence de la langue humaine. L'âme seule, qui est chrétienne d'extraction, trouve intuitivement le vrai nom de Dieu, lorsqu'elle est laissée à son libre témoignage : toutes les fois qu'elle se réveille, elle s'exprime de cette façon dans son for intérieur : « *Ce qui plaira* « *à Dieu. Dieu me voit. Je le recommande à Dieu.* « *Dieu me le rendra.* » Et l'homme dont l'âme parle ainsi ne regarde pas le Capitole, mais le ciel [2].

Le pasteur avoit la simplicité du troupeau; l'évêque, le diacre et le prêtre, dont les noms signifioient président, serviteur et vieillard, ne se distinguoient point par leurs habits du reste de la foule. Médiateurs à l'autel, arbitres aux foyers, il

---

[1] Clem. Alex., *Pedag.*, lib. I, II, III; Id. *in Strom.*

[2] Quod Deus dederit. Deus videt, et Deo commendo, et Deus mihi reddet... Denique pronuntians hoc non ad Capitolium, sed ad cœlum respicit. (Tertull., *Apologeticus*, cap. XVII, pag. 64. Parisiis, 1657.)

leur étoit recommandé d'être tendres, compatissants; pas trop crédules au mal, pas trop sévères, parce que nous sommes tous pécheurs [1]. S'ils étoient mariés, ils devoient n'avoir eu qu'une femme; ils devoient être en réputation de bonnes mœurs, de pères de famille exemplaires, et jouir d'une renommée sans tache, même parmi les païens. « Sous les « épreuves, disoit saint Ignace, qu'ils demeurent « fermes comme l'enclume frappée [2]. » Ce même saint, dans les fers, écrivoit à l'Église de Rome : « Je « ne serai vrai disciple de Jésus-Christ que quand « le monde ne verra plus mon corps. Priez, afin « que je me change en victime. Je ne vous donne « pas des ordres comme Pierre et Paul ; c'étoient « des apôtres, je ne suis rien ; ils étoient libres, je « suis esclave [3]. »

Les évêques étoient choisis dans toutes les conditions de la vie : on voit des évêques laboureurs, bergers, charbonniers. Les diocèses, sorte de républiques fédératives, élisoient leurs présidents selon leurs besoins; éloquents et instruits pour les grandes cités, simples et rustiques pour les campagnes, guerriers même, quand il le falloit, pour défendre

---

[1] S. POLYC., Epist.

[2] Sta firmus velut incus quæ verberatur. (IGNAT. *ad Polyc.*, pag. 206. Genevæ, 1623.)

[3] Tunc ero verus Jesu Christi discipulus, cum mundus nec corpus meum viderit. Deprecemini Dominum pro me ut per hæc instrumenta Deo efficiar hostia. Non ut Petrus et Paulus hæc præcipio vobis : illi apostoli Jesu Christi, ego vero minimus ; illi liberi utpote servi Dei, ego vero etiamnum servus. (IGNATII *Epistola ad Romanos*, pag. 247. Genevæ, 1623.)

la communauté. Aussi fuyoit-on ces honneurs à grandes charges ; c'étoit dans les cavernes, au fond des bois, sur les montagnes, que le peuple chrétien alloit chercher et enlever ces princes de la foi. Ils se cachoient, ils se déclaroient indignes, ils répandoient des larmes ; quelques-uns même mouroient de frayeur.

Gérès, petite ville d'Égypte, à cinquante stades de Péluse, avoit élu pour évêque un solitaire nommé Nilammon : il demeuroit dans une cellule dont il avoit muré la porte, et s'obstinoit à refuser l'épiscopat. Théophile, évêque d'Alexandrie, s'efforça de le persuader : « Demain, mon père, dit l'ermite, « vous ferez ce qu'il vous plaira. » Théophile revint le lendemain, et dit à Nilammon d'ouvrir. « Prions « auparavant, » répondit le solitaire du fond de son rocher. La journée se passe en oraison. Le soir on appelle Nilammon à haute voix : il garde le silence ; on enlève les pierres qui bouchoient l'entrée de l'ermitage : le solitaire gisoit mort au pied d'un crucifix [1].

Les premières églises étoient des lieux cachés, des forêts, des catacombes, des cimetières, et les autels, une pierre ou le tombeau d'un martyr : pour ornements, on avoit des fleurs, des vases de bois, quelques cierges, quelques lampes, à l'aide desquels le prêtre lisoit l'Évangile dans l'obscurité des souterrains ; on avoit encore des boîtes à secret, pour y cacher le pain du voyageur, que l'on portoit

---

[1] In oratione spiritum Deo reddidit. (*Martyr.*, 6 janvier.)

au fidèle dans les mines, dans les cachots, au milieu des lions de l'amphithéâtre.

Tels étoient les chrétiens de l'âge héroïque.

Les païens les considéroient autrement.

Selon eux, ces sectaires grossiers, ignorants, fanatiques, populace demi-nue, prenoient plaisir à s'entourer de jeunes niais et de vieilles folles pour leur conter des puérilités [1]. Ils prétendoient que les Galiléens ne vouloient ni donner ni discuter les raisons de leur culte, ayant coutume de dire : « Ne vous enquérez pas [2] ; la sagesse de cette vie est un mal, et la folie un bien. »—« Votre partage, » écrivoit Julien [3], apostrophant les disciples de l'Évangile, « est la grossièreté. Toute votre sagesse consiste à « répéter stupidement : Je crois. » La religion du Christ étoit appelée par les latins *insania* [4], *amentia* [5], *dementia* [6], *stultitia*, *furiosa opinio* [7], *furoris insipientia* [8]. Les fidèles eux-mêmes étoient surnommés des *demi-morts*, à cause de leurs longs jeûnes et de leurs veilles [9].

[1] Qui de ultima fæce collectis inferioribus et mulieribus credulis... plebem profanæ conjurationis instituunt... miseri... ipsi semi nudi... maxime indoctis. (Theop. Antioch., lib. II; Minut. Felix, *Apol.*)

[2] Nihil perquiras; sed duntaxat credito... humanam hanc sapientiam pro noxia esse habendam; et pro bona frugique stultitiam..... Malam esse in vita sapientiam. (Orig. *cont. Cels.*, lib. I.)

[3] *Apud* Greg. Naz.
[4] S. Cyp., lib. *ad Demet.*
[5] Plin., *epist. ad Traj.*   [6] Tert. *Ap.*, cap. I.
[7] Minut. Fel.   [8] Ac. Proc. Mart. Scill.
[9] Greg. Naz. *cont. Julian.*

Lucien, ou plutôt un auteur inconnu antérieur à Lucien, a peint, dans le dialogue satirique *Philopatris*, une assemblée de ces premiers chrétiens.

Critias. « J'étois allé dans une des rues de la ville :
« j'aperçus une troupe de gens qui chuchotoient, et
« qui, pour mieux entendre, colloient leur oreille
« sur la bouche de celui qui parloit. Je regardois
« ces hommes, afin d'y découvrir quelqu'un de con-
« noissance ; j'aperçus le politique Craton, avec qui
« je suis lié dès l'enfance. »

Tricphon. « Je ne sais qui tu veux dire : est-ce
« celui qui est préposé à la répartition des tributs ?
« Qu'arriva-t-il ? »

Critias. « Je m'approchai de lui après avoir fendu
« la presse ; et l'ayant salué, j'entr'ouïs un petit
« vieillard tout cassé, nommé Caricène, qui com-
« mença à dire d'une voix grêle et en parlant du
« nez, après avoir bien toussé et craché : *Celui dont*
« *je viens de parler paiera le reste des tributs, ac-*
« *quittera toutes les dettes, tant publiques que par-*
« *ticulières, et recevra tout le monde sans s'infor-*
« *mer de la profession.*

« Caricène ajouta plusieurs autres futilités, éga-
« lement applaudies par ceux qui étoient présents,
« et que la nouveauté des choses rendoit attentifs.
« Un autre frère, nommé Clévocarme, sans chapeau
« ni souliers, et couvert d'un manteau en loques,
« marmottoit entre ses dents : un homme mal vêtu,
« venant des montagnes, et qui avoit la tête rase,
« me le montra............. Alors un

« des assistants, à l'œil farouche, me tira par le
« manteau, croyant que j'étois des siens, et me per-
« suada à la malheure, de me trouver au rendez-
« vous de ces magiciens. . . . .

« Nous avions déjà passé le *seuil d'airain* et les
« *portes de fer*, comme dit le poëte, lorsque, après
« avoir grimpé au haut d'un logis par un escalier
« tortu, nous nous trouvâmes, non dans la salle de
« Ménélas, toute brillante d'or et d'ivoire, aussi n'y
« vîmes-nous pas Hélène, mais dans un méchant
« galetas : j'aperçus des gens pâles, défaits, courbés
« contre terre. Ils n'eurent pas plus tôt jeté les re-
« gards sur moi, qu'ils m'abordèrent joyeux, me
« demandant si je n'apportois pas quelques mau-
« vaises nouvelles; ils paroissoient désirer des évé-
« nements fâcheux, et, semblables aux furies, ils se
« gaudissoient des malheurs.

« Après s'être parlé à l'oreille, ils me deman-
« dèrent qui j'étois, quelle ma patrie, quels mes
« parents. . . . .

« Ces hommes, qui marchent dans les airs, m'in-
« terrogèrent ensuite sur la ville et sur le monde.
« Je leur dis : « Le peuple entier est dans la jubi-
« lation, et y sera de même à l'avenir. » Eux, fron-
« çant le sourcil, me répondirent qu'il n'en iroit pas
« ainsi, et qu'il se couvoit un mal que l'on ver-
« roit bientôt éclore. . . . .

« Là-dessus, comme s'ils eussent eu cause gagnée,
« ils commencèrent à débiter les choses où ils se
« plaisent : que les affaires alloient changer de face;
« que Rome seroit troublée par des divisions; que

« nos armées seroient défaites. Ne pouvant plus me
« contenir, et tout enflammé de colère, je m'écriai :
« O misérables !...... que les maux par vous annon-
« cés retombent sur vos têtes, puisque vous aimez
« si peu votre patrie ! »..................

Tricphon. « Que répliquèrent ces hommes à tête
« rase, et qui ont l'esprit de même ? »

Critias. « Ils passèrent cela doucement, et eurent
« recours à leurs échappatoires ordinaires; ils pré-
« tendirent qu'ils voyoient ces choses en songe,
« après avoir jeûné dix soleils et dépensé les nuits
« à chanter leurs hymnes............... Alors,
« avec un faux sourire, ils se penchèrent hors des
« lits chétifs sur lesquels ils se reposoient[1]. »

Cette assemblée, peinte par un ennemi, diffère
étrangement du concile de Nicée. Les chrétiens
étoient si méprisés à l'époque où fut écrite cette
satire, qu'on les mettoit au-dessous des Juifs. C'é-
toient pourtant ces hommes cachés dans un galetas, ces gueux que l'on traînoit au supplice aussitôt
qu'ils étoient reconnus, ces coupables, non de
crime, mais de naissance, ces créatures dégradées
à qui l'on ne reconnoissoit pas même le droit des
plus vils serfs; c'étoient ces esclaves mis hors la loi

---

[1] *Philopat.*, et, dans Bull., *Hist. de l'Établiss. du Christ.*, tirée des seuls auteurs juifs et païens, pag. 261.
Lardner, *Jewish and heathen testimonies, etc.*, tom. II, pag. 366. J'ai conservé la version de Bullet, en faisant disparoître des contre-sens, des négligences et des obscurités de style; le texte est lui-même fort embarrassé, et n'a aucun rapport avec l'élégance de Lucien. Le *Philopatris* a été aussi traduit par d'Ablancourt et par Blin de Saint-More.

qui devoient rendre au genre humain ses lois et ses libertés.

L'embarras des chrétiens devant leurs pères païens offre une ressemblance singulière avec ce qui se passe de nos jours entre les anciennes générations et les générations nouvelles : les premières ne comprennent point et ne comprendront pas ce qui est clair et accompli pour les secondes [1]. Le christianisme, véritable liberté sous tous les rapports, paroissoit, aux vieux idolâtres nourris au despotisme politique et religieux, une nouveauté détestable; ce progrès de l'espèce humaine étoit dénoncé comme une subversion de tous les principes sociaux. « Dans les maisons particulières on « voit, dit Celse, des hommes grossiers et igno- « rants, des ouvriers en laine qui se taisent devant « les vieillards et les pères de famille. Mais rencon- « trent-ils à l'écart quelques enfants, quelques « femmes, ils les endoctrinent; ils leur disent qu'il « ne faut pas écouter ni leurs pères ni leurs pédago- « gues ; que ceux-ci sont des radoteurs, incapables « de connoître et de goûter la vérité. Ils excitent « ainsi les enfants à secouer le joug; ils les engagent « à se rendre au gynécée, ou dans la boutique d'un « foulon, ou dans celle d'un cordonnier, pour ap- « prendre ce qui est parfait [2]. »

Les vertus, conséquence nécessaire du premier christianisme, faisoient haïr ceux qui les prati-

---

[1] Tout ceci étoit écrit long-temps avant les journées des 27, 28 et 29 juillet.

[2] Orig. cont. Cels.

quoient, parce qu'elles étoient un reproche aux vices opposés. Un mari chassoit sa femme devenue sage depuis qu'elle étoit devenue chrétienne; un père désavouoit un fils autrefois prodigue et volontaire, transformé par le changement de religion en enfant soumis et ordonné[1]. Les accusations portées contre les chrétiens étoient l'histoire même de leur innocence : « J'en prends à témoin vos registres, disoit Tertullien, vous qui jugez les criminels : y en a-t-il un seul qui soit chrétien? L'innocence est pour nous une nécessité, l'ayant apprise de Dieu qui est un maître accompli. On nous reproche d'être inutiles à la vie, et pourtant nous allons à vos marchés, à vos foires, à vos bains, à vos boutiques, à vos hôtelleries. Nous faisons le commerce, nous portons les armes, nous labourons[2]. Il est vrai que les trafiquants des femmes perdues, que les assassins, les empoisonneurs, les magiciens, les aruspices, les devins, les astrologues, n'ont rien à gagner avec nous[3]. »

---

[1] Uxorem jam pudicam, maritus non jam zelotypus ejecit. Filium subjectum pater retro patiens abdicavit. (TERTULL., *Apologet.*, cap. III; tom. II, pag. 16. Parisiis, 1648.)

[2] Itaque non sine foro, non sine macello, non sine balneis, tabernis, officinis, stabulis, nundinis vestris, cæterisque commerciis cohabitamus hoc seculum. Navigamus et nos vobiscum, et rusticamur et mercamur. (TERTULL., *Apologetic.*, pag. 343, cap. XLII, tom. II.)

[3] Plane confitebor si forte vere de sterilitate christianorum conqueri possunt. Primi erunt lenones, perductores, aquarioli. Tum sicarii, venenarii, magi. Item aruspices, arioli, mathematici. His infructuosos esse magnus fructus est. (TERTULL., *Apologetic.*, cap. XLIII, pag. 356.)

On accusoit les chrétiens d'être une faction, et ils répondoient : « La faction des chrétiens est d'être
« réunis dans la même religion, dans la même mo-
« rale, la même espérance. Nous formons une con-
« juration pour prier Dieu en commun, et lire les
« divines Écritures. Si quelqu'un de nous a péché,
« il est privé de la communion, des prières et de
« nos assemblées jusqu'à ce qu'il ait fait pénitence.
« Ces assemblées sont présidées par des vieillards
« dont la sagesse a mérité cet honneur. Chacun
« apporte quelque argent tous les mois, s'il le veut
« ou le peut. Ce trésor sert à nourrir et à enterrer
« les pauvres, à soutenir les orphelins, les naufra-
« gés, les exilés, les condamnés aux mines ou à la
« prison, pour la cause de Dieu. Nous nous don-
« nons le nom de frères ; nous sommes prêts à
« mourir les uns pour les autres. Tout est en com-
« mun entre nous, hors les femmes. Notre souper
« commun s'explique par son nom d'Agape, qui
« signifie *charité*[1]. »

La congrégation apostolique embrassoit alors le monde civilisé comme une immense société secrète qui s'avançoit vers son but, en dépit des proscriptions et de la folle inimitié de la terre. Dès l'âge héroïque du christianisme, on entrevoit les changements radicaux que cette religion alloit apporter dans les lois : c'étoit la philosophie mise en pratique. En attendant l'abolition de l'esclavage par des transformations graduelles, l'émancipation du sexe féminin commençoit.

[1] TERTULL., *Apologetic.*

Les femmes parurent seules au pied de la croix ; Jésus-Christ pendant sa vie pardonna à leur foiblesse, et ne dédaigna pas leur hommage : il les affranchit dans la personne de Marie, sa divine mère.

Des femmes suivoient les apôtres pour les servir, comme Madeleine et les autres Maries avoient suivi le Christ[1]. Saint Paul salue à Rome les femmes de la maison de Narcisse.

Les femmes eurent une relation immédiate avec l'Église, en vertu de l'institution des diaconesses. La diaconesse devoit être chaste, sobre et fidèle. Les veuves choisies pour cette fonction ne pouvoient compter moins de soixante ans; elles devoient avoir nourri leurs enfants, exercé l'hospitalité, lavé les pieds des voyageurs, consolé les affligés[2].

Les instructions des apôtres et des premiers Pères montrent de quelle importance étoient les femmes à la naissance même de la société chrétienne. Tertullien écrivit deux livres sur leurs ornements et l'usage de leur beauté. « Rejetez le fard, les faux « cheveux, les autres parures; vous n'allez point « aux temples, aux spectacles, aux fêtes des gentils.

---

[1] 55. Erant autem ibi mulieres multæ a longe, quæ secutæ erant Jesum a Galilæa, ministrantes ei.

56. Inter quas erat Maria Magdalene, et Maria Jacobi, et Joseph mater... (*Evang. secundum Matthæum*, cap. XXVII, v. 55-56.)

[2] 9. Vidua eligatur non minus sexaginta annorum, quæ fuerit unius viri, uxor.

10. In operibus bonis testimonium habens, si filios educavit, si hospitio recepit, si sanctorum pedes lavit, si tribulationem patientibus subministravit. (*Epist. B. Pauli ad Thimoth.*, cap. V, v. 9-10.)

« Vos raisons pour sortir sont sérieuses : visiter les
« frères malades, assister au saint sacrifice, écouter
« la parole de Dieu[1]. Secouez les délices pour ne
« pas être accablées des persécutions. Des mains
« accoutumées aux bracelets supporteroient mal le
« poids des chaînes; des pieds ornés de bandelettes
« s'accommoderoient peu des entraves; une tête
« chargée de perles et d'émeraudes ne laisseroit
« pas de place à l'épée[2]. »

Les vierges ne devoient paroître à l'église que voilées jusqu'à la ceinture : une pension leur étoit accordée ainsi qu'aux veuves.

Dans le traité *ad Uxorem*, on voit paroître la femme toute différente de la femme de l'antiquité, et telle qu'elle est aujourd'hui. C'est en même temps un tableau véritable de ce qui se passoit alors dans la communauté générale et dans la famille privée des chrétiens.

Tertullien invite sa femme à ne pas se remarier s'il venoit à mourir, surtout à ne pas épouser un infidèle. Le christianisme, conforme à la nature et à l'ordre, condamnoit la polygamie des nations

---

[1] Nam nec templa circuitis, nec spectacula postulatis, nec festos dies gentilium nostis. Nulla est strictius prodeundi causa, nisi imbecillis aliquis ex fratribus visitandus, aut sacrificium affertur, aut Dei verbum administratur. (TERTULL., *de Cultu fœminar.*, lib. II, pag. 315. Parisiis, 1568.)

[2] Discutiendæ enim sunt deliciæ quarum mollitia et fluxu fidei virtus effeminari potest. Cæterum nescio an manus spathalio circumdari solita in duritia catenæ stupescere sustineat. Nescio an crus de periscelio in nervum se patiatur arctari. Timeo cervicem, ne margaritarum et smaragdorum laqueis occupata, locum spathæ non det. (*Id., ibid.*)

orientales, et le divorce admis par les Grecs et les Romains.

« La femme chrétienne, dit Tertullien, rendra à
« son mari païen les devoirs de païenne : elle aura
« pour lui beauté, parure, propreté mondaine, ca-
« resses honteuses. Il n'en est pas ainsi chez les
« saints : tout s'y passe avec retenue sous les yeux de
« Dieu [1].

« Comment pourra-t-elle (l'épouse chrétienne)
« servir le ciel ayant à ses côtés un esclave du dé-
« mon chargé de la retenir? S'il faut aller à l'église,
« il lui donnera rendez-vous aux bains plus tôt qu'à
« l'ordinaire; s'il faut jeûner, il commandera un
« festin pour le même jour; s'il faut sortir, jamais
« les serviteurs n'auront été plus occupés [2]. Ce mari
« souffrira-t-il que sa femme visite de rue en rue les
« frères dans les réduits les plus pauvres? souffrira-
« t-il qu'elle se lève d'auprès de lui, afin d'assister
« aux assemblées de nuit? souffrira-t-il qu'elle dé-
« couche à la solennité de Pâques? la laissera-t-il se
« rendre à la table du Seigneur, si décriée parmi
« les païens? Trouvera-t-il bon qu'elle se glisse dans
« les prisons, pour baiser la chaîne des martyrs,
« pour laver les pieds des saints, pour offrir avec
« empressement aux confesseurs la nourriture [3] ?

---

[1] Tanquam sub oculis Dei modeste et moderate transiguntur. (Tertull., *ad Uxor.*, lib. II, cap. IV, pag. 332.)

[2] Ut statio facienda est, maritus de die condicat ad balneas. Si jejunia observanda sunt, maritus eadem die convivium exerceat. Si procedendum erit, nunquam magis familiæ occupatio adveniat. (*Id., ibid.*)

[3] Quis denique in solemnibus Paschæ abnoctantem securus

« S'il vient un frère étranger, comment sera-t-il
« logé? dans une maison étrangère? S'il faut don-
« ner quelque chose, le grenier, la cave, tout sera
« fermé.

« Quand le mari païen consentiroit à tout, c'est
« un mal d'être obligé de lui faire confidence des
« pratiques de la vie chrétienne. Vous cacherez-vous
« de lui en faisant le signe de la croix sur votre lit,
« sur votre corps, en soufflant pour chasser quel-
« que chose d'immonde? Ne croira-t-il pas que c'est
« une opération magique? ne saura-t-il point ce
« que vous prenez en secret, avant toute nourri-
« ture? et, s'il sait que c'est du pain, ne suppo-
« sera-t-il pas qu'il est tel qu'on le dit [1]?

« Que chantera dans un festin la femme chré-
« tienne avec son mari païen? Elle entendra des
« hymnes de théâtre : il n'y aura ni mention de
« Dieu [2], ni invocation de Jésus-Christ, ni lecture
« des Écritures, ni salutation divine.

« L'Église dresse le contrat du mariage chrétien,
« l'oblation le confirme, la bénédiction en devient le

---

sustinebit? Quis ad convivium dominicum illud quod infamat
sine sua suspicione dimittet? Quis in carcerem ad osculanda
vincula martyris reptare patietur? aquam sanctorum pedibus
offerre? (TERTULL., *ad Uxor.*, lib. II.)

[1] Il s'agit de l'Eucharistie, et toujours de l'histoire de l'enfant
que devoient manger les chrétiens.
Cum aliquid immundum flatu exspuis, non magiæ aliquid vide-
beris operari? Non sciet maritus quid secreto ante omnem cibum
gustes? et si sciverit panem, non illum credet esse qui dicitur?
(TERTULL., *ad Uxor.*, pag. 333.)

[2] Quid maritus suus illi, vel marito quid illa cantabit? quæ
Dei mentio? quæ Christi invocatio? (*Id., ibid.*)

« sceau, les anges le rapportent au Père céleste qui
« le ratifie. Deux fidèles portent le même joug : ils
« ne sont qu'une chair, qu'un esprit; ils prient en-
« semble; ils jeûnent ensemble; ils sont ensemble à
« l'église et à la table de Dieu, dans la persécution
« et dans la paix [1].

Les femmes chrétiennes devinrent des missionnaires à leurs foyers, des intelligences du ciel au sein des familles païennes. Vous venez de voir qu'elles étoient chargées de soigner les malades et les pauvres : c'étoit surtout dans les temps de persécution qu'elles prodiguoient les trésors du zèle. Elles se glissoient dans les prisons, portoient les messages, distribuoient l'argent, pansoient les plaies des torturés, et mouroient elles-mêmes avec un héroïsme au-dessus de ce qu'on raconte des femmes de Sparte et de Rome. Dans leurs vertus, et jusque dans leurs foiblesses, étoit un charme pour adoucir les persécuteurs : la nourrice de Caracalla et la maîtresse de Commode étoient chrétiennes.

Plus tard, dans l'âge philosophique du christianisme, les femmes, mères, épouses, et filles d'empereurs, étendirent la puissance évangélique, tandis que d'autres femmes, emmenées en esclavage par les Barbares, convertissoient des nations entières ; ainsi vous l'ai-je dit à propos des Ibériens. Vous avez également appris comment les Hélène et les

[1] Ecclesia conciliat, et confirmat oblatio. Obsignatum angeli renuntiant, pater rato habet. duo in carne una, ubi et una caro, unus et spiritus. Simul orant, simul jejunia transigunt. In ecclesia Dei pariter, in connubio Dei pariter, in angustiis, in refrigeriis. (TERTULL., *ibid.*)

Eudoxie renversèrent des temples et élevèrent des églises.

Plus tard encore, les vierges unies à Dieu dans les monastères se signalèrent par tous les genres de sacrifices et de dévouement. Saint Jérôme nous a fait connoître Marcelle, Aselle sa sœur, et leur mère Albine; Principia, fille de Marcelle; Paule, amie de Marcelle; Pauline, Eustochie, Léa, Fabiole, qui vendit son patrimoine pour fonder le premier hôpital que Rome ait opposé aux monuments de sang et de prostitution : dans cette maison de miséricorde les descendantes des consuls servoient les pauvres et les étrangers, avant de venir mourir pauvres et étrangères dans la grotte de Bethléem. Accomplissement des choses! les femmes, qui adorèrent les premières au fond des catacombes, remplissent les dernières ces églises où elles amenèrent les pères, où elles ne peuvent retenir les fils. Elles pleurèrent au pied du Calvaire qui vit expirer la grande victime; elles pleurent encore au pied de ce Calvaire, mais celui qu'elles mirent au tombeau est remonté au ciel : il n'y a plus rien sur la croix, rien au saint sépulcre.

L'émancipation de la femme n'est pas encore totalement achevée, surtout en ce qui regarde l'oppression des lois : elle le sera dans la rénovation chrétienne qui commence.

L'ère des martyrs offre un spectacle extraordinaire : chez un même peuple des hommes et des femmes couroient aux jeux publics dans l'éclat du luxe et de l'enivrement des plaisirs; et d'autres hommes et d'autres femmes, consacrés à tous les devoirs, faisoient, en répandant leur sang, partie essentielle de ces jeux. L'âge héroïque du paganisme eut ses Hercules guerriers ; l'âge héroïque du christianisme enfanta ses Hercules pacifiques qui domptèrent une autre espèce de monstres, les vices, les passions, les erreurs : héros dont la victoire étoit non de tuer, mais de mourir.

De tous les grands fondateurs de religion, Jésus est le seul qui n'ait point été puissant par la naissance, les armes, la politique, la poésie ou la philosophie; il n'avoit ni sceptre, ni épée, ni plume, ni lyre; il fut pauvre, ignoré, calomnié, et le premier martyr de son culte. Ses apôtres souffrirent après lui; leur supplice forma la chaîne qui unit la passion aux passions particulières renouvelées pendant quatre siècles. L'hostie spirituelle étoit venue remplacer l'hostie matérielle; mais l'effusion du sang chrétien (qui étoit le sang même du Christ) ne se dut arrêter que quand l'holocauste païen disparut. Cela explique, d'après les fondements de la foi, la longueur des persécutions : il y eut des victimes chrétiennes à l'amphithéâtre, tant qu'il y eut des victimes païennes dans les temples; l'immolation des premières continua en proportion de celle des secondes : Constantin et ses fils abolirent le sacrifice, et le martyre cessa; Julien rétablit le sacrifice, et le martyre recommença.

Rendus habiles par le malheur, les chrétiens avoient perfectionné l'art de secourir : point de ruses que la charité n'inventât pour pénétrer dans les cachots, pour corrompre les geôliers, c'est-à-dire pour les faire chrétiens et les conduire avec leurs prisonniers à la mort. L'histoire du philosophe Pérégrin, qui se brûla à son de trompe et à jour marqué, nous a transmis une preuve inattendue de l'activité évangélique.

Pérégrin, en voyageant, s'étoit donné comme néophyte; arrêté en Palestine, les chrétiens se hâtèrent de l'environner. Dès le matin, des femmes, des veuves, des enfants, assiégeoient la prison; la nuit, quelque prêtre s'introduisoit à prix d'argent auprès du philosophe. De toutes les cités de l'Asie affluoient des frères qui, par ordre de la communauté, venoient encourager le prisonnier. « C'est « une chose inouïe, dit Lucien, que l'empressement « de ces hommes : quand quelques-uns d'entre eux « sont tombés dans le malheur, ils n'épargnent rien. « Ces misérables se figurent qu'ils vivront après leur « vie. Ils méprisent la mort, et plusieurs s'abandon- « nent volontairement aux supplices[1]. »

Dix batailles générales, les dix grandes persécutions, furent livrées, sans compter une multitude d'actions particulières : les femmes brillèrent dans ces combats. Symphorien étoit conduit au martyre à Autun, dans les Gaules; sa mère lui crioit du haut des murailles de la ville : « Mon fils, mon fils, Sym- « phorien, élève ton cœur en haut; on ne te ravit pas « la vie; on te la change pour une vie meilleure[2]. »

---

[1] Lucian., *in Pereg.*

[2] Nate, nate, Symphoriane. . . . .

Blandine, esclave, fut la dernière couronnée parmi les confesseurs de Lyon : elle subit les fouets, les bêtes, la chaise de fer embrasée : elle alloit à la mort comme au lit nuptial, comme au festin des noces [1].

Il y avoit en Égypte une autre esclave d'une rare beauté, nommée Potamienne ; son maître, devenu amoureux d'elle, voulut d'abord la séduire, et ensuite la ravir de force : repoussé par la vertueuse fille, il la livra au préfet Aquila, comme chrétienne. Le préfet invita Potamienne à céder aux désirs de son maître ; sur son refus, il la condamna à être plongée dans une chaudière de poix bouillante, et la menaça de la faire violer par les gladiateurs. Potamienne dit : « Par la vie de l'empereur, je vous sup- « plie de ne pas me dépouiller et de ne pas m'ex- « poser nue. Que l'on me descende peu à peu dans « la chaudière avec mes habits. » Cette grâce lui fut accordée, et Marcelle sa mère subit le supplice du feu [2].

La dérision qui se mêloit à la cruauté débauchée n'ôtoit rien à la gravité du malheur. Les sept vierges d'Ancyre, abandonnées à l'insolence de quelques jeunes hommes avant d'être noyées, ont effacé par un seul mot ce qui se pouvoit attacher d'étrange à

Sursum cor suspende, fili ; hodie tibi vita non tollitur, sed mutatur in melius. (*Act. Martyr. in Symphor.*, pag. 72. Parisiis, 1689.)

[1] Beata vero Blandina ultima omnium... festinat, exsultans, ovans, velut ad thalamum sponsi invitata, et ad nuptiale convivium. (Euseb., lib. IV, cap. III, pag. 539.)

[2] Cum venerabili matre Marcella ignis suppliciis consummata est. (Euseb., lib. VI, cap. V.)

l'infortune de leur vieillesse. La plus âgée ôta son voile, et montrant sa tête chenue au jeune homme : « Tu as peut-être une mère *blanchie* comme moi. « Laisse-nous nos larmes, et prends pour toi l'es-« pérance[1]. »

Félicité, matrone romaine d'un rang illustre, fut jugée à mort avec ses sept fils qu'elle encouragea à confesser hardiment.

Symphorose, de Tibur, avoit également sept fils, Adrien l'appela devant lui, et l'exhorta à sacrifier ; elle répondit : « Gétulius, mon mari, et son frère « Amantius, étoient vos tribuns, et ils ont préféré « la mort à vos idoles. » Symphorose, pendue par les cheveux, fut précipitée dans ces cascades qui avoient baigné les courtisanes et rafraîchi le vin d'Horace. Les sept fils suivirent leur mère[2].

Un des quarante martyrs de Sébaste avoit résisté à la double épreuve de la glace et du feu : les bourreaux, l'oubliant à dessein et le laissant sur la place, espéroient qu'il abjureroit : sa mère le mit de ses propres mains dans le tombereau : « Va, dit-« elle, mon fils ! achève ton heureux voyage avec « tes compagnons, afin que tu ne te présentes pas à « Dieu le dernier[3]. »

---

[1] Velum raptim discerpens ostendebat ei capitis sui canitiem : et hæc inquit : Reverere, fili, nam et tu forsitan matrem jam canam habes. Et nobis quidem miseris relinque lacrymas ; tibi vero spem habe. (*Act. Mart. sincera*, pag. 360. Parisiis, 1689.)

[2] Alia vero die jussit Adrianus imperator simul omnes septem filios ejus sibi præsentari et ad trochleas extendi. (*Act. Mart. sincera*, pag. 29.)

[3] O nate, inquit, perfice cum tuis contubernalibus iter bea-

Il n'est rien de plus célèbre dans les *Actes sincères* que le martyre de Perpétue et de Félicité à Carthage. Perpétue, femme noble, étoit âgée de vingt-deux ans; son père et sa mère vivoient; elle avoit deux frères; elle étoit mariée et nourrissoit un enfant : Félicité étoit esclave et enceinte.

Le père de Perpétue, païen zélé, engageoit sa fille à sacrifier. « Après avoir été quelques jours sans
« voir mon père (c'est Perpétue qui écrit elle-même
« la relation du commencement de son martyre),
« j'en rendis grâces au Seigneur, et son absence
« me soulagea. Ce fut dans ce peu de jours que
« nous fûmes baptisés : je ne demandai, au sortir
« de l'eau, que la patience dans les peines corpo-
« relles. Peu de jours après, on nous mit en prison ;
« j'en fus effrayée, car je n'avois jamais vu de telles
« ténèbres. La rude journée[1]! Un grand chaud à
« cause de la foule. Les soldats nous poussoient.
« Enfin je mourois d'inquiétude pour mon enfant.
« Alors les bienheureux diacres, Tertius et Pom-
« pone, qui nous assistoient, obtinrent, pour de
« l'argent, que nous pussions sortir et passer quel-
« ques heures en un lieu plus commode dans la
« prison. Nous sortîmes; chacun pensoit à soi : je
« donnois à téter à mon enfant[2], je le recomman-
« dois à ma mère; je fortifiois mon frère; je séchois
« de douleur de voir celle que je leur causois : je

---

tum, ne unus desis illorum choro, ne reliquis serius Domino præsenteris. (*Act. sinc.*, pag. 469. Veron., 1731.)

[1] O diem asperum!
[2] Ego infantem lactabam. (*Act. sinc.*, pag. 81.)

« passai plusieurs jours dans ces angoisses. . . . . .
« . . . .

« Le bruit se répandit que nous devions être in-
« terrogés. Mon père vint de la ville à la prison,
« accablé de tristesse; il me disoit : Ma fille, prends
« pitié de mes cheveux blancs! aie pitié de moi [1]!
« Si je suis digne que tu m'appelles ton père, si je
« t'ai moi-même élevée jusqu'à cet âge, si je t'ai
« préférée à tes frères, ne me rends pas l'opprobre
« des hommes! Regarde ta mère, regarde ton fils
« qui ne pourra vivre après toi : quitte cette fierté,
« de peur de nous perdre tous ; car aucun de nous
« n'osera plus parler s'il t'arrive quelque malheur.
« Mon père s'exprimoit ainsi par tendresse, me
« baisant les mains, se jetant à mes pieds, pleurant,
« ne me nommant plus sa fille, mais *sa dame* [2]. Je
« le plaignois, voyant que de toute ma famille il
« seroit le seul à ne se pas réjouir de notre martyre.
« Je lui dis pour le consoler : Sur l'échafaud, il
« arrivera ce qu'il plaira à Dieu : car sachez que
« nous ne sommes point en notre puissance, mais
« en la sienne [3]. Il se retira contristé.
« Le lendemain, comme nous dînions, on vint
« nous chercher pour être interrogés. Le bruit s'en
« répandit aussitôt dans les quartiers voisins, il
« s'amassa un peuple infini. Nous montâmes au tri-
« bunal. . . . .

---

[1] Miserere, filia, canis meis : miserere patri! (*Act. sinc.*, p. 82.)
[2] Et lacrymis non filiam sed dominam vocabat.
[3] Scito enim nos non in nostra potestate esse constitutos, sed Dei.

« Le procureur Hilarien me dit : Épargne la vieil-
« lesse de ton père : épargne l'enfance de ton fils ;
« sacrifie pour la prospérité des empereurs.—Je n'en
« ferai rien, répondis-je. — Es-tu chrétienne? me
« dit-il. Et je répliquai : Je suis chrétienne [1]. Comme
« mon père s'efforçoit de me tirer du tribunal, Hi-
« larien commanda qu'on l'en chassât, et il reçut
« un coup de baguette; je le sentis comme si j'eusse
« été frappée moi-même, tant je souffris de voir
« mon père maltraité dans sa vieillesse [2]! Alors Hi-
« larien prononça notre sentence, et nous con-
« damna tous à être exposés aux bêtes. Nous re-
« tournâmes joyeux à la prison. Comme mon enfant
« avoit été accoutumé de me téter et de demeurer
« avec moi, j'envoyai aussitôt le diacre Pompone
« pour le demander à mon père : mais il ne le vou-
« lut pas donner [3], et Dieu permit que l'enfant ne
« demandât plus la mamelle, et que mon lait ne
« m'incommodât plus. »

La relation de Perpétue finit à la troisième des
visions qu'elle eut dans son cachot.

« Félicité étoit grosse de huit mois, et voyant le
« jour du spectacle si proche, elle étoit fort affligée,
« craignant que son martyre ne fût différé, parce
« qu'il n'étoit pas permis d'exécuter les femmes
« grosses avant leur terme. Les compagnons de son
« sacrifice étoient sensiblement tristes de leur côté,
« de la laisser seule dans le chemin de leur com-

---

[1] Christiana sum. (*Act. sinc.*, pag. 82 et 83.)
[2] Sic dolui pro senecta ejus misera!
[3] Sed dare pater noluit.

« mune espérance [1]. Ils se joignirent donc tous en-
« semble à prier et à gémir pour elle, trois jours
« avant le spectacle. Aussitôt après leur prière les
« douleurs la prirent : et comme l'accouchement est
« naturellement plus difficile dans le huitième mois,
« son travail fut rude, et elle se plaignoit. Un des
« guichetiers lui dit : Tu te plains, que feras-tu
« quand tu seras exposée aux bêtes [2] ? Elle accoucha
« d'une fille qu'une femme chrétienne éleva comme
« son enfant. . . . . Les frères et les autres
« eurent la permission d'entrer dans la prison et
« de se rafraîchir avec eux. Le concierge de la prison
« étoit déjà converti. Le jour de devant le combat
« on leur donna, suivant la coutume, le dernier
« repas [3] que l'on appeloit le *souper libre* [3], et qui se
« faisoit en public : mais les martyrs le convertirent
« en une agape. Ils parloient au peuple avec leur
« fermeté ordinaire. . . . .
« Remarquez bien nos visages, disoient-ils, afin de
« nous reconnoître au jour du jugement [4].

« Celui du combat étant venu, les martyrs sor-
« tirent de la prison pour l'amphithéâtre comme
« pour le ciel, gais, plutôt émus de joie que de
« crainte. Perpétue suivoit d'un visage serein et d'un
« pas tranquille, comme une personne chérie de
« Jésus-Christ, baissant les yeux pour en dérober

---

[1] Ne tam bonam sociam quasi comitem solam in via ejusdem spei relinquerent.

[2] Quid facies objecta bestiis? (*Act. sinc.*, pag. 86.)

[3] Illa cœna ultima quam liberam vocant.

[4] Ut cognoscatis nos in die illo judicii.

« aux spectateurs la vivacité [1]. Félicité étoit ravie de
« se bien porter de sa couche, pour combattre les
« bêtes. Étant arrivés à la porte, on les voulut obli-
« ger, suivant la coutume, à prendre les ornements
« de ceux qui paroissoient à ce spectacle. C'étoit
« pour les hommes un manteau rouge, habit des
« prêtres de Saturne [2]; pour les femmes une ban-
« delette autour de la tête, symbole des prêtresses
« de Cérès. Les martyrs refusèrent ces livrées de
« l'idolâtrie. . . . .
« . . . .

« Perpétue et Félicité furent dépouillées et mises
« dans des filets pour être exposées à une vache
« furieuse. Le peuple en eut horreur [3] voyant l'une
« si délicate, et l'autre qui venoit d'accoucher : on
« les retira, et on les couvrit d'habits flottants. Per-
« pétue fut secouée la première, et tomba sur le
« dos : elle se mit en son séant, et voyant son habit
« déchiré par le côté, elle le retira pour se couvrir
« la cuisse, plus attentive à la pudeur qu'à la souf-
« france [4]. Elle renoua ses cheveux épars, pour ne
« pas paroître en deuil, et voyant Félicité toute
« froissée, elle lui donna la main afin de l'aider à
« se relever [5]. Elles allèrent ainsi vers la porte Sana-
« Vivaria, où Perpétue fut reçue par un catéchu-

---

[1] Vigorem oculorum dejiciens. (*Act. sinc.*, pag. 77.)

[2] Viri quidem sacerdotum Saturni.

[3] Horruit populus.

[4] Ad velamentum femorum adduxit, pudoris potius memor quam doloris.

[5] Sed manum ei tradidit, et sublevavit illam.

« mène nommé Rustique. Alors elle s'éveilla comme
« d'un profond sommeil, et commença à regarder
« autour d'elle, en disant : Je ne sais quand on nous
« exposera à cette vache. On lui dit ce qui s'étoit
« passé : elle ne le crut que lorsqu'elle vit sur son
« corps et sur son habit des marques de ce qu'elle
« avoit souffert [1]. Elle fit appeler son frère, et s'a-
« dressant à lui et à Rustique, elle leur dit : De-
« meurez fermes dans la foi; aimez-vous les uns les
« autres, et ne soyez point scandalisés de nos souf-
« frances. . . . .
« Le peuple demanda qu'on les ramenât au milieu
« de l'amphithéâtre. Les martyrs y allèrent d'eux-
« mêmes, après s'être donné le baiser de paix [2]. Fé-
« licité tomba en partage à un gladiateur maladroit
« qui la piqua entre les os et la fit crier; car ces
« exécutions des bestiaires demi-morts étoient l'ap-
« prentissage des nouveaux gladiateurs. Perpétue
« conduisit elle-même à sa gorge la main errante du
« confecteur [3]. »

Dans cette même Carthage qui rappeloit tant
d'autres souvenirs, Cyprien remporta la palme due
à son éloquence et à sa foi; ce premier Fénelon
eut la tête tranchée : il se banda lui-même les yeux;

---

[1] Quando, inquit, producimur ad vaccam, nescio... Non prius credidit nisi quasdam notas vexationis in corpore et habitu suo recognovisset. (*Act. sinc.*, pag. 590.)

[2] Osculati invicem ut martyrium per solemnia pacis consummarent.

[3] Inter costas puncta exululavit. . . . . . . et errantem dexteram tirunculi gladiatoris ipsa in jugulum suum posuit. (*Act. sinc.*, pag. 88.)

Julien, prêtre, et Julien, diacre, lui lièrent les mains; ses néophytes étendirent des linges pour recevoir son sang.

Long-temps avant lui, Polycarpe, qui gouvernoit l'église de Smyrne depuis soixante-dix ans, et qui avoit été placé par l'apôtre Jean, fit, d'après l'ordre du consul, son entrée sur un âne dans sa ville épiscopale, comme le Christ dans Jérusalem. Le peuple crioit : « C'est le docteur de l'Asie, le père des chré-
« tiens, le destructeur de nos dieux; qu'on lâche
« un lion contre Polycarpe! » Cela ne se put, parce que les combats des bêtes étoient achevés. Alors le peuple cria tout d'une voix : « Que Polycarpe soit
« brûlé vif! »

Le bûcher préparé, Polycarpe ôta sa ceinture et se dépouilla de ses habits. On le vouloit clouer au bûcher comme son maître à la croix; il déclara que cette précaution étoit inutile, et qu'il demeureroit ferme; il fut donc simplement attaché : il ressembloit à un bélier choisi dans le troupeau comme un holocauste agréable et accepté de Dieu [1]. Le vieillard regarda le ciel, et dit :

« Dieu de toutes les créatures, je te rends grâces!
« Je prends part au calice de la passion de ton
« Christ pour ressusciter à la vie éternelle. Je te
« bénis, je te glorifie par le pontife Jésus-Christ,
« ton fils bien aimé, à qui gloire soit rendue, à toi
« et à l'Esprit saint, dans les siècles à venir! Amen [2]. »

---

[1] Tanquam aries insignis ex immenso grege delectus, ut holocaustum gratum et acceptum Deo.

[2] Deus totius creaturæ, tibi gratias ago. In calice passionis

Quand il eut dit, le feu fut mis au bûcher; les flammes se déployèrent autour de la tête du martyr comme une voile de vaisseau enflée par le vent[1]. Ses actes portent qu'il ressembloit à de l'or ou de l'argent éprouvé au creuset[2], et qu'il exhaloit une odeur d'encens ou d'un parfum vital[3]. Le confecteur chargé d'achever les bêtes blessées perça Polycarpe; il sortit tant de sang des veines du vieillard qu'il éteignit le feu[4].

Pothin, évêque de Lyon, âgé de plus de quatre-vingt-dix ans, foible et infirme, fut battu, foulé aux pieds, traîné dans l'arène et rejeté dans la prison, où il rendit l'esprit. Ses compagnons de souffrances sembloient, au milieu des supplices, se guérir d'une plaie par une plaie nouvelle; les exécuteurs, en les tourmentant, avoient moins l'air de bourreaux qui font des blessures que des médecins qui les pansent, tant ces confesseurs étoient joyeux. Plusieurs d'entre eux, du fond des cachots où on les replongea avant de leur donner le coup de la mort, écrivirent en grec le récit de leur mar-

---

Christi tui particeps fiam in resurrectionem vitæ æternæ! Te laudo, te benedico, te glorifico per Jesum Christum dilectum tuum filium pontificem : gloria nunc et in secula seculorum! Amen. (Euseb., *Hist. eccl.*, lib. IV, pag. 73.)

[1] Tanquam velum navigii ventorum flatibus turgescens, caput martyris undique obvallat. (*Ibid.*)

[2] Tanquam aurum et argentum in camino ignis ardore probatum. (*Ibid.*)

[3] Fragrantem odorem inde hauriebamus, velut ex thure odorifero, aut quovis alio aromate. (*Ibid.*)

[4] Tanta cruoris copia effluxit ut ignem prorsus exstingueret. (Euseb., *Hist.*, lib. IV, cap. XV, pag. 72.)

tyre. La lettre portoit cette suscription : *Les serviteurs de Jésus-Christ, qui demeurent à Vienne et à Lyon, en Gaule, aux frères d'Asie et de Phrygie qui ont la même foi et l'espérance dans la rédemption : paix, grâce et gloire de la part de Dieu le Père, et de Jésus-Christ notre Seigneur* [1].

Je ne vous parlerai point du martyre de séduction employé après l'inutilité des menaces et des douleurs : dignités, honneurs, fortune, voluptés même essayées par de belles femmes, furent sans succès comme les lions et le feu.

Il y a de la puissance dans le sang : ces générations de l'âge héroïque chrétien, qui subjuguèrent les classes industrielles, enfantèrent les générations de l'âge philosophique chrétien, qui conquirent à leur tour les hommes de l'intelligence. Cet âge philosophique n'est pas séparé brusquement de l'âge héroïque; il prend naissance dans celui-ci; ses premiers génies enseignent et meurent sur l'échafaud, mais leur doctrine règne et triomphe dans leurs successeurs, quand l'heure des confesseurs est passée. Le christianisme philosophique ne détruit pas non plus le christianisme héroïque, mais les sacrifices s'accomplirent d'une autre façon dans les combats contre les hérésiarques, ou sous le fer des Barbares.

---

[1] Servi J. C. qui Viennam et Lugdunum Galliæ incolunt, fratribus in Asia et Phrygia qui eamdem nobiscum redemptionis fidem et spem habent, pax, gratia et gloria, a Deo Patre et Christo Jesu Domino nostro sit vobis. (Euseb., *Hist.*, lib. v, cap. 1, pag. 84.)

CINQUIÈME DISCOURS.

SECONDE PARTIE.

SUITE DES MOEURS DES CHRÉTIENS. AGE PHILOSOPHIQUE. HÉRÉSIES.

Dans ce second âge du christianisme, la grandeur des mœurs publiques et la sublimité intellectuelle remplacent la vertu des mœurs privées et la beauté morale évangélique. Ce n'est plus l'Église militante, esclave, démocratique dans les cachots et dans le sang; c'est l'Église triomphante, libre, royale, à la tribune et sur la pourpre. Les docteurs succèdent aux martyrs : ceux-ci n'avoient eu que leur foi; ceux-là ont leur foi et leur génie. La partie choisie du monde païen, qui n'avoit cédé ni à la simplicité apostolique ni à l'autorité des bûchers, écoute, s'étonne, et bientôt se rend, en retrouvant dans la bouche des Pères les systèmes des sages plus clairement et plus éloquemment expliqués.

Les hautes écoles chrétiennes ressembloient aux écoles philosophiques; les chaires comptoient une suite non interrompue de professeurs comme à Athènes. Rodon hérite de Tatien, et Maxime, successeur de Rodon, examine la question de l'origine du mal et de l'éternité de la matière [1]. Clément d'Alexandrie, qui remplace Pathénus, s'étoit nourri des ouvrages de Platon ; il cite, dans ses *Stromates*, les maîtres sous lesquels il avoit étudié : un en Grèce, un en Italie, deux en Orient : « Mon maître « en Palestine, dit-il, étoit une abeille qui, suçant « les fleurs de la prairie apostolique et prophétique, « déposoit dans l'esprit de ses auditeurs un doux et « immortel trésor. »

Dans son Traité du vrai *Gnostique* (celui qui connoît), Clément fait le portrait du sage même des philosophes : « Le gnostique n'est plus sujet aux « passions ; rien dans cette vie n'est fâcheux pour « lui : il a reçu la lumière inaccessible ; il ne fait pas « sortir son corps volontairement de la vie parce « que Dieu le lui défend, mais il retire son âme des « passions [2]. Le gnostique use de toutes les connois- « sances humaines [3]. C'est foiblesse de craindre la « philosophie des païens ; la foi qu'elle ébranleroit « seroit bien fragile [4]. Le gnostique se sert de la « musique pour régler les mœurs ; il vit libre, ou, « s'il est marié et s'il a des enfants, il regarde sa

---

[1] Rodon... eruditus a Tatiano, libros quamplurimos et contra Marcionis hæresim scripsit. (Euseb., *Hist.*, lib. v, cap. xiii.)

[2] Seipsum quidem a vita non educit, non est enim ei permissum, sed animam abducit a motibus et affectionibus. (Clement. Alexand., *Stromatum*, lib. vi, p. 652. Lutetiæ Parisiorum, 1641.)

[3] Sive judaicas, sive philosophorum discit scripturas... communem facit veritatem. (*Id., ibid.*, pag. 941.)

[4] Multi autem, non secus ac picti larvas, timent græcam philosophiam, dum verentur ne eos abducat. Veritas enim est insuperabilis, dissolvitur autem falsa opinio. (*Id.*, pag. 655.)

« femme comme sa sœur, puisque sa femme ne sera
« plus pour lui qu'une sœur quand elle sera dans
« le ciel. Les sacrifices agréables à Dieu sont les
« vertus et l'humilité avec la science. »

La renommée d'Origène étoit répandue dans tout le monde romain, et les polythéistes même admiroient le docteur chrétien. Étant un jour entré dans l'école de Plotin, au moment où celui-ci faisoit sa leçon, Plotin rougit, interrompit son discours, et ne le continua qu'à la sollicitation de son illustre auditeur, dont il fit un pompeux éloge en reprenant la parole [1].

Plotin, fondateur du néoplatonisme, n'en étoit pas l'inventeur ; c'étoit Ammonius Saccas qui avoit enseigné mystérieusement sa doctrine à Plotin et à Origène. Origène trahit le secret.

Ces pères de l'Église, la plupart sortis des écoles philosophiques et nés de familles païennes, furent non seulement des professeurs éloquents, mais encore des hommes politiques : alors brillèrent ces évêques qui bravoient la puissance des empereurs et la brutalité des rois barbares. Athanase livre ses combats contre les Ariens : cité au concile de Tyr, déposé à celui de Jérusalem, il est exilé à Trèves par Constantin. Il revient ; les peuples accourent sur son passage ; il rentre en triomphe dans sa ville épiscopale. Quatre-vingt-dix évêques ariens, ayant à leur tête Eusèbe de Nicomédie, le condamnent de nouveau à Antioche : cent évêques orthodoxes le déclarent innocent dans Alexandrie : le pape Jules

[1] Euseb., *Hist. eccl.*, lib. vi, cap. xix.

confirme cette sentence à Rome. Le prélat remonte sur son siége ; il en est chassé par ordre de Constance, qui met à exécution les décrets ariens des conciles d'Arles et de Milan. Athanase célébroit une fête solennelle dans l'église de Saint-Théon à Alexandrie ; comme il chantoit le psaume du triomphe d'Israël sur Pharaon, le peuple répétant à la fin de chaque verset : « La miséricorde du Seigneur « est éternelle », des soldats enfoncent les portes : le peuple fuit, Athanase reste à l'autel entouré des prêtres et des moines qui le dérobent à la perquisition des soldats. Il se réfugie dans les lieux écartés de l'Égypte ; les religieux qui lui donnent asile sont inquiétés : ce génie enthousiaste s'enfonce plus avant dans la solitude, comme un glaive ardent dans le fourreau. Un serviteur qui lui reste va chaque jour, au péril de sa vie, chercher la nourriture de son maître. Que fait Athanase parmi les sables ? Il écrit. Les sépulcres des princes de Tanis, les puits où dorment les momies des persécuteurs de Moïse, sont les bibliothèques de ce seul vivant ; c'est là qu'il trace les pages qui du fond du désert remuent les passions du monde. A la mort de Constance, Athanase reparoît au milieu de son peuple. Julien le force à rentrer dans la Thébaïde ; il revient quand Julien est passé. Valens le proscrit, et il se cache au tombeau de son père. Enfin il émerge une dernière fois de l'ombre, et, torrent calmé, achève paisiblement sa course. Sur les quarante-six années de l'épiscopat d'Athanase, vingt s'étoient écoulées dans l'exil.

Grégoire de Nazianze, nommé évêque orthodoxe de Constantinople, dont il ne fut d'abord que le missionnaire, eut à soutenir les outrages des ariens : Théodose, qui l'avoit intronisé à main armée, l'abandonna. Grégoire, obligé de s'arracher à l'église de sa création et de son amour, lui fit ces adieux pathétiques qui ont retenti jusqu'à nous. Il passa la fin de ses jours dans sa retraite de Cappadoce, chantant, car il étoit poëte, l'inconstance des amitiés humaines, la fidélité du commerce de Dieu, et la beauté qui fait oublier toutes les autres, celle de la vertu.

Basile, archevêque de Césarée, mérita le surnom de Grand. Il donna des règles en Orient à la vie cénobitique. On a de lui plus de trois cent cinquante lettres, des homélies et un panégyrique des quarante martyrs. Ces ouvrages nous apprennent une infinité de choses; ils sont écrits d'un grand style : saint Basile est peut-être, avec saint Éphrem, un des Pères qui s'éloignent le plus du génie antique et se rapprochent le plus du génie moderne. Il excelle dans les descriptions de la nature. Je ne citerai point, parce qu'elle est trop connue, sa lettre à Grégoire de Nazianze sur la solitude que lui, Basile, avoit choisie dans le Pont[1] : ses neuf homélies sur l'*Hexaméron*, ou l'œuvre de six jours, sont une espèce de cours d'histoire naturelle; il les prêchoit pendant le jeûne du carême, le matin et le soir, et,

---

[1] Voyez encore les nouveaux *Mélanges historiques et littéraires* de M. Villemain, pag. 322 et suiv. Il en existe aussi deux autres traductions.

lorsqu'il reprenoit la parole, il renvoyoit ses auditeurs à ce qu'il avoit dit la veille. La physique de l'*Hexaméron* n'est pas bonne, mais les détails en sont charmants. L'orateur s'applique à faire sortir de l'histoire des plantes et des animaux les instructions de la morale. Un jour, parlant des reptiles et des quadrupèdes, il passoit sous silence les oiseaux[1]; aussitôt la rustique assemblée de lui indiquer son oubli par des signes. Le naturaliste chrétien, naïvement interrompu, reconnoît son tort; il change de sujet, et décrit l'instinct des oiseaux avec un bonheur extraordinaire : il tire même un enseignement religieux d'une erreur : selon lui il est des oiseaux chastes qui se reproduisent sans s'unir : de là la virginité de Marie[2].

Valens voulut contraindre Basile à embrasser l'arianisme : il lui envoya Modeste, préfet d'Orient, avec l'ordre de l'effrayer par des menaces. Modeste s'étonna de la fermeté de Basile. « Apparemment « lui dit le saint, que vous n'avez jamais rencontré « d'évêque. » Après sa mort, Basile fut en si grande renommée, qu'on cherchoit à l'imiter jusque dans ses défauts : on affectoit sa pâleur, sa barbe, sa démarche, sa lenteur à parler, car il étoit pensif et recueilli. On s'habilloit comme lui, on se couchoit

---

[1] Et sermo hujusmodi nobis cum avibus evolaverat. (S. Ambr., *Hexameron*, lib. v, pag. 90, tom. i. Parisiis, 1586.)

[2] Impossibile putatur in Dei matre quod in vulturibus possibile non negatur. Avis sine masculo parit, et nullus refellit ; et quia virgo Maria peperit, pudori ejus quæstionem faciunt. (*Id., ibid.*, lib. v, cap. xx, pag. 97.)

comme lui; on se nourrissoit de choses dont il aimoit à se nourrir. Cet évêque universel a fondé les premiers hôpitaux de l'Asie.

Flavien et Jean Chrysostome furent encore plus mêlés que Basile à la politique. Dans la sédition d'Antioche, Chrysostome, alors simple prêtre, sema des consolations par ses discours, et Flavien, malgré son grand âge, se rendit à Constantinople. Arrivé au palais de l'empereur, introduit dans ses appartements, il se tint debout sans parler, baissant la tête, se cachant le visage comme s'il eût été seul coupable du crime de son peuple. Théodose s'approcha de lui, et lui reprocha l'ingratitude des Antiochiens. Alors l'évêque fondant en larmes :
« Vous pouvez en cette occasion orner votre tête
« d'un diadème plus brillant que celui que vous
« portez. On a renversé vos statues, élevez-en de
« plus précieuses dans le cœur de vos sujets.

« Quelle gloire pour vous quand un jour on dira :
« Une grande ville étoit coupable; gouverneurs et
« juges épouvantés n'osoient ouvrir la bouche; un
« vieillard s'est montré, il a touché le prince! Je ne
« viens pas seulement de la part du peuple, je viens
« de la part de Dieu vous déclarer que si vous re-
« mettez aux hommes leurs fautes, votre père cé-
« leste vous remettra vos péchés. D'autres vous ap-
« portent de l'or, de l'argent, des présents; moi je
« ne vous offre que les saintes lois, vous exhortant
« à imiter notre maître; ce maître nous comble de
« ses biens quoique nous l'offensons tous les jours.
« Ne trompez pas mes espérances; si vous pardon-

« nez à notre ville, j'y retournerai plein de joie; si
« vous la condamnez, je n'y rentrerai jamais. »

En entendant ce discours, Théodose s'écria :
« Serions-nous implacables envers les hommes,
« nous qui ne sommes que des hommes, lorsque le
« maître des hommes a prié sur la croix pour ses
« bourreaux[1] ? » Le christianisme étoit à la fois un
principe et un modèle : on ne sauroit croire combien cet exemple du pardon du Christ, incessamment rappelé pendant les siècles de barbarie et de
despotisme, a été salutaire à l'humanité.

Saint Chrysostome avoit pratiqué quatre ans la vie
ascétique sur les montagnes; il passa deux années
entières dans une caverne sans se coucher et presque sans dormir : il avoit fui, parce qu'on avoit
songé à le faire évêque. Si dans l'âge héroïque chrétien, quand il s'agissoit d'être le premier martyr,
ce n'étoit pas un léger fardeau que l'épiscopat, ce
fardeau n'étoit pas moins pesant dans l'âge philosophique du christianisme : il falloit avoir le talent
de la parole, la science de l'homme de lettres, l'habileté de l'homme d'État, la fermeté de l'homme
de bien. Plus tard, lors de l'invasion des Barbares,
toutes les tribulations des temps tomboient à la
charge des prélats. Jean Bouche-d'Or, devenu évêque de Constantinople, corrigea le clergé, gouverna par ses conseils les églises de la Thrace et de
l'Asie, et résista aux entreprises du Goth Gaïnas.
Quelquefois il étoit obligé de quitter l'autel, ayant
l'esprit trop agité pour offrir le sacrifice. On cons-

[1] CHRYSOST. *Homel.*

pira contre lui ; on l'accusa d'orgueil, d'injustice, de violence, d'amour des femmes : afin de se justifier de cette dernière foiblesse, il offrit d'exposer l'état où l'avoient réduit les austérités de sa jeunesse. Condamné au concile du Chênes, chassé de Constantinople, et bientôt rappelé, il osa braver Eudoxie, qui jura sa mort. Ce fut alors qu'il prononça le fameux discours où il disoit : « Hérodiade est encore « furieuse, elle danse encore, elle demande encore « la tête de Jean. » Précipité, comme Démosthènes, de la tribune dont il étoit la gloire, enlevé de l'autel où il avoit donné un asile à Eutrope, Chrysostome reçoit l'ordre de quitter Constantinople. Il dit aux évêques, ses amis : « Venez, prions ; prenons « congé de l'ange de cette église. » Il dit aux diaconesses : « Ma fin approche ; vous ne reverrez plus « mon visage. » Il descendit par une route secrète aux rives du Bosphore pour éviter la foule, s'embarqua, et passa en Bithynie. Exilé à Cucuse, les peuples, les moines, les vierges, accouroient à lui ; tous s'écrioient : « Mieux vaudroit que le soleil per- « dît ses rayons que Bouche-d'Or ses paroles. »

Tout banni qu'il étoit, les ennemis de Chrysostome le redoutoient encore, et sollicitèrent pour lui un exil plus lointain. Il fut enjoint au confesseur de se transporter à Pytionte, sur le bord du Pont-Euxin. Le voyage dura trois mois : les deux soldats qui conduisoient Chrysostome le contraignoient de marcher sous la pluie ou à l'ardeur du soleil, parce qu'il étoit chauve. Quand ils eurent passé Comane, ils s'arrêtèrent dans une église dédiée à saint Basilisque, martyr. Le saint se trouva mal ; il changea d'habits, se vêtit de blanc, communia (il étoit à jeun), distribua aux assistants ce qui lui restoit, prononça ces mots qu'il avoit ordinairement à la bouche : « Dieu soit loué de tout ; » puis, allongeant les pieds, il dit le dernier *amen*[1].

Rien de plus complet et de plus rempli que la vie des prélats du quatrième et du cinquième siècle. Un évêque baptisoit, confessoit, prêchoit, ordonnoit des pénitences privées ou publiques, lançoit des anathèmes ou levoit des excommunications, visitoit les malades, assistoit les mourants, enterroit les morts, rachetoit les captifs, nourrissoit les pauvres, les veuves, les orphelins, fondoit des hospices et des maladreries, administroit les biens de son clergé, prononçoit comme juge de paix dans des causes particulières, ou arbitroit des différends entre des villes : il publioit en même temps des traités de morale, de discipline et de théologie, écrivoit contre les hérésiarques et contre les philosophes, s'occupoit de science et d'histoire, dictoit des lettres pour les personnes qui le consultoient dans l'une et l'autre religion, correspondoit avec les églises et les évêques, les moines et les ermites, siégeoit à des conciles et à des synodes, étoit appelé aux conseils des empereurs, chargé de négociations,

---

[1] Candidas vestes requirit, exutisque prioribus eas sibi jejunus induit, omnibus ad calceamenta usque mutatis, atque reliquas præsentibus distribuit; et cum dixisset more suo : *Gloria Dei propter omnia*, et ultimum *Amen* obsignasset, extendit pedes. (PALLAD., *Dialog. de vit. S. Chrysost.*, pag. 101.)

envoyé à des usurpateurs ou à des princes barbares pour les désarmer ou les contenir : les trois pouvoirs, religieux, politique et philosophique, s'étoient concentrés dans l'évêque. Saint Ambroise va en ambassade auprès de Maxime, fait sortir Théodose du sanctuaire, réclame les cendres de Gratien, ne peut sauver Valentinien II, et refuse de communiquer avec Eugène : au milieu de ces grandes occupations, il compose tous ces ouvrages qui nous restent, introduit la musique dans les églises d'Occident, et laisse des chants si renommés que, dans les siècles suivants, le mot *hymne* et le mot *Ambrosianum* devinrent synonymes.

Les travaux de saint Augustin ne sont point surpassés par ceux de saint Ambroise. Quatre-vingt-treize ouvrages en deux cent trente-deux livres, sans compter ses lettres, attestent la fécondité et la variété du génie du fils de Monique. « Si je pouvois, dit-« il dans une lettre à Marcelin, vous rendre compte « de mon temps et des ouvrages auxquels j'ai été obligé « de mettre la main, vous seriez surpris et affligé « de la quantité d'affaires qui m'accablent. . . . . . . « . . . . Quand j'ai un peu de relâche de la part de « ceux qui ont recours à moi, je ne manque pas « d'autre travail ; j'ai toujours quelque chose à dicter « qui me détourne de suivre ce qui seroit plus de « mon goût dans les courts intervalles de repos que « m'accordent les besoins et les passions des au-« tres[1]. » Augustin écrit contre les donatistes ; ceux-

[1] Si autem rationem omnium dierum et lucubrationum aliis necessitatibus impensarum tibi possem reddere, graviter contris-

ci veulent le tuer; il intercède pour eux : il a un démêlé avec saint Jérôme; il s'occupe d'arbitrage; il reçoit les fugitifs après le sac de Rome. Son amitié et ses liaisons avec le comte Boniface sont célèbres : la lettre qu'il écrivit à cet homme offensé, pour le rappeler à l'amour de la patrie, lui fait grand honneur. « Jugez vous-même : si l'empire romain « vous a fait du bien, ne lui rendez pas le mal pour « le bien; si l'on vous a fait du mal, ne rendez pas le « mal pour le mal. » Augustin étoit propre, mais simple dans ses vêtements. « Il faut, disoit-il, que « mes habits soient tels que je les puisse donner à « mes frères s'ils n'en ont point; il faut qu'ils con-« viennent par leur modestie à ma profession, à « un corps cassé de vieillesse et à mes cheveux « blancs[1]. » Il étoit chaussé, et disoit à ceux qui alloient pieds nus : « J'aime votre courage; souffrez « ma foiblesse. » Aucune femme n'entroit dans sa maison, pas même sa sœur; s'il étoit absolument obligé de communiquer avec des femmes, il ne leur parloit qu'en présence d'un prêtre : il se souvenoit de sa chute. Il mourut, dans Hippone assié-

tatus mirareris quanta me distendant... Cum enim ab eorum hominum necessitatibus aliquantulum vaco, qui me sic angariant, non desunt quæ dictanda propono... Tales ergo mihi necessitates dictandi aliquid, quod me ab eis dictationibus impediat quibus magis inardesco, deesse non possunt; cum paululum spatii vix datur inter acervos occupationum, quibus nos alienæ vel cupiditates vel necessitates angariatæ trahunt. (Aug., epist., p. 139.)

[1] Vestes ejus vel lectualia ex moderato et competenti habitu erant, nec nitida nimium nec abjecta plurimum. (Posid., *in vit. Aug.*, cap. XXII.)

gée, sans faire de testament, car dans son extrême pauvreté il n'avoit rien à laisser à personne.

Saint Jérôme est une autre grande figure de ces temps, mais d'une tout autre nature : orageux, passionné, solitaire, regrettant le monde dans le désert, le désert dans le monde; voyageur qui cherche partout un abri et qui se surcharge de travaux comme il se couvre de sable, pour étouffer ce qu'il ne sauroit étouffer : matelot naufragé, pèlerin sauvage et nu qui apporte ses douleurs aux lieux des douleurs du Fils de l'Homme, et qui, courbé sous le poids des jours, peut à peine rester au pied de la croix.

Augustin et Jérôme appartiennent aux temps modernes; on reconnoît en eux un ordre d'idées, une manière de sentir, ignorés de l'antiquité. Le christianisme a fait vibrer dans ces cœurs une corde jusqu'alors muette; il a créé des hommes de rêverie, de tristesse, de dégoût, d'inquiétude, de passion, qui n'ont de refuge que dans l'éternité.

Le clergé régulier formoit une partie considérable de l'organisation chrétienne : dans le monde civilisé romain, les moines étoient des hommes de la nature, comme ils furent des hommes de la civilisation dans le monde barbare. On distinguoit trois sortes de religieux : les reclus enfermés dans leurs cellules, les anachorètes dispersés dans les déserts, les cénobites qui vivoient en communauté. Les règles de quelques ordres monastiques étoient des chefs-d'œuvre de législation. Trois causes générales peuplèrent les cloîtres : la religion, la philosophie et le malheur; on se mit à part de la société, quand elle eut perdu le pouvoir de protéger. Les couvents devinrent par cela même une pépinière d'hommes de talent et d'indépendance.

L'occupation manuelle des cénobites étoit de faire des cordes, des paniers, des nattes, du papier; ils transcrivoient aussi des livres [1]; travaux dont saint Éphrem se plaît à tirer des leçons.

Paul ermite, Antoine, Pacôme, Hilarion, Macaire, Siméon Stylite, sont des personnages inconnus à l'hellénisme : leurs vêtements, leurs palmiers, leurs fontaines, leurs corbeaux, leurs lions, leurs montagnes, leurs grottes, leurs vieux tombeaux, les ruines où les démons les tentoient, les colonnes qui leur élevoient dans les airs une autre solitude, appartiennent à la puissance de l'imagination orientale chrétienne.

Les ascètes erroient en silence sur le Sinaï comme les ombres du peuple de Dieu. Ces aspirants du ciel exerçoient un grand pouvoir sur la terre : les empereurs les envoyoient consulter. Constantin adresse une lettre à saint Antoine et l'appelle son père; saint Antoine assemble ses moines et leur dit : « Ne soyez pas surpris qu'un em« pereur nous écrive, ce n'est qu'un homme : éton-

---

[1] Funiculos efficis...? In mente habeto illos qui per mare navigant. Sportulas exiguas operaris? Quæ nuncupatur mallaccia cogita..... Pulchre et eleganter scribis? Odiorum fabricatores cogita. (*S. patris Ephræm. Syri Parænesis quadragesima septima*, p. 337, Antuerpiæ, 1619.)

« nez-vous plutôt de ce que Dieu ait écrit une loi
« pour les hommes[1]. » Antoine se refuse à toute
réponse; ses disciples le pressent; alors il mande
à Constantin et à ses deux fils : « Méprisez le monde,
« songez au jugement dernier, souvenez-vous que
« Jésus-Christ est le seul roi véritable et éternel ;
« pratiquez l'humanité et la justice[2]. »

Dans la sédition d'Antioche, les moines des-
cendirent de leurs montagnes et s'établirent à la
porte du palais, implorant la grâce des coupables.
Un d'entre eux, Macédonius, surnommé le Crito-
phage, rencontre dans la ville deux commissaires
de l'empereur; il en saisit un par le manteau, et
leur ordonne à tous deux de descendre de cheval :
la hardiesse de ce petit vieillard couvert de hail-
lons indigne les commissaires; mais ayant appris
qui il étoit, ils lui embrassent les genoux. « Amis,
« s'écrie l'ermite, intercédez pour le sang des cou-
« pables; dites à l'empereur que ses sujets sont aussi
« des hommes faits à l'image de Dieu; que s'il s'ir-
« rite pour des statues de bronze, une image vi-
« vante et raisonnable est bien préférable à ces
« statues. Quand celles-ci sont détruites, d'autres
« peuvent être faites : mais qui donnera un cheveu
« à l'homme qu'on a fait mourir[3] ? » Ainsi renais-

---

[1] Ne miremini si ad nos scribat imperator, homo cum sit; sed miramini potius quod legem hominibus scripserit Deus. (*S. Anastasii archiepiscop.*, *S. Antonii vita*, t. II, pag. 856. Parisiis, 1698.)

[2] Sed potius diei judicii recordarentur, scirentque Christum solum et æternum esse imperatorem. Rogabat ut humanitati studerent ac curam justitiæ pauperumque gererent. (*Id., ibid.*)

[3] Ad principes ipsos accedentes cum fiducia loquebantur pro

soient la liberté et la dignité de l'homme par le christianisme : ces ermites, exténués de jeûnes, retrouvoient dans l'indépendance et le mépris de la vie les droits que la société avoit perdus dans le luxe et l'esclavage.

Les leçons n'étoient pas épargnées aux empereurs : Lucifer, de Caliari, apostrophe Constance au sujet d'Athanase : « Si tu étois tombé entre les « mains de Mathathias et de Phinées, ils t'auroient « frappé du glaive ; et moi, parce que je blesse de « ma parole ton esprit trempé du sang chrétien, je « te fais injure! Que ne te venges-tu d'un mendiant ? « Devons-nous respecter ton diadème, tes pendants « d'oreilles, tes bracelets, tes riches habits, au mé- « pris du Créateur? Tu m'accuses d'outrages : à « qui t'en plaindras-tu? A Dieu, que tu ne connois « pas? A toi-même, homme mortel qui ne peux rien « contre les serviteurs de Dieu! Si tu nous fais mou- « rir, nous arriverons à une meilleure vie. Nous te « devons obéissance, mais seulement pour les bon- « nes œuvres, non pour les mauvaises et pour con- « damner un innocent [1]. »

reis, et omnes sanguinem effundere parati erant, et capita deponere, ut captos ab exspectatis tribulationibus eriperent.....
.... Statuæ quidem defectæ rursum erectæ fuerunt; si autem vos Dei imaginem occideretis, quomodo rursum poteritis peremptum revocare? etc. (S. J. CHRYSOST., *Hom.* XVII, pag. 173, tom. II. Parisiis, 1718.)

[1] Subditos nos debere esse in bonis operibus, non in malis. An bonum est opus si eum quem innocentem scimus... interimamus?.. (De non parcendo in Deum delinquentibus. — *Luciferi, episcopi Calaritani, ad Constantium. Constantini magni Imp. Aug. Opuscula,* pag. 299. Parisiis, 1568.)

Lucifer étoit légat du pape Libère : on voit déjà poindre l'esprit véhément et dominateur des futurs Grégoire VII.

Des vices s'étoient glissés à travers les vertus : les passions privées se nourrissent dans le silence de la retraite; les passions publiques naissent au bruit du monde. Saint Grégoire de Nazianze, saint Chrysostome, saint Jérôme, saint Augustin, Salvien, plusieurs autres Pères, se plaignent de l'ambition des prélats, de la cupidité des prêtres et des mœurs des moines. Vous avez déjà vu des exemples à l'appui de ces reproches, et j'ai rappelé les lois qui s'opposent aux empiétements du clergé : que l'homme triomphe par les vertus ou par les armes, la victoire le corrompt. Ce fut surtout dans les sectes séparées de l'unité de l'Église qu'eurent lieu les plus grands désordres : les hérésies furent au christianisme ce que les systèmes philosophiques furent au paganisme, avec cette différence que les systèmes philosophiques étoient les vérités du culte païen, et les hérésies les erreurs de la religion chrétienne.

Les hérésies sortoient presque toutes des écoles de la sagesse humaine. Les philosophies des Hébreux, des Perses, des Indiens, des Égyptiens, des Grecs, s'étoient concentrées dans l'Asie sous la domination romaine : de ce foyer allumé par l'étincelle évangélique, jaillit une multitude d'hérésies aussi diverses que les mœurs des hérésiarques étoient dissemblables. On pourroit dresser un catalogue des systèmes philosophiques, et placer à

côté de chaque système l'hérésie qui lui correspond. Tertullien l'avoit reconnu : « La philosophie,
« dit-il, qui entreprend témérairement de sonder
« la nature de la divinité et de ses décrets, a inspiré
« toutes les hérésies. De là viennent les *Éones* et je
« ne sais quelles formes bizarres, et la trinité hu-
« maine de Valentin, qui avoit été platonicien ; de là
« le Dieu bon et indolent de Marcion, sorti des stoï-
« ciens ; les épicuriens enseignent que l'âme est mor-
« telle. Toutes les écoles de philosophie s'accordent
« à nier la résurrection des corps. La doctrine qui
« confond la matière avec Dieu, est la doctrine de
« Zénon. Parle-t-on d'un Dieu de feu, on suit Hé-
« raclite. Les philosophes et les hérétiques traitent
« les mêmes sujets, s'embarrassent dans les mêmes
« questions : *D'où vient le mal, et pourquoi est-il ?*
« *D'où vient l'homme, et comment ?* Et ce que Va-
« lentin a proposé depuis peu : *Quel est le principe*
« *de Dieu ?* A l'entendre, c'est la pensée et un
« avorton [1]. »

Saint Augustin comptoit de son temps quatre-vingt-huit hérésies, en commençant aux simoniens et finissant aux pélagiens, et il avoue qu'il ne les connoissoit pas toutes. Comme l'esprit ne fait souvent que se répéter, il n'est pas inutile de remarquer que le mot *hérésie* signifie *choix*, et c'est aussi ce que veut dire le mot *éclectisme* si fort en vogue aujourd'hui : l'éclectisme est l'hérésie des hérésies ou le choix des choix philosophiques.

[1] *Præscript. cont. hæret.* FLEURY.

Ainsi au moment de la destruction de l'empire romain en Occident, le christianisme marchoit avec douze persécutions générales [1], les persécutions de Néron, de Domitien, de Trajan, de Marc-Aurèle, de Sévère, de Maximin, de Décius, de Valérien, d'Aurélien, de Dioclétien, de Constance (persécution arienne), de Julien; avec trois schismes de l'Église romaine, les schismes des antipapes, Novatien, Ursien et Eulalius; avec plus de cent hérésies. Par schisme il faut entendre, ce qu'on entendoit alors, le dissentiment sur les personnes; par hérésie, les différences dans les doctrines.

Les hérésies du premier siècle furent de trois sortes : les premières appartenoient à des fourbes qui prétendoient être le véritable Messie, ou tout au moins une intelligence divine ayant la vertu des miracles; les secondes sortirent de ces esprits creux qui recouroient au système des émanations pour expliquer les prodiges des apôtres; les troisièmes furent les imaginations de certains rêveurs qui voyoient en Jésus-Christ un génie sous la forme d'un homme, ou un homme dirigé par un génie : ils disoient encore que Jésus-Christ avoit enseigné deux doctrines, l'une publique, l'autre secrète; ils mutiloient les livres du Nouveau-Testament, composoient de faux évangiles et fabriquoient des lettres des apôtres. Dans ces trois classes d'hérésiar-

---

[1] Les *Actes des apôtres* démontrent qu'il y avoit eu des persécutions particulières, même avant la persécution de Néron. S. Luc en fait foi, et les *Actes des apôtres,* quoi qu'on en ait dit, sont authentiques.

ques on trouve Simon, Dosithée, Ménandre, Théodote, Gorthée, Cléobule, Hyménée, Philète, Alexandre, Hermogènes, Cérinthe, les Ébionistes et les Nazaréens. Presque toutes les hérésies du premier siècle furent juives d'extraction.

Au second siècle les hérésies devinrent grecques et orientales. Plusieurs philosophes de l'Asie avoient embrassé le christianisme ; ils y apportèrent les idées spéculatives dont ils étoient nourris : la doctrine des deux principes, la croyance des génies, les émanations chaldéennes, en un mot tout l'abstrait de l'Orient modifié par la philosophie grecque, pétrie et repétrie dans l'école d'Alexandrie. Il y eut aussi des réformateurs du christianisme qu'ils trouvoient déjà altéré : Montan, Praxéas, Marcion, Saturnin, Hermias, Artemon, Basilide, Hermogènes, Apelle, Talien, Héracléon, Cerdon, Sévère, Bardesanes, Valentin, furent les plus célèbres hérétiques de cette époque.

Praxéas, de l'hérésie de Montan, soutenoit que Dieu le Père étoit le même que Jésus-Christ; et qu'en conséquence il avoit souffert. Les disciples de Praxéas furent appelés *patropassiens*, parce qu'ils attribuoient au Père comme au Fils la passion et la croix [1].

Valentin, suivant le génie grec qui personnifioit tout, transformoit les *noms* en *personnes :* les siècles qui dans l'Écriture portent le nom d'Éones ou d'Aiones, devenoient des êtres ayant chacun leur

---

[1] *Append. ad Tertul. Præscrip., in fin.*

nom. Le premier Éone se nommoit *Proon*, préexistant, ou *Bythos*, profondeur : il avoit vécu longtemps inconnu avec *Ennoia*, la pensée, ou *Charis*, la grâce, ou *Sigé*, le silence. *Bythos* engendra, avec *Sigé*, *Nous* ou l'intelligence, son fils unique. *Nous* devint le père de toutes choses. *Nous* enfanta deux autres Éones, *Logôs* et *Zoé*, le verbe et la vie; de *Logos* et de *Zoé* naquirent *Anthropos* et *Ecclesia*, l'homme et l'église. Enfin après trente Éones qui formoient le *Pleroma* ou la plénitude, se trouvoit la vertu du *Pleroma*, *Horos* ou *Stauros*, le terme ou la croix [1]. Cette théologie s'étendoit beaucoup plus loin; mais l'esprit humain a des folies trop nombreuses pour les suivre dans toutes leurs modifications.

Au troisième siècle la philosophie grecque continua ses ravages dans le christianisme : les hommes qui passoient incessamment des écoles d'Athènes et d'Alexandrie à la religion évangélique cherchoient à rendre celle-ci *naturelle*, c'est-à-dire qu'ils s'efforçoient d'expliquer les mystères, afin de répondre aux objections des païens. Cette fausse honte de l'esprit produisit les erreurs de Sabellius, de Noët, d'Hiérax, de Bérylle, de Paul de Samosate : on compte aussi celles des ophites, des caïnites, des sethiens et des melchisédéciens.

Manès, dont l'hérésie éclata vers l'an 277, étoit un esclave appelé Coubric, surnommé Manès, ce qui signifioit en persan l'art de la parole; Manès y prétendoit exceller. Il eut pour disciple Thomas,

[1] Tertul. *adv. Valent.*

et rapporta de la Perse l'ancienne doctrine des deux Principes : le bon Principe est la lumière, le mauvais Principe, les ténèbres. Le monde étoit l'invasion du mauvais Principe ou du principe ténébreux dans le bon Principe ou le principe lumineux. Manès infiltroit sa doctrine dans le christianisme par l'histoire de la tentation de l'homme, produite de Satan, et par la mission de Jésus-Christ envoyé du bon Principe, pour détruire l'action de Satan ou du mauvais Principe [1].

Les hérétiques cherchoient assez souvent à rentrer dans le sein de l'Église; on ne s'y refusoit pas, mais on différoit sur les conditions de leur réintégration : autre source de schisme au troisième siècle; celui des novatiens est un des plus connus.

Le quatrième siècle se distingue par la grande hérésie d'Arius. Le monde philosophique à cette époque étoit devenu néoplatonicien; le néoplatonisme ne trouvoit plus de contradicteurs, et se rapprochoit de la théologie chrétienne à laquelle il s'étoit assimilé. La puissance politique ayant passé du côté des chrétiens, les hérésies affectèrent le caractère de la domination, et les mœurs du palais; elles voulurent régner, et montèrent en effet sur le trône avec Constance : elles servirent de marchepied au paganisme pour reprendre un moment la pourpre avec Julien. Constance ayant divisé la doctrine orthodoxe par l'arianisme, il pa-

---

[1] BEAUSOBRE, *Histoire de Manech.*; HERBELOT, THEODOR. *Hæret.*; *Acta disput. Arch.*; *Monum. eccl.*, grec et lat., *ap. Vales. et D. Cel.*

rut tout simple que la religion changeât dans Julien, comme elle avoit changé dans Constance, et que l'un forçât ses sujets d'adopter sa communion, ainsi que l'autre les y avoit obligés.

Sabellius avoit établi la distinction des personnes trinitaires; Marcion et Cerdon reconnoissoient trois substances incréées; Arius voulut concilier ces opinions en faisant de la Trinité trois substances, mais posant en principe que le Père seul étant incréé, le Verbe devenoit une créature : Macédonius nia depuis la divinité du Saint-Esprit. Le mot *consubstantiel* fut inventé pour écarter les subtilités des ariens; mot latin qui ne traduisoit pas exactement le fameux mot grec *homoousios* employé par les Pères de Nicée. Eusèbe et Théognis usèrent de supercherie en souscrivant le symbole [1]; ils introduisirent un iota dans le mot *homoousios* et écrivirent *homoiousios, semblable en substance* au lieu de *même substance*. On chicana sur cet iota, qui causa bien des persécutions et fit couler beaucoup de sang. Saint Hilaire, avec la droiture et la raison des peuples occidentaux, admit les deux expressions, disant que rien ne pouvoit être semblable selon la nature qui ne fût de même nature [2]. L'arianisme divisé en plusieurs branches, eusébien, demi-arien, etc., passa des Romains aux Goths; son caractère se mélangeoit de faste, de violence et de cruauté. Arius, son fondateur, étoit pourtant un homme doux quoique obstiné : l'antagoniste d'Arius fut, vous le savez, le fameux Athanase.

---

[1] Philost., lib. I, cap. IX. — [2] Sulp. Sev., lib. XIII.

Avec Arius, dans le quatrième siècle, vinrent aussi les réformateurs qui attaquèrent la discipline de l'Église et le culte de la Vierge : par l'austérité des mœurs, ils arrivoient à la dépravation. On compte Helvidius, Bonose, Audée, Collathe, Jovinien, Priscillius et plusieurs autres.

Le cinquième siècle vit les hérésies placées dans les prélats : celle du violent Nestorius, évêque de Constantinople, éclata. Il nia l'union hypostatique, admettant toutefois l'incarnation du Christ, mais disant qu'il n'étoit pas sorti du sein de la Vierge. L'Orient se divisa ; il y eut conciles contre conciles, anathèmes contre anathèmes, persécutions, dépositions, exils. Après le concile d'Éphèse, le nestorianisme triompha ; bientôt Eutychès vint combattre Nestorius et remplacer une erreur par une erreur. Le nestorianisme supposoit deux personnes dans Jésus-Christ ; Eutychès, par un autre excès, prétendoit que les deux natures de l'Homme-Dieu, la nature humaine et la nature divine, étoient tellement unies qu'elles n'en faisoient qu'une. Les moines avoient soutenu contre les nestoriens la maternité de la Vierge ; ils s'enrôlèrent presque tous sous les bannières d'Eutychès. L'empire d'Orient, berceau de toutes les hérésies, continua de s'engloutir dans ces subtilités déplorables. Les patriarches de Constantinople acquirent une puissance qui leur permettoit de disposer de la pourpre. Après Eutychès, des moines scythes, dans le sixième siècle, posèrent en principe qu'une des personnes de la Trinité avoit souffert. Dans le septième siècle, autres chimères ;

dans le huitième, Léon Isaurien donna naissance à la secte des iconoclastes; et enfin, vers le milieu du neuvième siècle, s'établit le grand schisme des Grecs.

L'Occident, ravagé par les Barbares au cinquième siècle, enfanta des hérésies qui sentoient le malheur; des chrétiens opprimés cherchèrent une cause aveugle à des souffrances en apparence non méritées : Pélage, moine breton qui avoit beaucoup voyagé, fut l'auteur d'un nouveau système; il disoit l'homme capable d'atteindre le plus haut degré de perfection par ses propres forces. De cette hauteur stoïque, il étoit aisé de glisser à cette rigueur de destin qui écrase le juste sans l'abattre. Entraîné de conséquences en conséquences, tout en ayant l'air d'admettre l'efficacité de la grâce, Pélage se voyoit obligé de nier cette nécessité, de rejeter la contrainte du péché originel, laquelle auroit détruit la possibilité de la perfection sans la grâce. Julien, évêque d'Éclane, succéda à Pélage. Des semi-pélagiens engendrèrent la prédestination : ils soutenoient que la chute d'Adam a suspendu le libre arbitre, et que Jésus-Christ n'est pas mort pour tous : le résultat étoit la damnation éternelle et la salvation éternelle forcées par la prescience de Dieu. Cette hérésie dura[1]; elle parvint jusqu'à Gohescale, et même jusqu'à Jean Scot Érigène.

Dans les sixième, septième, huitième et neuvième siècles, l'unité croissante de l'Église catholique et

---

[1] Noris., *Hist. Pelag.*, lib. II; Duchesne, *Prædest.*; *Anna. Benedict.*, t. II, an. 829.

l'autorité de Charlemagne diminuèrent les hérésies dogmatiques, mais il se forma des hérésies d'imagination : elles eurent leur source dans une nouvelle espèce de merveilleux né des faux miracles, des vies des saints, de la puissance des reliques, et du caractère crédule et guerrier prêt à procréer le moyen-âge. La lumière classique jeta un rayon perdu à travers les ténèbres du neuvième siècle, et fit éclore une superstition, du moins excusable : un prêtre de Mayence prouva que Cicéron et Virgile étoient sauvés. L'étude de l'Écriture amena des discussions subtiles sur le nom de Jésus, sur le mot Chérubin, sur l'Apocalypse, sur les nombres arithmétiques, sur les couches de la Vierge. Tel fut ce long enchaînement de mensonges, de folies ou de puérilités.

Des doctrines passons aux hommes, du tableau des croyances à la peinture des mœurs, de l'hérésie à l'hérésiarque : il est rare que la fausseté de l'esprit ne fasse pas gauchir la droiture du cœur, et qu'une erreur n'engendre pas un vice.

Marc, disciple de Valentin, séduisoit les femmes en prétendant leur donner le don de prophétie : il s'en faisoit aimer passionnément; elles le suivoient partout. Ses disciples[1] possédoient le même talisman, et des troupes de femmes s'attachoient à leurs pas dans les Gaules. Ils se nommoient *Parfaits*; ils se prétendoient arrivés à la vertu inénarrable. Selon eux le dieu Sabaoth avoit pour fils un diable, lequel avoit eu d'Ève, Caïn et Abel.

---

[1] Iren., lib. i, cap. viii et ix ; Theodor., *Her.*, lib. i ; cap. x et xi.

Les docites maudissoient l'union des sexes, disant que le *fruit défendu* étoit le mariage, et les *habits de peau* la chair dont l'homme est vêtu [1].

Les carpocratiens, disciples de Carpocras, tenoient que l'âme étoit tout, que le corps n'étoit rien, et qu'on pouvoit faire de ce corps ce qu'on vouloit. Épiphane prêchoit la même doctrine : de là pour ces hérésiarques le rétablissement de l'égalité et de la communauté naturelles. Ils prioient nus comme une marque de liberté; ils avoient le jeûne en horreur; ils festinoient, se baignoient, se parfumoient. Les propriétés et les femmes appartenoient à tous : quand ils recevoient des hôtes, le mari offroit sa compagne à l'étranger. Après le repas ils éteignoient les lumières et se plongeoient aux débauches dont on calomnioit les premiers chrétiens; mais ils arrêtoient autant que possible la génération, parce que le corps étant infâme il n'étoit pas bon de le reproduire [2].

Montan couroit le monde avec deux prophétesses, Prisca et Maximilla. Il se disoit le Saint-Esprit et le continuateur des prophètes. Les pratiques des montanites étoient d'une rigueur excessive.

---

[1] Clem. III, *Strom.*

[2] Nudi toto corpore precantur, tanquam per hujusmodi operationem inveniant dicendi apud Deum libertatem ; corpora autem sua tum muliebria, tum virilia noctu ac diu curant unguentis, balneis, epulationibus, concubitibusque et ebrietatibus vocantes, et detestantur jejunantem. Atque humanæ carnis esu peracto...Non ad generandam sobolem corruptio apud ipsos instituta est, sed voluptatis gratia, diabolo illudente talibus, et seductam errore Dei creaturam subsannante. (Epiph., *episcop. Constantiæ contra hæreses*, pag. 71. Lutetiæ Parisiorum, 1612.)

Paul de Samosate se créa une immense fortune par le débit de ses erreurs. Dans les assemblées ecclésiastiques, il s'asseyoit sur un trône; en parlant au peuple il se frappoit la cuisse de sa main, et l'on entonnoit des cantiques à sa louange.

Au milieu des donatistes, en Afrique, se formèrent les circoncellions, furieux qui pilloient les cabanes des paysans, apparoissoient au milieu des bourgades et des marchés, mettoient en liberté les esclaves et délivroient les prisonniers pour dettes. Ils assommoient les catholiques avec des bâtons qu'ils appeloient des *israélites*, et commençoient les massacres en chantant : *Louange à Dieu !* Comme certains disciples de Platon, saisis de la frénésie du suicide, ils se donnoient la mort ou se la faisoient donner à prix d'argent. Hommes, femmes, enfants s'élançoient dans des précipices ou dans des bûchers[1].

Plusieurs conciles, et entre autres celui de Nicée, prononcent des peines contre les eunuques volontaires. A l'imitation d'Origène, il s'étoit formé une secte entière de ces hommes dégradés ; on les nommoit Valésiens : ils mutiloient non-seulement leurs disciples, mais leurs hôtes[2] ; ils guettoient les étrangers sur les chemins pour les délivrer des périls de

---

[1] Altorum montium cacuminibus viles animas projicientes, se præcipites dabant. (OPTATI AFRI. *Nilevitani episcopi de schismate Donatistarum*, lib. III, pag. 59. Lutetiæ Parisiorum, 1700.)

[2] Non solum proprios hoc modo perficiunt, sed sæpe etiam peregrinos accidentes, et adhuc apud ipsos hospitio exceptos : abripiunt enim tales intus et vinculis illigatos per vim castrant, ut non amplius sint in voluptatis periculo impulsi.

la volupté. Ils habitoient au-delà du Jourdain, à l'entrée de l'Arabie [1].

Les gnostiques partageoient l'espèce humaine en trois classes : les hommes matériels ou hyliques, les hommes animaux ou psychiquiques, les hommes spirituels ou pneumatiques. Les gnostiques se subdivisoient eux-mêmes en une multitude de sectes : celle des ophites révéroit le serpent comme ayant rendu le plus grand service à notre premier père, en lui apprenant à connoître l'arbre de la science du bien et du mal. Ils tenoient un serpent enfermé dans une cage; au jour présumé de la séduction d'Ève et d'Adam, on ouvroit la porte au reptile qui glissoit sur une table et s'entortilloit au gâteau qu'on lui présentoit : ce gâteau devenoit l'eucharistie des ophites [2].

Des gnostiques d'une autre sorte croyoient que tout étoit êtres sensibles, et ils se laissoient presque mourir de faim dans la crainte de blesser une créature de Dieu. Quand enfin ils étoient obligés de prendre un peu de nourriture, ils disoient au froment : « Ce n'est pas moi qui t'ai broyé; ce n'est pas « moi qui t'ai pétri; ce n'est pas moi qui t'ai mis au « four, qui t'ai fait cuire. » Ils prioient le pain de leur pardonner, et ils le mangeoient avec pitié et remords.

Les priscilliens, dont la doctrine étoit un mélange de celle des manichéens et des gnostiques, cassoient les mariages en haine de la génération, parce que la

---

[1] In Bacathis, regione Philadelphina ultra Jordanem. (Epiph., *episcop. Const. adversus hæres*, lviii, pag. 407.)

[2] Orig. *cont. Cels*.

chair n'étoit pas l'ouvrage de Dieu, mais des mauvais anges; ils s'assembloient la nuit; hommes et femmes prioient nus comme les carpocratiens, et se livroient à mille désordres toujours justifiés par la vileté du corps [1]. L'Espagne infestée de cette secte devint une école d'impudicité.

L'Église faisoit tête à toutes ces hérésies; sa lutte perpétuelle donne la raison de ces conciles, de ces synodes, de ces assemblées de tous noms et de toutes sortes que l'on remarque dès la naissance du christianisme. C'est une chose prodigieuse que l'infatigable activité de la communauté chrétienne : occupée à se défendre contre les édits des empereurs et contre les supplices, elle étoit encore obligée de combattre ses enfants et ses ennemis domestiques. Il y alloit, il est vrai, de l'existence même de la foi : si les hérésies n'avoient été continuellement retranchées du sein de l'Église par des canons, dénoncées et stigmatisées dans les écrits, les peuples n'auroient plus su de quelle religion ils étoient. Au milieu des sectes se propageant sans obstacles, se ramifiant à l'infini, le principe chrétien se fût épuisé dans ses dérivations nombreuses, comme un fleuve se perd dans la multitude de ses canaux.

Il résulte de cet aperçu que les hérésies s'imprégnèrent de l'esprit des siècles où elles se succédèrent. Leurs conséquences politiques furent énormes; elles affoiblirent et divisèrent le monde romain : les moines ariens ouvrirent la Grèce aux Goths, les donatistes l'Afrique aux Vandales; et pour se dé-

[1] Sulp. Sev., lib. III; Aug. *Hæres*, LXX.

rober à l'oppression des ariens, les évêques catholiques livrèrent la Gaule aux Franks. Dans l'Orient, le nestorianisme, refoulé sur la Perse, gagna les Indes, alla s'unir au culte du lama, et constituer sous un dieu étranger la hiérarchie et les ordres monastiques de l'Église chrétienne : il fit naître aussi l'espèce de puissance problématique et fantastique du prêtre Jean. D'un autre côté une foule de sectes variées, que proscrivoit le fanatisme grec, se réfugièrent pêle-mêle en Arabie : de la confusion de leurs doctrines, professées ensemble dans l'exil et travaillées par la verve orientale, sortit le mahométanisme, hérésie judaïque-chrétienne, de qui la haine aveugle contre les adorateurs de la croix se compose des haines diverses de toutes les infidélités dont la religion du Coran s'est formée.

A voir les choses de plus haut dans leurs rapports avec la grande famille des nations, les hérésies ne furent que la vérité philosophique, ou l'indépendance de l'esprit de l'homme, refusant son adhésion à la chose adoptée. Prises dans ce sens, les hérésies produisirent des effets salutaires : elles exercèrent la pensée, elles prévinrent la complète barbarie, en tenant l'intelligence éveillée dans les siècles les plus rudes et les plus ignorants ; elles conservèrent un droit naturel et sacré, le droit de *choisir*. Toujours il y aura des hérésies, parce que l'homme né libre fera toujours des choix. Alors même que l'hérésie choque la raison, elle constate une de nos plus nobles facultés, celle de nous enquérir sans contrôle et d'agir sans entraves.

CINQUIÈME DISCOURS.

TROISIÈME PARTIE.

MOEURS DES PAÏENS.

Un long paganisme et des institutions contraires à la vérité humaine avoient porté la gangrène dans le cœur du monde romain. L'Évangile pouvoit faire des saints isolés, des familles pieuses, charitables, héroïques; mais il ne pouvoit extirper subitement un mal enraciné par une civilisation anti-naturelle. Le christianisme réforma les mœurs publiques avant d'épurer les mœurs privées; il corrigea les lois, posa les dogmes de la morale universelle, avant d'agir efficacement sur la généralité des individus. Ainsi vous avez vu l'esclavage, la prostitution, l'exposition des enfants, les combats des gladiateurs, attaqués légalement par Constantin et ses successeurs (glorieux effet du christianisme au pouvoir); mais vous avez retrouvé aussi le même fond de corruption sur le trône. Les empereurs, il est vrai, ne se rendoient pas coupables de ces infamies effrontées dont s'étoient souillés, à la face du soleil, Tibère, Caligula, Néron, Domitien, Commode, Élagabale; mais les crimes intérieurs du palais, une dépravation secrète, une vie d'intrigues, quelque chose qui ressembloit davantage aux cours modernes, commença : tout ce que le christianisme put faire d'abord, fut de contraindre les vices à se cacher.

La pourriture de l'empire romain vint de trois causes principales : du culte, des lois et des mœurs. Et comme cet empire renfermoit dans son sein une foule de nations placées dans divers climats, à différents degrés de civilisation, toutes ces nations mêloient leurs corruptions particulières à la corruption du peuple dominateur : ainsi l'Égypte donna à Rome ses superstitions, l'Asie sa mollesse, l'Occident et le Nord de l'Europe son mépris de l'humanité.

La société romaine parloit deux langues, étoit composée de deux génies : la langue latine et la langue grecque, le génie grec et le génie latin. La langue latine se renfermoit dans une partie de l'Italie, dans quelques colonies africaines, illyriennes, daciques, gauloises, germaniques, bretonnes, tandis qu'Alexandre avoit porté sa langue maternelle jusqu'aux confins de l'Éthiopie et des Indes : elle servoit d'idiome intermédiaire entre les peuples qui ne s'entendoient pas ; elle étoit parlée à Rome, même par les esclaves et les marchandes d'herbes. Le génie grec communiqua aux Romains la corruption intellectuelle, les subtilités, le mensonge, la vaine philosophie, tout ce qui détériore la simplicité naturelle ; le génie latin voua ces mêmes Romains à la corruption matérielle, aux excès des sens, à la débauche, à la cruauté.

De ces généralités, si nous passons à l'examen particulier de la religion, des lois et des mœurs, nous trouvons l'idolâtrie merveilleusement calculée pour autoriser les vices : l'homme ne faisoit qu'imiter les actions du dieu[1]. Jupiter a séduit une femme en se changeant en pluie d'or, pourquoi moi, chétif mortel, n'en ferois-je pas autant[2]? Ovide (et l'autorité est singulière) ne veut pas que les jeunes filles aillent dans les temples, parce qu'elles y verroient combien Jupiter a fait de mères[3]. Les femmes se prostituoient publiquement dans le temple de Vénus à Babylone[4]. Dans l'Arménie les familles les plus illustres consacroient leurs filles vierges encore à cette déesse[5]. Les femmes de Biblis qui ne consentoient pas à couper leurs cheveux au deuil d'Adonis étoient contraintes, pour se laver de cette impiété, de se livrer un jour entier aux étrangers. L'argent qui provenoit de cette sainte souillure étoit consacré à la déesse[6]. Les filles, dans l'île de Chypre, se rendoient au bord de la mer avant de se marier, et gagnoient avec le premier venu l'argent de leur dot[7].

Rien de plus célèbre que le temple de Corinthe ; il renfermoit mille ou douze cents prostituées offertes à la mère des amours. Ces courtisanes étoient

---

[1] Eurip., *ap. Just.*

[2]   Ego homuncio, hoc non facerem ?   (Ter., *Eun.*, act. iii.)

[3]   Quam multas matres fecerit ille Deus.   (*Trist.*, lib. ii.)

[4] Herodot., lib. i.   [5] Strab., lib. xvi.

[6] Lucian., *de Assyria, init.*

[7] Dotalem pecuniam quæsituras... pro reliqua pudicitia libamenta Veneri soluturas. (Just., lib. xviii.)

consultées et employées dans les affaires de la république comme des vestales [1].

Lucien, dans les *Dialogues des dieux*, flagelle en riant les turpitudes de la mythologie. Junon se plaint à Jupiter qu'il ne la caresse plus depuis qu'il a enlevé Ganimède; Mercure se moque avec Apollon de l'aventure de Mars enchaîné par Vulcain dans les bras de Vénus; Vénus invite Pâris à l'adultère : « Hélène n'est pas noire, puisqu'elle est « née d'un cygne; elle n'est pas grossière puisqu'elle « est éclose dans la coquille d'un œuf. J'ai deux fils : « l'un rend aimable, l'autre amoureux; je mettrai « le premier dans tes yeux, le second dans le cœur « d'Hélène, et je t'amènerai les Grâces pour com- « pagnes, avec le Désir. » Mercure dit à Pan : « Tu « caresses donc les chèvres? »

Les voleurs, les homicides, et le reste, avoient leurs protecteurs dans le ciel : « Belle Laverne, « donne-moi l'art de tromper, et qu'on me croie « juste et saint [2]. »

Les mystères d'Adonis, de Cybèle, de Priape, de Flore, étoient représentés dans les temples et dans les jeux consacrés à ces divinités. On voyoit à la lumière du soleil ce que l'on cache dans les ténèbres, et la sueur de la honte glaçoit quelquefois l'infâme courage des acteurs [3].

---

[1] Athen.. lib. xiii.

[2] . . . . pulchra Laverna,
Da mihi fallere, da justum sanctumque videri.
(Horat., ep. xvi, lib. i.)

[3] Exuuntur etiam vestibus populo flagitante meretrices, quæ

L'ordre légal, conforme à l'ordre religieux, faisoit de ces déréglements des mœurs approuvées. La loi Scantinie pensoit sans doute être rigoureuse, en n'exceptant de la prostitution publique que *les garçons de condition*. On versoit au trésor le tribut que payoient les prostituées. Alexandre Sévère appliqua cet argent à la réparation du cirque et des théâtres [1].

Dans une société où moins de dix millions d'hommes disposoient de la liberté de plus de cent vingt millions de leurs semblables, on conçoit la facilité que les diverses cupidités avoient à se satisfaire. L'esclavage étoit une source inépuisable de corruption; la seule définition légale de l'esclave disoit tout : *Non tam vilis quam nullus;* moins vil que nul. Le maître avoit le droit de vie et de mort sur l'esclave, et l'esclave ne pouvoit acquérir qu'au profit du maître. Vous lisez au livre vingt-unième du titre premier de l'édit *Ediles*, au sujet de la vente des esclaves : « Ceux qui vendent des esclaves « doivent déclarer aux acheteurs leurs maladies et « défauts; s'ils sont sujets à la fuite ou au vaga- « bondage; s'ils n'ont point commis quelques délits « ou dommages. . . . .

« Si, depuis la vente, l'esclave a perdu de sa va-

---

tunc mimorum funguntur officio, et in conspectu populi usque ad satietatem impudicorum luminum cum pudendis motibus detinentur. (LACTANT., *de falsa Religione*, lib. 1, pag. 61. Basileæ.)

[1] Lenonum vectigal et meretricum et exoletorum in sacrum ærarium inferri vetuit, sed sumptibus publicis ad instaurationem theatri, circi, amphitheatri et ærarii deputavit. (LAMPRID., *in Alex. Sev.*)

« leur; si, au contraire, il a acquis quelque chose,
« comme une femme qui auroit eu un enfant;.....
«....... si l'esclave s'est rendu coupable d'un
« délit qui mérite la peine capitale; s'il a voulu se
« donner la mort; s'il a été employé à combattre
« contre les bêtes dans l'arène, etc. »

Immédiatement après ce titre vient un article sur la vente des chevaux et autre bétail, commençant de la même manière que celui sur la vente des esclaves : « Ceux qui vendent des chevaux doivent déclarer leurs défauts, leurs vices ou leurs maladies, etc. »

Toutes les misères humaines sont renfermées dans ces textes que les légistes romains énonçoient, sans se douter de l'abomination d'un tel ordre social.

Les cruautés exercées sur les esclaves font frémir : un vase étoit-il brisé, ordre aussitôt de jeter dans les viviers le serviteur maladroit, dont le corps alloit engraisser les murènes favorites ornées d'anneaux et de colliers. Un maître fait tuer un esclave pour avoir percé un sanglier avec un épieu, sorte d'armes défendues à la servitude [1]. Les esclaves malades étoient abandonnés ou assommés; les esclaves laboureurs passoient la nuit enchaînés dans des souterrains : on leur distribuoit un peu de sel, et ils ne recevoient l'air que par une étroite lucarne. Le possesseur d'un serf le pouvoit condamner aux bêtes, le vendre aux gladiateurs, le forcer à des

---

[1] Cicer. *in Verr.*, V, cap. III.

actions infâmes. Les Romains livroient aux traitements les plus cruels, pour la faute la plus légère, les femmes attachées à leur personne. Si un esclave tuoit son maître, on faisoit périr avec le coupable tous ses compagnons innocents. La loi *Petronia,* l'édit de l'empereur Claude, les efforts d'Antonin-le-Pieux, d'Adrien et de Constantin, furent sans succès pour remédier à ces abus que le christianisme extirpa.

L'instinct de la cruauté romaine se retrouvoit dans les peines applicables aux crimes et aux délits. La loi prescrivoit la croix (à laquelle fut substituée la potence [1]), le feu, la décollation, la précipitation, l'étranglement dans la prison, la fustigation jusqu'à la mort, la livraison aux bêtes, la condamnation aux mines, la déportation dans une île et la perte de la liberté.

Dans les premiers temps on pendoit le coupable, la tête enveloppée d'un voile, à des arbres appelés *malheureux,* et maudits par la religion, tels que le peuplier [2], l'aune et l'orme réputés stériles. On ne pouvoit faire mourir qu'avec le glaive, non avec la hache, l'épée, le poignard et le bâton. La mort par le poison ou par la privation d'aliments, d'abord permise, fut ensuite prohibée.

Étoient exemptés de la question, les militaires,

---

[1] Callistratus scripserat crucem; Tribonanius furcam substituit, quia Constantinus supplicium crucis abrogaverat. (*Pandect.,* lib. XLVIII, tit. IX, *de pœn.*)

[2] Erant autem *infelices arbores,* damnatæque religione, quæ nec seruntur nec fructum ferunt: quales populus, alnus, ulmus. (PLIN., *Hist. nat.,* lib. XXVI; *Pandect., loc. cit.*)

les personnes illustres ou distinguées par leur vertu: celles-ci transmettoient ce privilége à leur postérité jusqu'à la troisième génération. Étoient encore soustraits à la question les hommes libres de race non plébéienne, excepté le cas d'accusation de crime de lèse-majesté au premier chef; or, la frayeur des tyrans et la bassesse des juges faisoient survenir cette accusation dans toutes les causes.

Les supplices de la question étoient: le chevalet, lequel étendoit les membres et détachoit les os du corps; les lames de fer rouge, les crocs à traîner[1], les griffes à déchirer. Le même homme pouvoit être mis plusieurs fois à la torture. Si nombre de gens étoient prévenus du même crime, on commençoit la question par le plus timide ou le plus jeune[2].

Ces épouvantables inventions de l'inhumanité ne suffisoient pas, et les bornes des tourments étoient laissées à la discrétion du juge[3]. De là cet arbitraire des supplices dont je vous ai parlé.

Avant de mettre les esclaves à la question, l'accusateur en déposoit le prix : le gouvernement confisquoit les esclaves qui survivoient, lorsqu'ils avoient déposé contre leurs maîtres[4].

De ce récit succinct de la corruption de Rome

[1] Unco trahebantur. (PLIN.; SENEC.)
[2] Ut ab eo primum incipiatur qui timidior est, vel tenerae aetatis videtur. (*Pandect.*, lib. XLVIII, tit. XVIII.)
[3] Quaestionis modum magis et judices arbitrari oportere. (*Id.*, *ibid.*)
[4] Voyez tout l'effroyable titre *de Quaestionibus*. L'esprit de cette dernière loi est logique dans sa cruauté.

païenne par la religion et les lois, passons à la peinture de la corruption dans les mœurs.

Le seul peuple qui ait jamais fait un spectacle de l'homicide est le peuple romain : tantôt c'étoient des gladiateurs, et même des *gladiatrices* de famille noble [1], qui s'entre-tuoient pour le divertissement de la populace la plus abjecte, comme pour le plaisir de la société la plus raffinée; tantôt c'étoient des prisonniers de guerre que l'on armoit les uns contre les autres, et qui se massacroient au milieu des fêtes, la nuit, aux flambeaux, en présence de courtisanes toutes nues : on forçoit des pères, des fils, des frères, de s'égorger mutuellement afin de désennuyer un Néron, et mieux encore un Vespasien et un Titus.

Les panthères, les tigres, les ours, étoient appelés à ces jeux des hommes par une juste égalité et fraternité. La mort se voulut montrer un jour au milieu de l'arène dans toute son opulence; elle y fit paroître à la fois une multitude de lions : tant de bouches affamées auroient manqué de pâture, si les martyrs ne s'étoient heureusement trouvés pour fournir du sang et de la chair à ces armées du désert. Onze mille animaux de différentes sortes furent immolés après le triomphe de Trajan sur les Daces, et dix mille gladiateurs succombèrent

---

[1] Per id tempus factum est mulierum certamen... Cum crudele pugnavissent, essentque ob eam causam cæteras nobilissimas feminas conviciis consectatæ, cautum est ne quæ mulier usquam in reliquum tempus muneribus gladiatoris fungeretur. (Dion., *Hist. Rom.*, lib. LXXVI, pag. 858. Hanoviæ, 1806.)

dans les jeux qui durèrent cent vingt-trois jours.

La loi romaine étendoit ses soins maternels sur les bêtes de meurtre; elle défendoit de les tuer en Afrique, comme on défend de tuer les brebis, mères des troupeaux. Le retentissement des glaives, les rugissements des animaux, les gémissements des victimes dont les entrailles étoient traînées sur un sable parfumé d'essence de safran ou d'eaux de senteur [1], ravissoient la foule : au sortir de l'amphithéâtre elle couroit se plonger dans les bains, ou dans les lieux dont les enseignes brilloient sous les voûtes qui ont donné leur nom à la transgression de la chasteté. Ces impitoyables spectateurs de la mort, qui la regardoient sans pouvoir apprendre à mourir, accordoient rarement la vie : si le gladiateur crioit merci, les Délie, les Lesbie, les Cynthie, les Lydie, toutes ces femmes des Tibulle, des Catulle, des Properce, des Horace, donnoient le signe du trépas de la même main dont les muses avoient chanté les molles caresses.[2]

Les festins particuliers étoient rehaussés par ce plaisir du sang : quand on s'étoit bien repu et qu'on approchoit de l'ivresse, on appeloit des gladiateurs;

---

[1] Croco diluto aut aliis fragrantibus liquoribus. (MARTIAL., v. 26, et *de Spect.*, III.)

[2] Pollicem vertebant. (JUVENAL., *Sat.* III, v. 36.)

Quis nescit? vel quis non vidit vulnera pali?
Quem cavat assiduis sudibus, scutoque lacessit,
Atque omnes implet numeros, dignissima prorsus
Florali matrona tuba ; nisi quid in illo,
Pectore plus agitat veræque paratur arenæ.
Quem præstare potest mulier galeata pudorem,
Quæ fugit a sexu? (JUV., *sat.* VI, p. 151; Lugd. Batav., 1695.)

la salle retentissoit d'applaudissements, lorsqu'un des deux assaillants étoit tué. Un Romain avoit ordonné, par testament, de faire combattre ainsi de belles femmes qu'il avoit achetées ; et un autre, de jeunes esclaves qu'il avoit aimés[1].

Le luxe des édifices à Rome passe ce qu'on en sauroit dire : la maison d'un riche étoit une ville entière; on y trouvoit des forum, des cirques, des portiques, des bains publics, des bibliothèques. Les maîtres y vivoient, pendant le jour, dans des salles ornées de peintures que la lumière du soleil n'éclairoit point : on ne les peut encore voir qu'à la lueur des torches, aujourd'hui que la nuit des siècles et les ténèbres des ruines ont ajouté leur obscurité à celle de ces voûtes. Un ouvrage, faussement attribué à Lucien, fait l'éloge d'un *appartement;* cette demeure est représentée comme une femme modeste dont la parure est à ses charmes *ce que la pourpre est à un vêtement.* Et cependant l'habitation qui paroissoit si simple à l'auteur de cette pièce de rhétorique, a des murs peints à fresque, des plafonds encadrés d'or, et tout ce qui en feroit pour nous un palais de la plus grande magnificence.

Descendant de la cruauté à la débauche, qui ne sait la *spinthriæ* de Tibère et les incestes de Caligula? Qui n'a entendu parler de Messaline et du lit où elle rapportoit l'odeur de ses souillures ? Néron se marioit publiquement à des hommes[2]. Par la

[1] Quidam testamento formosissimas mulieres quas emerat, eo pugnæ genere confligere inter se; alius, impuberes pueros quos vivus in deliciis habebat. (ATHEN., lib. IV, pag. 154, edit. 1598.)

[2] Nero tanto Sabinæ desiderio teneri cœpit, ut puerum li-

blessure qu'il fit à Sporus, il inventa une femme nouvelle. Je ne redirai plus rien des Vitellius et des Domitien.

Le luxe des repas et des fêtes épuisoit les trésors de l'État et la fortune des familles; il falloit aller chercher les oiseaux et les poissons les plus rares, dans les pays et sur les côtes les plus éloignés. On engraissoit toutes sortes de bêtes pour la table, jusqu'à des rats. Des truies on ne mangeoit que les mamelles; le reste étoit livré aux esclaves.

Athénée consacre onze livres de son *Banquet* à décrire tous les poissons, tous les coquillages, tous les quadrupèdes, tous les oiseaux, tous les insectes, tous les fruits, tous les végétaux, tous les vins dont les anciens usoient dans leurs repas. Il se donne la peine d'instruire la postérité que les cuisiniers étoient des personnages importants, familiarisés avec la langue d'Homère, et à qui l'on faisoit apprendre par cœur les dialogues de Platon. Ils mettoient les plats sur la table, comptant : *Un, deux, trois*[1], et répétant ainsi le commencement du *Timée*. Ils avoient trouvé le moyen de servir un cochon entier, rôti d'un côté, et bouilli de l'autre[2]. Ils piloient ensemble des cervelles de volailles et de porcs, des jaunes d'œufs, des feuilles de rose, et formoient du tout une pâte odoriférante, cuite à un

---

bertum (Sporus nominabatur) exsecari jusserit quod Sabinæ simillimus erat, eoque in cæteris rebus pro uxore usus sit, quin etiam progrediente tempore eum in uxorem duxit, quanquam ipse nuptus Pythagoræ liberto. (Dion., lib. LXII, pag. 715.)

[1] ATHEN., lib. IX, cap. VII.
[2] *Id.*, lib. IX, cap. VI, ad fin.

feu doux, avec de l'huile, du garum, du poivre et du vin [1]. Avant le repas on mangeoit des cigales pour se donner de l'appétit.[2].

Je vous ai parlé de cet Élagabale à qui ses compagnons avoient donné le surnom de *Varius*, parce qu'ils le disoient fils d'une femme publique et de plusieurs pères. Il nourrissoit les officiers de son palais d'entrailles de barbot, de cervelles de faisans et de grives, d'œufs de perdrix et de têtes de perroquets [3]. Il donnoit à ses chiens des foies de canards, à ses chevaux des raisins d'Apamène, à ses lions, des perroquets et des faisans [4]. Il avoit, lui, pour sa part, des talons de chameau, des crêtes arrachées à des coqs vivants, des tétines et des vulves de laies, des langues de paons et de rossignols, des pois brouillés avec des grains d'or, des lentilles avec des pierres de foudre, des fèves fricassées avec des morceaux d'ambre, et du riz mêlé avec des perles [5] : c'étoit encore avec des perles au

---

[1] Fragrantissimis rosis in mortario tritis, addo gallinarum et porcorum elixa cerebra, deinde oleum, garum, piper, vinum, omnia curiose trita in ollam novam effundens, subjecto igni blando et continuo. (ATHEN., *Deipnosoph.*, lib. ix, pag. 406.)

[2] Lib. iv, cap. vi.

[3] Exhibuit palatinis ingentes dapes extis mullorum refertas, et cerebellis phœnicopterum, et perdicum ovis, et cerebellis turdorum, et capitibus psittacorum et phasianorum et pavonum. (ÆLII LAMPRID. *Hist. Aug.*, vit. *Heliogab.*, p. 108. Parisiis, 1620.)

[4] Canes jecinoribus anserum pavit. Misit et uvas apamenas in præsepia equis suis. Et psittacis atque phasianis leones pavit. (*Id., ibid.*)

[5] Comedit calcanea camelorum et cristas vivis gallinaceis demptas; linguas pavonum et lusciniarum, pisum cum aureis, lentem cum ceraunis, fabam cum electris et orizam cum albis. (*Id., ibid.*)

lieu de poivre blanc, qu'il saupoudroit les truffes et les poissons. Fabricateur de mets et de breuvages, il mêloit le mastic au vin de rose. Un jour il avoit promis à ses parasites un phénix, ou, à son défaut, mille livres d'or¹.

En été il donnoit des repas dont les ornements changeoient chaque jour de couleur : sur les réchauds, les marmites, les vases d'argent du poids de cent livres, étoient ciselées des figures du dessin le plus impudique². De vieux sycophantes, assis auprès du maître du banquet, le caressoient en mangeant.

Les lits de table, d'argent massif, étoient parsemés de roses, de violettes, d'hyacinthes et de narcisses. Des lambris tournants lançoient des fleurs avec une telle profusion, que les convives en étoient presque étouffés³. Le nard et des parfums précieux alimentoient les lampes de ces festins qui comptoient quelquefois vingt-deux services. Entre chaque service on se lavoit, et l'on passoit dans les bras d'une nouvelle femme⁴.

¹ Fertur et promisisse phœnicem conviviis, vel pro ea libras auri mille. (*Id.*, pag. 109.)

² Deinde æstiva convivia coloribus exhibuit... Semper varie per dies omnes æstivos... Vasa centenaria argentea sculpta, et nonnulla schematibus libidinosis inquinata. (*Id.*, pag. 107.)

³ Oppressit in tricliniis versatilibus parasitos suos violis et floribus, sic ut animam aliqui efflaverint, quum crepere ad summum non possent. (*Id.*, pag. 108.)

⁴ Idem in lucernis balsamum exhibuit. Exhibuit et aliquando tale convivium ut haberet viginti et duo fercula ingentium epularum, sed per singula lavaret, et mulieribus uterentur ipse et amici cum jurejurando quod voluptatem efficerent. (*Id.*, p. 111.)

Jamais Élagabale ne mangeoit de poisson auprès de la mer; mais, lorsqu'il en étoit très éloigné, il faisoit distribuer à ses gens des laitances de lamproies et de loups marins. On jetoit au peuple des pierres fines avec des fruits et des fleurs; on l'envoyoit boire aux piscines et aux bains remplis de vin de rose et d'absinthe[1].

J'ai déjà touché quelque chose des impuretés et des noces d'Élagabale. Il aimoit particulièrement à représenter l'histoire de Pâris : ses vêtements tomboient tout à coup; il paroissoit nu, tenant d'une main une de ses mamelles, de l'autre, se voilant comme la Vénus de Praxitèle; il s'agenouilloit et se présentoit aux ministres de ses voluptés[2]. Il avoit quitté Zoticus le cocher, et s'étoit donné en mariage à Hiéroclès; il porta la passion pour celui-ci à un tel degré d'obscénité, qu'on ne le sauroit dire; il prétendoit célébrer ainsi les jeux sacrés de Flore[3]. En bon Romain, il mêloit l'immolation des victimes humaines à la débauche; il les choisissoit parmi les enfants des meilleures familles, prenant soin qu'ils eussent père et mère vivants, afin qu'il y eût plus de douleur[4].

[1] Ad mare piscem nunquam comedit : in longissimis a mari locis omnia marina semper exhibuit : muraenarum lactibus et luporum in locis mediterraneis pavit, et rosis piscinas exhibuit, et bibit cum omnibus suis caldaria, miscuit gemmas pomis ac floribus; jecit et per fenestram cibos. (LAMPRID., *Vit. Elagabal.*)

[2] Posterioribus eminentibus in subactorem rejectis et oppositis. (*Id.*, pag. 109.)

[3] Ut eidem inguina oscularetur. (*Id., ibid.*)

[4] Credo ut major esset utrique parenti dolor. (*Id., ibid.*)

Élagabale étoit vêtu de robes de soie brodées de perles. Il ne portoit jamais deux fois la même chaussure, la même bague, la même tunique [1]; il ne connut jamais deux fois la même femme [2]. Les coussins sur lesquels il se couchoit étoient enflés d'un duvet cueilli sous les ailes des perdrix [3]. A des chars d'or incrustés de pierres précieuses (Élagabale dédaignoit les chars d'argent et d'ivoire) il enchaînoit deux, trois et quatre belles femmes, le sein découvert, et il se faisoit traîner sur le quadrige. Quelquefois il étoit nu ainsi que son élégant attelage, et il rouloit sous des portiques semés de paillettes d'or [4], comme le Soleil conduit par les Heures.

Si ces iniquités et ces folies n'appartenoient qu'à un seul homme, il n'en faudroit rien conclure des mœurs d'un peuple; mais Élagabale n'avoit fait que réunir dans sa personne ce qu'on avoit vu avant lui, depuis Auguste jusqu'à Commode. Se faut-il étonner qu'il y eût alors dans les catacombes de Rome, dans les sables de la Thébaïde, un autre

---

[1] Calceamentum nunquam iteravit; annulos etiam negatur iterasse, pretiosas vestes sæpe conscidit. (*Id.*, pag. 112.)

[2] Idem mulierem nunquam iteravit præter uxorem. (*Idem*, pag. 109.)

[3] Nec cubuit in accubitis facile, nisi iis qui pilum leporinum haberent, aut plumas perdiccum, sub alares culcitras, sæpe permutans. (*Id.*, pag. 108.)

[4] Habuit et gemmata vehicula et aurata, contempsit argentatis et eboratis et æratis. Junxit et quaternas mulieres pulcherrimas et binas ad papillam, vel ternas et amplius, et sic vectatus est: sed plerumque nudas, cum nudum illæ traherent. (*Id.*, p. 111.) Scobe auri porticum stravit. . . . . ut fit de aurosa arena. (*Id.*, pag. 112.)

peuple qui, par des austérités et des larmes, appelât la création d'un autre univers? Ces cochers du Cirque, ces prostituées des temples de Cybèle, qui faisoient rougir la lune[1] de leurs affreux débordements, ces poursuivants de testaments, ces empoisonneurs, ces Trimalcions, toute cette engeance de l'amphithéâtre, toute cette race jugée et condamnée devoit disparoître de la terre.

L'impureté n'étoit pas le fruit particulier de l'éducation des tyrans, un privilége de palais, une bonne grâce de cour; elle étoit le vice dominant de la terre païenne, grecque et latine. La pudeur comme vertu, non comme instinct, est née du christianisme : si quelque chose pouvoit excuser les anciens, c'est que, ne remontant pas plus haut que le penchant animal, ils n'avoient pas de la chasteté l'idée que nous en avons.

Des savants, dans Athénée, examinent doctement quand l'amour pour les jeunes garçons commença. Les uns le font remonter à Jupiter, et les autres à Minos qui devint amoureux de Thésée; les autres à Laïus qui enleva Chrysippe, fils de Pélops son hôte. Hiéronyme, le péripatéticien, loue cet amour, et fait l'éloge de la légion de Thèbes; Agnon, l'académicien, rapporte que chez les Spartiates, il étoit licite à la jeunesse des deux sexes de se prostituer légalement avant le mariage.

Dans le dialogue *des Amours*, qui n'est vraisemblablement pas de Lucien, l'auteur introduit sur

---

[1] Inque vices equitant; ac, luna teste, moventur.
(Juv, *sat*. vi.)

la scène deux personnages, Chariclès et Callicratidas; ils plaident dans un bois du temple de Cnide, l'un l'amour des femmes, l'autre l'amour des garçons : Lycinus et Théomneste sont juges du débat. Chariclès, attaquant son adversaire après avoir fait l'éloge des femmes, lui dit : « Ta victime souffre, et « pleure dans tes odieuses caresses [1]; si l'on permet « de tels désordres parmi les hommes, il faut laisser « aux Lesbiennes leur stérile volupté [2]. »

Callicratidas prend la parole; il repousse quelques-uns des arguments de Chariclès : « Les lions « n'épousent pas les lions, dis-tu ? c'est que les lions « ne philosophent pas [3]. » Callicratidas fait ensuite une peinture satirique de la femme : le matin, au sortir du lit, la femme ressemble à un singe; des vieilles et des servantes, rangées à la file comme dans une procession, lui apportent les instruments et les drogues de sa toilette, un bassin d'argent, une aiguière, un miroir, des fers à friser, des fards, des pots remplis d'opiats et d'onguents pour nettoyer les dents, noircir les sourcils, teindre et parfumer les cheveux; on croiroit voir le laboratoire d'un pharmacien. Elle couvre à moitié son front

---

[1] Principio quidem dolores ac lacrymæ oboriuntur, ubi per tempus dolor aliquid remisit, nihil quicquam, ut aiunt, moleste feceris, voluptas autem ne ulla quidem. (LUCIANI *Amores*, p. 572. Lutetiæ Parisiorum, an. 1615.)

[2] Congrediantur et illæ inter se mutuo. Tribadum obscœnitatis istius passim ac libere vagetur. (*Id.*, *ibid.*)

[3] Non amant sese leones, nec enim philosophantur.

Ουκ ερωσι λεοντες, ουδε γαρ φιλοσοφουσιν.

(LUCIANI *Amores*, pag. 576.)

sous les anneaux de sa chevelure, tandis qu'une autre partie de cette chevelure flotte sur ses épaules. Les bandelettes de sa chaussure sont si serrées qu'elles entrent dans sa chair; elle est moins vêtue qu'enfermée sous un tissu transparent qui laisse voir ce qu'il est censé cacher. Elle attache des perles précieuses à ses oreilles, des bracelets en forme de serpents d'or à ses poignets et à ses bras; une couronne de diamants et de pierreries des Indes repose sur sa tête; de longs colliers pendent à son cou; des talons d'or ornent sa chaussure de pourpre; elle rougit ses joues impudentes afin de dissimuler sa pâleur. Ainsi parée, elle sort pour adorer des déesses inconnues et fatales à son mari. Ces adorations sont suivies d'initiations mal famées et de mystères suspects[1]. Elle rentre, et passe d'un bain prolongé à une table somptueuse; elle se gorge d'aliments, elle goûte à tous les mets du bout du doigt. Un lit voluptueux l'attend; elle s'y livre à un sommeil inexplicable, si c'est un sommeil; et quand on sort de cette couche moelleuse, il faut vite courir aux thermes voisins[2]. »

[1] Etiam corona caput circumcirca ambit, lapillis indicis stellata, pretiosa autem de cervicibus monilia dependent. Impudentes etiam genas rubefaciunt illitis fucis. . . . . Nempe statim e domo egressæ, sacrificia faciunt arcana et absque viris suspecta mysteria. (LUCIANI *Amores,* pag. 579.)

[2] Domi statim prolixa balnea ac sumptuosa quidem ac lauta mensa. Posteaquam enim nimis quam repletæ fuerint sua ipsarum gulositate, summis digitis velut inscribentes appositorum unumquodque degustant. Et diversorum corporum somnos et muliebritate lectum refertum, ex quo surgens statim lavacro opus habet. (*Id., ibid.*) Ce latin ne rend pas le texte grec.

De cette satire, Callicratidas passe à l'éloge du jeune homme : « Il se lève avant l'aurore, se plonge dans une eau pure, étudie les maximes de la sagesse, joue de la lyre, dompte sa vigueur sur des coursiers de Thessalie, et lance le javelot; c'est Mercure, Apollon, Castor. Qui ne seroit l'ami d'un pareil jeune homme[1]? L'amour étoit le médiateur de l'amitié entre Oreste et Pylade; ils voguoient ensemble sur le même vaisseau de la vie[2] : il est beau de s'exciter aux actions héroïques par une triple communauté de plaisirs, de périls et de gloire. L'âme de ceux qui aiment de cet amour céleste habite les régions divines, et *deux amants de cette sorte reçoivent, après la vie, le prix immortel de la vertu*[3]. » Callicratidas exprime ici l'opinion de Platon, et de Socrate, déclaré le plus sage des hommes !

Licinius juge le procès : il laisse les femmes aux hommes vulgaires, et les petits garçons aux philosophes. Théomneste rit de la prétendue pureté de l'amour philosophique, et finit par la peinture

---

[1] Mane surgens ex lecto, postquam residentem in oculis somnum reliquum aqua simplici abstersit. Illi apta atque sonora lyra. Thessali equi illi curæ sunt, ac breviter juventutem domant ac subjugant, in pace meditatur res bellicas, evibrando jacula. . . . . . . Quomodo vero, non amaret illum in palæstris quidem Mercurium, inter lyras autem Apollinem, equitatorem vero Castorem?

[2] Amor Orestem et Pyladem conjunxit : atque in uno eædemque vitæ navigio simul navigarunt.

[3] Etiam æther post terram excipit eos qui hæc sectantur : illi autem meliori fato morientes, virtutis præmium hoc incorruptibile consequuntur. (LUCIANI *Amores*, pag. 585.)

d'une séduction dont les nudités sont à peine supportables sous le voile de la langue grecque ou latine.

Les plus grands personnages de la Grèce et les plus hautes renommées paroissent sous le joug de ces dégradantes passions. Alexandre fit rougir ses soldats de sa familiarité avec l'eunuque Bagoas. Périclès vivoit publiquement avec la femme de son fils[1]; il défendit devant les tribunaux Cimon accusé d'inceste avec sa sœur Elpinice, et Elpinice devint le prix de l'éloquence tarée du triomphant orateur[2]. Sophocle sort d'Athènes avec un jeune garçon qui lui dérobe son manteau; Euripide se raille de Sophocle, et lui déclare qu'il a possédé pour rien la même créature[3]. Sophocle lui répond en vers : « Euripide, ce fut le soleil et non un jeune « garçon qui me dépouilla en me faisant éprouver « sa chaleur; pour toi, c'est Borée qui t'a glacé dans « les bras d'une femme adultère[4]. » Le sale Diogène dansoit avec l'élégante Laïs qui se livroit à lui; et

---

[1] ATHEN., lib. XIII, cap. v.
[2] *Id., ibid.*
[3] Sophoclem venustum puerum extra mœnia civitatis duxisse ut cum eo coiret, eumque Sophoclis penula direpta dicessisse. Euripides cachinnans per ludibrium dixit illo se aliquando puero usum fuisse, verum sibi furto nihil amissum. (ATHEN., pag. 604.)
[4] Hoc ubi Sophocles audiit, in Euripidem epigramma scripsit hujusmodi :

>Sol quidem, o Euripides, non puer, cum me tepefaceret
>Veste nudavit : tibi vero alienam uxorem osculanti
>Inacessit Boreas, etc.

Ἥλιος ἦν παις, Εὐριπίδη, ὅς με χλιαίνων, etc.
(ATHEN., *Deipnosoph.*, pag. 604.)

le voluptueux Aristippe, amant de Laïs, approuvoit le partage. Sur le tombeau de Dioclès, de jeunes garçons célébroient chaque année la fête des baisers : le plus lascif obtenoit la couronne [1] : Dioclès avoit été un infâme. Athénée nous apprend encore le rôle que jouoient les courtisanes, et Lucien, les leçons qu'elles se donnoient entre elles : Aspasie, Phrynée, Laïs, Glycère, Flora, Gnathène, Gnathénion, Manie et tant d'autres, sont devenues des personnages mêlés aux plus graves comme aux plus beaux souvenirs de l'histoire, des arts, et du génie.

Un trait particulier distingue le dialogue des *Courtisanes* dans Lucien. L'auteur met souvent en scène une mère et une fille : c'est la mère qui corrompt la fille, qui cherche à lui enlever tout remords, toute pudeur, qui l'instruit au libertinage, au mensonge, au vol, qui lui conseille de se prostituer au plus rustre, au plus laid, au plus infâme, pourvu qu'il paie bien et qu'on le puisse dépouiller. Quant aux jeunes courtisanes, elles éprouvent presque toujours une passion sincère et naïve ; elles ont recours à des enchantements, comme la magicienne de Théocrite, pour rappeler des amants volages ; on les voit occupées à les arracher non-seulement à leurs rivales, mais encore à leurs *rivaux*, les philosophes. Chélidonion propose à Drosé d'écrire avec du charbon sur la mu-

---

[1] Quique labra labris dulcius applicaverit,
Is coronis oneratus ad suam matrem revertitur.
(Théoc., *Idyll.*, xii.)

raille du Céramique : *Aristenet corrompt Clinias.* Cet Aristenet étoit un philosophe qui avoit enlevé Clinias à Drosé. Enfin l'on trouve parmi les Dialogues de Lucien, celui de Clonarion et de Léæna, consacré à la peinture des désordres entre les femmes; ils y sont peints comme les désordres entre les hommes. Léæna est aimée d'une riche femme de Lesbos, Mégille, déjà liée avec Démonasse, femme de Corinthe. Ces deux saphiennes invitent Léæna à partager leur commune couche. Mégille jette au loin sa fausse chevelure, paroît nue, et la tête rase comme un athlète[1]. Léæna entre dans des détails assez étendus avec Clonarion; et refuse de lui donner les derniers[2].

Vous auriez une fausse idée de ces ouvrages, si vous vous les représentiez comme ces mauvais livres destinés parmi nous à la dépravation de la jeunesse, mais qui ne peignent point l'état général de la société. Les Pères de l'Église s'expriment comme Lucien, et comme Athénée : Clément d'Alexandrie indique des choses de la même nature que celles rappelées aux dialogues des *Amours,* et il cite ailleurs des faits racontés par Lucien lui-même[3]; il parle de la Vénus de Cnide souillée dans

---

[1] Megilla comam ut illam fictitiam habebat a capite rejecit, ipsa autem jacebat omnino similis atque æquiparanda gladiatori, alicui vehementer virili atque robusto ad vivum usque cute detonsa.

[2] Ne quære accuratius omnia, turpia enim sunt.
(LUCIANI *dialogi meretricii Clonarium et Leæna,* ad finem, p. 970.)

[3] *In Pædagog.,* lib. II, cap. X; *In Protreptico,* pag. 24 et 38.

son temple, et de Philœnis, « à qui, dit Fleury, on
« attribuoit un écrit touchant les impudicités les
« plus criminelles dont les femmes soient capables. »
Saint-Justin, dans son *Apologie*, assure que l'ouvrage de Philœnis étoit dans les mains de tout le monde [1].

Chez plusieurs nations, un prix étoit décerné au plus impudique [2]. Il y avoit des villes entières consacrées à la prostitution : des inscriptions écrites à la porte des lieux de libertinage, et la multitude des simulacres obscènes trouvés à Pompéi ont fait penser que cette ville jouissoit de ce privilége. Des philosophes méditoient pourtant sur la nature de Dieu et de l'homme dans cette Sodome ; leurs livres déterrés ont moins résisté aux cendres du Vésuve que les images d'airain du musée secret de Portici. Caton-le-Censeur louoit les jeunes gens abandonnés au vice que chantoient les poëtes [3]. Après les repas, on voyoit sur les lits du festin de malheureux enfants qui attendoient les outrages [4].

Ammien Marcellin a peint les descendants des

---

[1] Un auteur italien trop célèbre a reproduit l'ouvrage de Philœnis. Avant lui, un grave et religieux savant du onzième siècle avoit écrit un livre de même nature ; Brantôme a renouvelé les mêmes histoires ; mais le véritable auteur de l'ouvrage grec n'étoit point la courtisane Philœnis, c'étoit un sophiste nommé Polycrate, comme nous l'apprend Athénée.

[2] Impios infamia turpissima. . . . .
(PHILO. *de præmiis et pœnis*, pag. 586, in-fol. Parisiis, 1552.)

[3] HORAT., *satir.*, lib. I.

[4] Transeo puerorum infeliciun greges quos post transacta convivia aliæ cubiculi contumeliæ exspectant. (SENEC., *epist.* 95.)

Cincinnatus et des Publicola au quatrième siècle [1].
« Ils se distinguent par de hauts chars; ils suent
« sous le poids de leur manteau, si léger pourtant
« que le moindre vent le soulève. Ils le secouent
« fréquemment du côté gauche pour en étaler les
« franges et laisser voir leur tunique où sont bro-
« dées diverses figures d'animaux. Étrangers, allez
« les voir, ils vous accableront de caresses et de
« questions. Retournez-y, il semble qu'ils ne vous
« aient jamais vus. Ils parcourent les rues avec leurs
« esclaves et leurs bouffons... Devant ces familles
« oisives, marchent d'abord des cuisiniers enfumés,
« ensuite des esclaves avec les parasites. Le cortége
« est fermé par des eunuques, vieux et jeunes, pâles,
« livides, affreux.

« Envoie-t-on savoir des nouvelles d'un malade,
« le serviteur n'oseroit rentrer au logis avant de
« s'être lavé de la tête aux pieds. La populace n'a
« d'autre abri pendant la nuit que les tavernes ou
« les toiles tendues sur les théâtres : elle joue aux
« dés avec fureur, ou s'amuse à faire un bruit
« ignoble avec les narines [2].

« Ceux qui s'enorgueillissent de porter les noms
« des Reburri, des Faburri, des Pagoni, des Geri,

---

[1] Les Romains, sous le règne de Trajan, d'Antonin-le-Pieux et de Marc-Aurèle, ressembloient déjà beaucoup aux Romains dont parle Ammien Marcellin. Lucien, qui vivoit sous ces empereurs, nous a laissé dans le *Nigrinus* un tableau des mœurs romaines dont l'historien semble avoir emprunté plusieurs traits : le premier s'étend seulement davantage sur le goût pour les chevaux, sur le luxe, les funérailles, les testaments, etc.

[2] Amm. Marcell., lib. xlv.

« des Dali, des Tarrasci, des Perrasi, vont aux
« bains, couverts de soie et accompagnés de cin-
« quante esclaves. A peine entrés dans la piscine, ils
« s'écrient : « Où sont mes serviteurs ? » S'il se trouve
« quelque créature jadis usée au service du public,
« quelque vieille qui a trafiqué de son corps, ils
« courent à elle et lui prodiguent de sales caresses.
« Et voilà des hommes dont les ancêtres admones-
« toient un sénateur pour avoir donné un baiser à
« sa femme devant sa fille ! Les prétendez-vous sa-
« luer, tels que des taureaux qui vont frapper de
« la corne, ils baissent la tête de côté, et ne laissent
« que leur genou ou leur main au baiser de l'humble
« client. . . . . .

« Au milieu des festins, on fait apporter des ba-
« lances pour peser les poissons, les loirs et les
« oiseaux. Trente secrétaires, les tablettes à la main,
« font l'énumération des services. Si un esclave ap-
« porte trop tard de l'eau tiède, on lui administre
« trois cents coups de fouet. Mais si un vil favori
« a commis un meurtre : Que voulez-vous ? dit le
« maître ; c'est un misérable ! Je punirai le premier
« de mes gens qui se conduira ainsi.

« Ces illustres patrices vont-ils voir une maison
« de campagne ou une chasse que les autres exécu-
« tent devant eux ; se font-ils transporter dans des
« barques peintes, par un temps un peu chaud, de
« Putéoles à Cajète, ils comparent leurs voyages à
« ceux de César et d'Alexandre. Une mouche qui se
« pose sur les franges de leur éventail doré, un
« rayon de soleil qui passe à travers quelque trou

« de leur parasol, les désolent; ils voudroient être
« nés parmi les Cimmériens [1].

« Cincinnatus eût perdu la gloire de la pauvreté
« si, après sa dictature, il eût cultivé des champs
« aussi vastes que l'espace occupé par un seul des
« palais de ses descendants [2]. Le peuple ne vaut pas
« mieux que les sénateurs; il n'a pas de sandales
« aux pieds, et il se fait donner des noms retentis-
« sants; il boit, joue et se plonge dans la débauche;
« le grand cirque est son temple, sa demeure, son
« forum. Les plus vieux jurent par leurs rides et
« leurs cheveux gris, que la république est perdue,
« si tel cocher ne part le premier et ne rase habile-
« ment la borne. Attirés par l'odeur des viandes,
« ces maîtres du monde suivent des femmes qui
« crient comme des paons affamés, et se glissent
« dans la salle à manger des patrons [3]. »

La mollesse du peuple passa à l'armée : le soldat
préféroit la chanson obscène au cri de guerre; une
pierre, comme autrefois, ne lui servoit plus d'o-
reiller sur un lit armé, et il buvoit dans des coupes
plus pesantes que son épée [4]; il connoissoit le prix
de l'or et des pierreries; le temps n'étoit plus où

---

[1] Ubi si inter aurata flabella laciniis sericis insederint muscæ, vel per foramen umbraculi pensilis radiolus irruperit solis, queruntur quod non sunt apud Cimmerios nati. (Amm. Marcell., lib. xxviii, cap. iv, pag. 411. Lugduni Batavorum, 1693.)

[2] Quorum mensuram si in agris consul Quintius possedisset, amiserat etiam post dictaturam gloriam paupertatis. (*Idem* lib. xxii, cap. iv.)

[3] *Id.*, lib. xxviii, cap. iv.

[4] Cum miles cantilenas meditaretur pro jubilo molliores : et

un légionnaire ayant trouvé dans le camp d'un roi de Perse un petit sac de peau rempli de perles, les jeta, sans savoir ce que c'étoit, et n'emporta que le sac[1].

Le soldat romain quitta la cuirasse, abandonna le pilum et la courte épée : alors, nu comme le Barbare et inférieur en force, il fut aisément vaincu. Végèce attribue les défaites successives des légions à l'abandon des anciennes armes[2].

Les désordres de la police de Rome étoient extrêmes : on en jugera par un événement arrivé sous le règne de Théodose Ier.

Les empereurs avoient bâti de grands édifices où se trouvoient les moulins et les fours qui servoient à moudre la farine et à cuire le pain distribué au peuple. Plusieurs cabarets étoient élevés auprès de ces maisons; des femmes publiques attiroient les passants dans ces cabarets; ils n'y étoient pas plus tôt entrés qu'ils tomboient par des trappes, dans des souterrains. Là ils demeuroient prisonniers le reste de leur vie, contraints à tourner la meule, sans que jamais leurs parents pussent savoir ce qu'ils étoient devenus. Un soldat de Théodose, pris à ce piége, s'arma de son poignard, tua ses détenteurs, et s'échappa. Théodose fit raser les édifices qui couvroient ces repaires; il fit également

---

non saxum erat ut antehac armato cubile..... ; et graviora gladiis pocula, testa enim bibere jam pudebat. (AMM., lib. XXII, cap. IV.)

[1] *Id., ibid.*
[2] *De re milit.*, cap. X.

disparoître les maisons de prostitution où étoient reléguées les femmes adultères[1].

L'anarchie dans les provinces égaloit celle qui régnoit dans la capitale : Salvien déclare qu'il n'y a point de châtiment que ne méritassent les Romains ; il les compare aux Barbares, et les trouve inférieurs à ceux-ci en charité, sincérité, chasteté, générosité, courage. Il fait la description de la Septimanie : « Vignes, prairies émaillées de fleurs, vergers, campagnes cultivées, forêts, arbres fruitiers, fleuves et ruisseaux, tout s'y trouve. Les habitants de cette province ne devroient-ils pas remplir leurs devoirs envers un Dieu si libéral pour eux ? Eh bien ! le peuple le plus heureux des Gaules en est aussi le plus déréglé[2]. La gourmandise et l'impureté dominent partout. Les riches méprisent la religion et la bienséance ; la foi du mariage n'est plus un frein ; la femme légitime se trouve confondue avec les concubines. Les maîtres se servent de leur autorité pour contraindre leurs esclaves à se rendre à leurs désirs. L'abomination règne dans les lieux où des filles n'ont plus la liberté d'être chastes. On trouve des Romains qui se livrent à tous les désordres, non dans leurs maisons, mais au milieu des ennemis et dans les fers des Barbares.

« Les villes sont remplies de lieux infâmes, et ces lieux ne sont pas moins fréquentés par les

---

[1] Socrat., lib. v, cap. xviii.
[2] In omnibus quippe Gallis sicut divitiis primi fuere, sic vitiis. (Salv., *de Gubern. Dei*, lib. xii, pag. 230.)

« femmes de qualité que par celles d'une basse
« condition : elles regardent ce libertinage comme
« un des priviléges de leur naissance, et ne se pi-
« quent pas moins de surpasser les autres femmes
« en impureté qu'en noblesse [1].

« Il n'y a plus personne, continue le nouveau
« Jérémie, pour qui la prospérité d'autrui ne soit
« un supplice. Les citoyens se proscrivent les uns
« les autres : les villes et les bourgs sont en proie
« à une foule de petits tyrans, juges et publicains.
« Les pauvres sont dépouillés; les veuves et les
« orphelins opprimés. Des Romains vont chercher
« chez les Barbares une humanité et un abri qu'ils
« ne trouvent pas chez les Romains; d'autres, ré-
« duits au désespoir, se soulèvent et vivent de vols
« et de brigandage; on leur donne le nom de Ba-
« gaudes [2]; on leur fait un crime de leur malheur;
« et pourtant ne sont-ce pas les proscriptions, les
« rapines, les concussions des magistrats, qui ont
« plongé ces infortunés dans un pareil désordre?
« Les petits propriétaires, qui n'ont pas fui, se jet-
« tent entre les bras des riches pour en être secou-
« rus, et leur livrent leurs héritages. Heureux ceux

[1] Apud Aquitanicas vero quæ civitas in locupletissima ac nobilissima sui parte non quasi lupanar fuit? quis potentum ac divitum non in luto libidinis vixit? Quis non se barathro sordidissimæ colluvionis immersit? Haud multum matrona abest a vilitate ancillarum. (Salv., *de Gubern. Dei,* lib. vii, pag. 232.)

[2] Quos compulimus esse criminosos, imputatur his infelicitas sua : quibus enim aliis rebus Bagaudæ facti sunt nisi iniquitatibus nostris, nisi eorum proscriptionibus et rapinis qui exactionis publicæ in quæstus proprii emolumenta vertant? (Salv., *de Gubern. Dei,* lib. v, pag. 159.)

« qui peuvent reprendre à ferme les biens qu'ils
« ont donnés ! Mais ils n'y tiennent pas long-temps :
« de malheur en malheur, de l'état de colon où ils
« se sont réduits volontairement, ils deviennent
« bientôt esclaves [1]. »

Ce passage de Salvien est un des documents les plus importants de l'histoire ; il nous apprend comment l'état des propriétés et des personnes changea au sixième siècle, comment le petit propriétaire livra son bien et ensuite sa personne au grand propriétaire pour en recevoir protection. Cet effet violent de la nécessité se convertit en usage, et bientôt en loi : on donna son *aleu* au Barbare, qui le rendit en *fief*, moyennant service ; et ainsi s'établit la mouvance et la propriété féodale.

Il faut joindre aux causes de la destruction des lois et des mœurs païennes une dernière cause, puissante dans les hauts rangs de la société : la philosophie.

Je vous ai déjà fait observer que les sectes philosophiques étoient au paganisme ce que les hérésies étoient au christianisme, dans le rapport inverse de la vérité à l'erreur. La vérité philosophique ne fut dans son origine que la vérité religieuse, ou, pour parler plus correctement, la philosophie, qui prit naissance dans les temples, fut d'abord cultivée en secret par les prêtres. La vérité philosophique (indépendance de l'esprit de l'homme dans la triple science des choses intellectuelles, morales

---

[1] Coloni divitum fiunt... in hanc necessitatem redacti ut et jus libertatis amittant. (*De Gubern. Dei*, lib. x, cap. v, pag. 169.)

et naturelles) se dut trouver altérée, selon le temps et les lieux. Les hommes placés au berceau du monde, cherchèrent et crurent découvrir les lois mystérieuses de la nature dans la cause la plus agissante sous leurs yeux.

Ainsi les prêtres de la Chaldée regardèrent la lumière dont ils étoient inondés dans leur beau climat, comme une émanation de l'âme universelle; bientôt ils attribuèrent aux astres qu'ils observoient une influence toute particulière sur l'homme et sur la nature. La lumière, diminuant de force en s'éloignant de son foyer, créoit, sur son chemin du ciel à la terre, des êtres dont l'intelligence varioit selon le degré de fécondité qui restoit au rayon créateur. Le système des prêtres chaldéens donna naissance à la théorie des génies : les usages et les mœurs s'enchaînèrent à la marche des saisons.

Les mages, ne considérant dans la lumière que la chaleur, firent du feu le principe de tout. Et comme il y avoit, selon les mages, une matière brute qui résistoit à l'action du feu, de là les deux principes : l'esprit et la matière, le bien et le mal. Par le feu ou la chaleur se reproduisoient l'âme humaine et les génies de la religion secrète des Chaldéens.

Les prêtres d'Égypte se persuadèrent, au bord du Nil, que l'eau étoit l'agent d'une âme universelle pour la reproduction des corps. Ayant remarqué qu'il y a dans l'homme un esprit et dans l'animal un instinct, ils en conclurent une intelligence qui tend à s'unir à la matière, cette intelligence, voulant toujours produire des choses parfaites, et la matière s'opposant toujours à la perfection. Mais il paroît qu'ils regardoient le bon et le mauvais principe comme également matériels, ce qui faisoit une doctrine d'athéisme et de matérialisme chez le peuple le plus superstitieux de la terre.

Aujourd'hui que les Indes nous sont mieux connues, que leurs langues sacrées sont dévoilées aux savants de l'Europe, nous trouvons dans ces immenses régions des systèmes métaphysiques de toutes les sortes, des cultes de toutes les formes, même de la forme chrétienne ; nous trouvons trois principes excellents, bien que mêlés de choses extravagantes : l'existence d'un Dieu suprême, l'immortalité de l'âme, et la nécessité morale de faire le bien.

Mais cette nécessité morale de la philosophie indienne eut une conséquence aussi inattendue que désastreuse : d'après la nécessité du bien, l'âme de l'homme devoit retourner au sein de Dieu, si elle pratiquoit la vertu, ou s'emprisonner dans d'autres corps sur la terre, si elle s'étoit abandonnée aux vices. Ce cercle inévitable de la société religieuse rendit la société politique stationnaire ; tout s'incrusta dans des castes qui ne remuoient pas plus que ces bonzes fixés des jours entiers dans la même attitude, par esprit de sacrifice et de perfection. Ce que le matérialisme opéra en Chine et la superstition en Égypte, la philosophie l'accomplit aux Indes : elle ligatura l'homme dans son berceau et dans sa tombe.

La haute science fut donc captive dans les colléges sacerdotaux de la Chaldée, de la Perse, des Indes et de l'Égypte. Rendons justice aux Grecs; ils tirèrent la philosophie du fond des temples, comme le christianisme la fit sortir des écoles philosophiques. Ainsi la philosophie fut pratiquée secrètement par les prêtres, c'est son premier pas; elle fut étudiée par quelques hommes supérieurs de la Grèce hors des sanctuaires, c'est son second pas; elle fut livrée à la foule par les chrétiens, c'est son troisième et dernier pas.

Les Grecs qui dérobèrent les premiers la philosophie aux initiations, furent des poëtes et des législateurs, tels que Linus, Orphée, Musée, Eumolpe, Mélampe. Ensuite vinrent, dans une société plus avancée, Thalès, Pythagore, Phérécide. Voyageurs aux Indes, en Perse, en Chaldée, en Égypte, ils pénétrèrent leurs systèmes des doctrines qu'ils avoient étudiées chez les prêtres de ces contrées. Thalès, comme les Égyptiens, admit l'eau pour élément général, et devint le chef de la philosophie expérimentale; une des branches de son école donna naissance à la philosophie morale personnifiée dans Socrate. Pythagore engendra la philosophie intellectuelle que divinisa Platon. Aristote, esprit positif et universel, supposa une matière éternelle, et des formes mathématiques invariables renfermées dans cette matière. Le monde finit par se partager entre les deux écoles de Platon et d'Aristote, entre le système des formes et celui des idées.

Les conquêtes d'Alexandre répandirent la philosophie grecque sur le globe, où elle s'enrichit de nouvelles connoissances.

« Alexandre commanda à tous les hommes vi-
« vants d'estimer la terre habitable être du pays,
« et son camp en est le château et le donjon; tous
« les gens de bien, parents les uns des autres, et
« les méchants seuls étrangers : au demeurant, que
« le Grec et le Barbare ne seroient point distingués
« par le manteau, ni à la façon de la targe, ou au
« cimeterre, ou par le haut chapeau; mais remar-
« qués et discernés, le Grec à la vertu et le Barbare
« au vice, en réputant tous les vertueux Grecs, et
« tous les vicieux Barbares. . . . .
« . . . . . Quel plaisir de voir ces belles et saintes
« épousailles, quand il comprit dans une même
« tente cent épousées persiennes, mariées à cent
« époux macédoniens et grecs, lui-même étant cou-
« ronné de chapeaux de fleurs, et entonnant le pre-
« mier le chant nuptial d'Hyménéus, comme un
« cantique d'amitié générale[1]! »

Amyot, qui introduit ici, sans le savoir, la langue et le reflet des mœurs de son siècle dans la peinture de l'âge philosophique et poli de la Grèce, n'ôte rien à la vérité des faits, et leur ajoute un charme étranger. Il n'est point de mon sujet d'entrer dans le détail des sectes philosophiques[2]; mais

---

[1] Plutarq., *de la fortune d'Alexandre*, trad. d'Amyot.

[2] L'*Essai historique sur les Révolutions* contient un aperçu rapide de ces sectes; on peut consulter, dans cet ouvrage, le tableau

je dois rappeler que la philosophie de Platon, mêlée aux dogmes chaldéens et aux traditions juives, s'établit à Alexandrie sous les Ptolémée : tous les systèmes, toutes les opinions convergèrent à ce centre de lumières et de ténèbres dont le christianisme débrouilla le chaos.

La philosophie des Grecs introduite à Rome, ébranla le culte national dans la ville la plus religieuse de la terre. Le poëte satirique Lucile, l'ami de Scipion, s'étoit moqué des dieux de Numa, et Lucrèce essaya de les remplacer par le voluptueux néant d'Épicure. César avoit déclaré en plein sénat qu'après la mort rien n'étoit, et Cicéron, qui, cherchant la cause de la supériorité de Rome, ne la trouvoit que dans sa piété, disoit, contradictoirement, qu'à la tombe finit tout l'homme. L'épicurisme régna chez les Romains durant la majeure partie du premier siècle de l'ère chrétienne; Pline, Sénèque, les poëtes et les historiens l'attestent par leurs écrits, leurs maximes et leurs vers. Le stoïcisme prit le dessus quand la vertu fut élevée à la pourpre.

Ces diverses philosophies, qui ne descendoient point dans le peuple, décomposoient la société; elles ne guérissoient point la superstition des esclaves, et ôtoient la crainte des dieux aux maîtres. Les arts magiques plus ou moins mêlés aux dogmes scolastiques, la théurgie et la goétie ramenoient

synoptique que j'en ai dressé (t. 1, p. 429). On le pourra corriger à l'aide du *Manuel de l'histoire de la philosophie* de Tenneman, traduit excellemment par M. Cousin.

des erreurs tout aussi déplorables que les mensonges de la mythologie.

Les philosophes, tantôt chassés de Rome, tantôt rappelés, devenoient des personnages importants ou ridicules qui se prêtoient complaisamment aux idolâtries, aux mœurs et aux crimes de leurs siècles. On en remarque auprès de tous les tyrans ; on en trouve au milieu des débauches d'Élagabale : il est vrai que, pour l'honneur de la vertu, ceux-ci se voiloient la tête comme Agamemnon se couvroit le visage au sacrifice de sa fille [1] : Plotin même assistoit aux désordres de Gratien.

Ces sages s'attribuoient des dons surnaturels : depuis Apollonius, qui se transportoit par l'air où il vouloit, jusqu'à Proclus, qui conversoit avec Pan, Esculape et Minerve, il n'y a pas de miracles dont ils ne fussent capables. L'affectation des allures de leur vie rendoit suspect le naturel de leurs principes. Ménédus de Lampsaque paroissoit en public vêtu d'une robe noire, coiffé d'un chapeau d'écorce où se voyoient gravés les douze signes du zodiaque ; une longue barbe lui descendoit à la ceinture, et monté sur le cothurne, il tenoit un bâton de frêne à la main ; il se prétendoit un esprit revenu des enfers pour prêcher la sagesse aux hommes [2].

Anaxarque, maître de Pyrrhon, étant tombé

---

[1] Erant amici improbi, et senes quidam et specie philosophi, qui caput reticulo componerent. (Lamprid., *in vit. Elag.*, p. 105.)
[2] Suid.; Athen., lib. iv, pag. 162.

dans une ravine, Pyrrhon refusa de l'en retirer, parce que toute chose est indifférente de soi, et qu'autant valoit demeurer dans un trou que sur la terre [1].

Lorsque Zénon marchoit dans les villes, ses amis l'accompagnoient de peur qu'il ne fût écrasé par les chars : il ne se donnoit pas la peine d'échapper à la fatalité [2]. Diogène faisoit le chien dans un tonneau ; Démocrite s'enfermoit dans un sépulcre [3] ; Héraclite broutoit l'herbe de la montagne [4] ; Empédocle, voulant passer pour une divinité, se précipita dans l'Etna ; le volcan rejeta les sandales d'airain de l'impie, et la fourbe fut découverte [5].

Ces sophistes, de même que les hérésiarques, se livroient à toutes sortes de folies ; des platoniciens se tuoient comme les circoncellions, et des cyniques bravoient la pudeur comme les priscilliens. Dans les écoles d'Athènes et d'Alexandrie, les maîtres méloient le peuple à leurs factions ; leurs disciples couroient au-devant des nouveau-venus pour les attirer à leur doctrine, criant, sautant, frappant, à l'instar des furieux.

Lucien représente Ménippe affublé d'une massue, d'une lyre et d'une peau de lion, et s'écriant : « Je te salue, portique superbe, entrée de mon

---

[1] Laert., lib. *in Pyrrhon.*
[2] *Id.*, lib. vii.
[3] *Id.*, lib. ix, *in Dem.*
[4] *Id., in Heracl.*
[5] *Id.*, lib. viii ; Lucian. ; Strab., lib. vi.

« palais! » Ensuite Ménippe raconte à Philonide que, fatigué de l'incertitude des doctrines, il s'adressa à un disciple de Zoroastre. Ce magicien par excellence, appelé Mithrobarzanes, avoit de longs cheveux et une longue barbe. Il prit Ménippe, le lava trois mois entiers dans l'Euphrate, en suivant le cours de la lune et marmottant une longue prière; il lui cracha trois fois au nez, le plongea de l'Euphrate dans le Tigre, le purifia avec de l'ognon marin, le ramena chez lui à reculons, l'arma de la massue, de la lyre, de la peau du lion, et lui recommanda de se nommer à tout venant, Ulysse, Hercule ou Orphée. L'initiation achevée, Ménippe descendit aux enfers conduit par Mithrobarzanes. Là, Tirésias lui conseilla de quitter les chimères philosophiques, en lui disant : « La meilleure vie est « la plus commune. »

Les sectes à l'encan offrent le tableau complet des diverses sectes. Jupiter fait préparer des siéges; Mercure, investi de la charge d'huissier, appelle les marchands pour acheter toutes sortes de vies philosophiques; on fera crédit pendant une année, moyennant caution. Jupiter ordonne de commencer par la secte italique.

MERCURE.

Holà, Pythagore! descends et fais le tour de la place. Voici une vie céleste : qui l'achètera? qui veut être plus grand que l'homme? qui veut connoître l'harmonie des sphères et revivre après sa mort?

UN MARCHAND.

D'où es-tu ?

PYTHAGORE.

De Samos.

LE MARCHAND.

Où as-tu étudié ?

PYTHAGORE.

En Égypte, chez les sages.

LE MARCHAND.

Si je t'achète, que m'apprendras-tu ?

PYTHAGORE.

Je te ferai souvenir de ce que tu sus autrefois.

LE MARCHAND.

Comment cela ?

PYTHAGORE.

En purifiant ton âme.

LE MARCHAND.

Comment l'instruiras-tu ?

PYTHAGORE.

Par le silence. Tu seras cinq ans sans parler.

LE MARCHAND.

Après ?

PYTHAGORE.

Je t'enseignerai la géométrie, la musique et l'arithmétique.

LE MARCHAND.

Je sais celle-ci.

PYTHAGORE.

Comment comptes-tu ?

LE MARCHAND.

Un, deux, trois, quatre.

PYTHAGORE.

Tu te trompes : quatre est dix, le triangle parfait et le serment, etc.

(On déshabille Pythagore, et l'on découvre qu'il a une cuisse d'or. Trois cents marchands l'achètent dix mines.)

(On appelle Diogène.)

UN MARCHAND.

Que pourrai-je faire de cet animal, sinon un fossoyeur ou un porteur d'eau?

MERCURE.

Non pas, mais un portier : il aboie, et il se nomme lui-même un chien.

LE MARCHAND.

Je crains qu'il ne me morde; il grince des dents et me regarde de travers.

MERCURE.

Ne crains rien, il est apprivoisé.

LE MARCHAND.

Ami, de quel pays es-tu?

DIOGÈNE.

De tous pays.

LE MARCHAND.

Quelle est ta profession?

DIOGÈNE.

Médecin de l'âme, héraut de la liberté et de la vérité.

LE MARCHAND.

Maître, si je t'achète, que m'apprendras-tu?

DIOGÈNE.

Je t'enfermerai avec la misère, tu ne te soucieras ni de parents ni de patrie; tu quitteras la maison de ton père; tu habiteras quelque masure, quelque sépulcre, ou, comme moi, un tonneau. Ton revenu sera dans ta besace pleine de rogatons et de vieux bouquins : tu disputeras de félicité avec Jupiter; si l'on te fouette, tu n'en feras que rire.

LE MARCHAND.

Il faudroit que ma peau fût une écaille d'huître ou de tortue.

DIOGÈNE.

Voici ma doctrine : trouver à redire à tout, avoir la voix rude comme un chien, la mine barbare, l'allure farouche et sauvage, vivre au milieu de la foule comme s'il n'y avoit personne, être seul au milieu de tous, préférer la Vénus ridicule, et se livrer en public à ce que les autres rougissent de faire en secret. Si tu t'ennuies, tu prendras un peu de ciguë et tu t'en iras de ce monde : voilà le bonheur; en veux-tu?

Après Diogène, pour lequel on donne deux oboles, Mercure fait venir Aristippe; il est ivre et ne peut répondre. Mercure explique sa doctrine : ne se soucier de rien, se servir de tout, chercher la volupté n'importe où.

Héraclite et Démocrite, abrégé de la sagesse et de la folie, succèdent à Aristippe : l'un rit, l'autre pleure. Démocrite rit parce que tout est vanité, et que l'homme n'est qu'un concours d'atomes produits du hasard. Héraclite pleure parce que le plaisir est douleur, le savoir ignorance, la grandeur bassesse, la santé infirmité, le monde un enfant qui joue aux osselets, et se tourmente pour un songe. Héraclite regrette le passé, s'ennuie du présent, et s'épouvante de l'avenir.

Jupiter fait semondre Socrate.

UN MARCHAND.

Qu'es-tu?

SOCRATE.

Amateur de petits garçons et maître ès-arts d'aimer [1].

LE MARCHAND.

Dans ce cas, mon fils est trop beau pour que je te confie son éducation.

SOCRATE.

Je ne suis pas amoureux du corps, mais de l'esprit : quand je dormirois avec ton fils, il ne se passeroit rien de déshonnête.

LE MARCHAND.

Cela m'est fort suspect...

SOCRATE.

Je le jure par le chien et le platane.

LE MARCHAND.

Quelle est ta doctrine?

SOCRATE.

J'ai inventé une république, et je me gouverne d'après ses lois.

LE MARCHAND.

Que fait-on dans ta république?

---

[1] Le texte est plus net :

Παιδεραστής εἰμι, καὶ σοφὸς τὰ ἐρωτικά.

(Luc., *Vitar. Auct.*, pag. 193.)

SOCRATE.

Les femmes n'y appartiennent pas à un seul mari; chaque homme peut avoir commerce avec elles toutes.

LE MARCHAND.

Les lois contre l'adultère sont-elles donc abrogées?

SOCRATE.

Niaiseries.

LE MARCHAND.

Et qu'as-tu statué pour les beaux et jeunes garçons?

SOCRATE.

Ils deviendront le prix de la vertu, et leur amour sera la récompense du courage.

Socrate est vendu deux talents.

Épicure vient après Socrate : C'est, dit Mercure, le disciple du grand rieur Démocrite, et du grand débauché Aristippe; il aime les choses douces et emmiellées.

Chrysippe le stoïcien, à la barbe longue et aux cheveux courts, est présenté aux criées comme la vertu même, et le censeur du genre humain. Chrysippe est le seul sage, le seul riche, le seul éloquent, le seul beau, le seul juste; il explique au marchand ébahi qu'il y a des choses principales et des choses moins principales, des accidents et des accidents d'accidents; il lui prétend enseigner les syllogismes : *Le moissonneur, le dominant, l'électra, le masqué;* il lui prouve que lui marchand ne connoît pas son père, qu'il est une pierre ou un animal, un animal ou une pierre [1].

Le péripatéticien succède au stoïcien : il sait combien de temps vit un moucheron; à quelle profondeur les rayons du soleil pénètrent dans la mer, et quelle est l'âme des huîtres [2]. Le dialogue se termine à Pyrrhias (pour Pyrrhon).

LE MARCHAND.

Que sais-tu, Pyrrhias ?

LE PHILOSOPHE.

Rien [3].

LE MARCHAND.

Comment rien ?

LE PHILOSOPHE.

Parce que je ne sais pas s'il y a quelque chose.

LE MARCHAND.

Est-ce que nous n'existons pas ?

LE PHILOSOPHE.

Je ne sais [4].

LE MARCHAND.

Et toi, n'existes-tu pas ?

LE PHILOSOPHE.

Je le sais encore moins [5].

---

[1] Lapis est corpus : nonne et animal corpus est? Tu vero lapis et animal. (Lucian., *Vitar. Auct.*, pag. 197.)

[2] Quam profunde sol radios emittat in mare :
Denique qualem animam habeant ostra.
(*Id.*, pag. 198.)

[3] Ουδεν. (*Id., ibid.*)

[4] Ουδε τουτο οιδα. (*Id.*, pag. 108.)

[5] Πολυ μᾶλλον ετι τουτ' αγνοω. (*Id., ibid.*)

LE MARCHAND.

Je viens de t'acheter : n'es-tu pas à moi?

LE PHILOSOPHE.

Je m'abstiens et je considère [1].

LE MARCHAND.

Suis-moi, tu es mon esclave.

LE PHILOSOPHE.

Qui le sait?

LE MARCHAND.

Ceux qui sont ici.

LE PHILOSOPHE.

Est-ce qu'il y a quelqu'un ici?

LE MARCHAND.

Je te prouve que je suis ton maître. (*Il le bat.*)

LE PHILOSOPHE.

Je m'abstiens et je considère.

Lucien, dans l'*Hermotine* ou les *Sectes*, achève de ruiner l'échafaudage de l'orgueil de l'homme.

Ainsi se montroient, flétris et vaincus du temps, ces philosophes jadis l'honneur de l'humanité, ces sages qui, au milieu des nations souillées et matérialisées, avoient conservé les vérités de la science, de la morale et de la religion naturelle, jusqu'à ce qu'ils se corrompissent avec la foule, et par l'infirmité même de la sagesse.

Voilà la société romaine : ses générations étoient mûres; les Barbares se présentoient comme les faucheurs qui nous viennent des provinces éloi-

---

[1] Πολυ μαλλον ετι τουτ, αγνοω.
(Lucian., *Vitar. Auct.*, pag. 699.)

gnées pour abattre nos foins et nos blés; les chrétiens et les païens alloient tomber sur les sillons, selon le poids de leur valeur respective. L'homme attaché aux joies de la vie ne voyoit approcher le Frank, le Goth, le Vandale, qu'avec les terreurs de la mort, tandis que l'anachorète, le prêtre, l'évêque, cherchoient comment ils adouciroient les vainqueurs, et comment ils feroient des calamités publiques un moyen d'enrôler de nouveaux soldats sous l'étendard du Christ.

ÉCLAIRCISSEMENTS.

SUR ATTILA.

Le nom d'Etzel n'est évidemment que la forme teutonique du nom caucasien Attila. Les imprimés et les manuscrits ne varient point sur ce nom, trop connu des Romains pour qu'ils pussent l'altérer, et dont la composition et l'euphonie n'avoient rien d'étranger à leur oreille. Vous les voyez au contraire varier sans cesse dans les noms que leur ouïe saisissoit mal, et pour lesquels leur alphabet n'offroit pas de lettres composées. Ainsi ils écrivoient Gaiseric, Geiseric, Gizeric, Genzeric, etc. Le nom même de *Hun* s'altère; on le trouve souvent écrit *Chun* : les partisans de l'origine chinoise des Huns pourront en tirer une de ces inductions empruntées des langues, dont on fait aujourd'hui trop de cas. La science étymologique peut sans doute jeter quelque jour sur l'histoire, mais elle a aussi ses systèmes, souvent plus propres à brouiller les origines qu'à les déméler. Le philologue Brigant démontroit doctement que tous les idiomes de la terre dérivoient du bas-breton ; il lui paroissoit très probable qu'Adam et Ève parloient dans le paradis terrestre la langue qu'on parle à Quimper-Corentin ; seulement il ne savoit pas au juste si c'étoit avant ou après leur péché.

Pour revenir au nom d'Attila, la syllabe *la* n'est pas dans ce nom une adjonction latine : je ferai voir que les anciennes langues barbares avoient une foule de mots terminés par la voyelle *a*. Etzel est si peu le nom primitif d'Attila, que même, dans un chant de l'*Edda,* il est écrit *Attil*, en omettant la voyelle finale ; je citerai ce chant quand je parlerai de la poésie des peuples septentrionaux.

Quoi qu'il en soit, on lira avec un extrême plaisir les notes suivantes sur le poème des *Nibelüngen,* je les dois à la politesse et à l'obligeance de S. E. M. Bunsen, digne et savant ami de M. Niebuhr, ministre de S. M. le roi de Prusse à Rome, et dont une triste prévoyance de l'avenir m'a fait cesser trop tôt d'être le collègue.

NOTES

COMMUNIQUÉES PAR S. EXC. M. BUNSEN.

Le poëme épique germanique connu sous le titre de *Der Nibelunge Not*, c'est-à-dire «la fin tragique (ou les malheurs) des Nibelongs,» doit sa forme actuelle à un des premiers poëtes de la fin du douzième ou du commencement du treizième siècle : il n'est pas sûr que ce poëte fût *Wolfram von Eschenbach*, selon l'opinion générale, ou *Heinrich von Ofterdingen*, comme le croit M. Auguste Guillaume de Schlegel.

Le nom de *Nibelungen* est absolument ignoré. Le pays des *Nibelungen* (ce qui paroît signifier pays des brouillards) pourroit bien être la Norwége; mais, dans le poëme, les héros de la Bourgogne sont eux-mêmes appelés les *Nibelungen*.

Les personnages historiques qui se trouvent dans le poëme sont les suivants :

I. *Cinquième et sixième siècles.*

1. *Etzel* : c'étoit le nom original d'Attila (+ 545), comme l'a déjà remarqué Jean Müler dans son *Histoire de la Suisse* (I, 7, note 30). Ce nom signifie peut-être le prince de la Wolga, car ce fleuve est appelé *Etzel* par les Tartares. Entre les vassaux d'Etzel paroît le grand roi des Ostrogoths, Théodoric (+ 527), appelé dans le poëme *Dietrich* de Bern (Vérone). D'après l'histoire, il ne naquit que quatre ans

avant la mort d'Attila. Le poëme connoît encore *Irnfrid*, probablement *Hermenfrid*, roi de Thuringe, qui avoit pour épouse la nièce de Théodoric; et le roi des Ostrogoths, Vitiges, appelé *Wittich*. († 542).

2. A côté de ces personnages des cinquième et sixième siècles se trouve le margrave Rudiger de Pechlarn, personnage historique vivant vers la moitié du dixième siècle. Il étoit margrave du pays au-dessous de l'Ens (en Autriche).

Le poëme nomme *Blodel*, frère du roi des Huns, que l'histoire appelle *Bleda*.

3. *Gunther*, roi des Bourguignons, résidant à Worms, frère de Chriemhild, épouse de Sigfrid : Prosper Aquitanus a écrit ce qui suit en 431 :

« Gundicarium Burgundionum regem, intra Gallias ha-
« bitantem, Actius bello obtinuit, pacemque ei supplicanti
« dedit; qua non diu potitus est, siquidem illum Huni *cum*
« *populo suo ac stirpe* deleverunt. »

Le nom du frère *Giselher* se trouve dans un document du roi Gundobald, de l'an 517, parmi les rois de Bourgogne. Parmi les chevaliers de sa cour, *Volcher* rappelle le nom de *Talco*, qui assassina (en 577) Chilperich par ordre de Bunhild, sa belle-sœur.

4. *Sigfrid*, l'Achille du poëme, invulnérable comme le héros grec, à l'exception d'un seul endroit : Sigfrid, vainqueur des Nibelongs, d'un dragon et de la reine d'Ijenland, l'amazone Brunhild, qui devint épouse du roi Gunther et reine de Bourgogne. Son père, nommé *Sigmunt*, est roi des Pays-Bas (*Niderlant*), et réside à Santen, sur le Bas-Rhin.

Il est remarquable que le monument sépulcral du roi Siegbert (qui n'est qu'une autre manière d'écrire le même nom), élevé à Soissons, dans l'église de Saint-Médard, que ce prince avoit bâtie, montre le dragon sous les pieds du roi. La vie de ce malheureux prince offre encore une ressemblance avec celle du héros du poëme, en ce qu'il vainquit, comme Sigfrid, les Saxons et les Danois, et qu'il fut assassiné (en 575) à l'instigation de sa belle-sœur Frédégonde, comme Sigfrid, par les suggestions de Brunhild. Siegbert étoit roi d'Austrasie, dans laquelle se trouve *Santen. Guntran*, qui paroît être le même nom que Gunther ou *Gundar*, étoit son frère. Enfin la femme de Siegbert s'appelle *Brunehild*, fille du roi des Visigoths, Atanahild d'Espagne, qui fut assassinée en 613. La version de l'histoire du poëme, dans l'*Edda*, nomme Sigurd (Sigfrid) le premier époux de Brunehild.

Voilà tous les personnages du poëme : quelques-uns rappellent des noms, d'autres la vie et les faits d'hommes illustres chez les Bourguignons, les Franks et les Goths des cinquième et sixième siècles, à l'exception du margrave Rudiger, qui appartient à un cercle postérieur du neuvième et du dixième siècle : je citerai maintenant les principaux noms historiques de ces deux derniers siècles.

II. *Neuvième et dixième siècles.*

Le poëme nommé les *Russes* qui paroissent sur la scène en 862, les Hongrois et les Huns qui s'y montrent, d'après l'opinion ancienne, en 900. Entre les personnages qui accueillent les Bourguignons lorsqu'ils se rendent par la Bavière et l'Autriche chez Attila, en Hongrie, se trouve l'évêque *Piligrin* ou *Pilgerin de Passau* (en Bavière). C'est le grand apôtre des Hongrois. Il fut évêque d'une partie de Hongrie et d'Autriche, depuis 971 jusqu'à 991. Les Bourguignons le trouvent à Passau : il y reçoit *Chriemhild* comme sa nièce.

III. *Onzième et douzième siècles.*

Au onzième siècle seulement peut appartenir la mention des Polonais, et au *douzième* celle de la ville de *Vienne*, bâtie en 1162.

Le grand génie de ce douzième siècle, qui sut réunir ces éléments épiques, tels qu'ils s'étoient formés dans le cours de l'histoire des peuples germaniques, en attachant les héros de plusieurs époques au principal événement de l'histoire des Bourguignons, la défaite du roi Gunther par les Huns; ce grand génie, dis-je, a donné à son récit la couleur du moyen-âge féodal et chevaleresque. Le poëme n'est donc historique, à proprement parler, que pour ce temps même, et ne présente des époques antérieures que l'image transmise par la tradition populaire. Ainsi la cour de Gunther est celle d'un prince du douzième siècle : l'armure des héros, et toute la vie sociale, est celle du même temps : les Huns du cinquième siècle vivent comme les Hongrois du onzième.

Les notices détaillées sur l'origine et l'histoire de ce poëme épique (auquel on peut, avec beaucoup de probabilité, rapporter le passage célèbre de la vie de Charlemagne, « Item barbara et antiquissima carmina, quibus « veterum regum actus et bella canebantur, scripsit me-« moriæque mandavit ») ont été recueillies par les savants *frères Grimm*, dans leur journal, le *Deutsche Walder*. La meilleure dissertation sur son importance nationale et sa beauté épique est de *M. Aug.-G. Schlegel*, dans le Musée germanique (Deutsches Museum), publié par *M. Frédéric Schlegel*.

La première édition, faite en 1757 par *Bodmer*, fut dédiée à Frédéric-le-Grand, au génie duquel n'échappa point la grandeur de la conception de ce poëme, qui ne fut cependant apprécié par la nation qu'au commencement de notre siècle. Publié successivement par *Hagen* et *Zeume*, il a été dernièrement imprimé, d'après le manuscrit le plus ancien, avec un talent de critique éminent, par le célèbre philologue de Berlin, *M. Lachmann*.

Une traduction françoise de ce poëme, que les *Goëthe* et les *Schlegel* ont trouvé digne du nom de l'Iliade germanique, une traduction faite dans le style simple et naïf des chroniques, et précédée d'une notice historique et d'une analyse qui feroit ressortir la sublimité de la conception et les beautés de détail de cette épopée, obtiendroit un succès général. Elle demanderoit cependant un homme très versé dans la littérature allemande ancienne, pour bien comprendre la langue dans laquelle le poëme original est écrit.

EXTRAIT

DU POEME DES NIBELUNGEN,

Écrit en 4316 strophes de quatre vers rimés (espèce d'alexandrins), divisé en quarante *aventures*.

Gunther, fils de Danckart et d'Ute, roi de Bourgogne, résidant à Worms, avoit deux frères, *Gernot* et *Gieslher*, et une sœur, objet de leurs soins, nommée *Chriemhild*; leur cour étoit la première de ce temps, et les plus célèbres chevaliers y servoient : la jeune princesse étoit également célèbre dans tout le monde par sa beauté et la noblesse de son cœur. Elle eut un songe : elle rêva que, tenant dans ses mains un faucon, deux aigles se précipitoient sur lui et le tuoient. Sa mère lui expliqua ce songe : le faucon signifioit un noble chevalier qu'elle auroit pour époux, et qu'elle perdroit par une mort violente.

En ce temps-là, il y avoit à Santen un héros qui, par sa beauté et sa bravoure, surpassoit tous les chevaliers : *Sigfrid*, fils de *Sigmunt* et de *Sigelint*. Après avoir tué un dragon, dont le sang le rendoit invulnérable, à l'exception d'un endroit entre les deux épaules, après avoir vaincu les frères Nibelong et Schilbong, propriétaires d'un trésor, il alla à la cour de Worms pour demander la main de Chriemhild. *Hagen*, le premier des chevaliers du roi, s'y opposoit; mais Sigfrid ayant rendu deux grands services au roi, le roi lui promit de lui donner sa fille en mariage.

Le premier service fut de combattre les puissants ennemis de Gunther, les Saxons et les Danois; le second fut de l'aider à vaincre la célèbre amazone *Brunehild*, reine d'Isenlant; elle obligeoit tous ceux qui venoient demander sa main, de combattre trois fois avec elle; ils perdoient la tête s'ils étoient vaincus; ils obtenoient la reine pour épouse, s'ils réussissoient à la vaincre. Jusqu'ici tous avoient péri : Gunther auroit eu le même sort, si Sigfrid ne l'avoit assisté invisiblement : un habit magique, qu'il avoit enlevé à un nain, *Albrich,* gardien du trésor des Nibelongs, lui procura cet avantage.

Brunehild, vaincue, fut emmenée à Worms, où l'on célébra les noces de Gunther et de Sigfrid. La fière Brunehild ne permit pas à Gunther d'user de ses droits : lorsqu'il s'approcha d'elle, elle le lia, et lui fit promettre de n'attenter jamais à sa virginité. Mais Sigfrid aida encore son beau-frère à vaincre la belle amazone : ils attachèrent une nuit Brunehild sans qu'elle s'en aperçût; elle cria merci, et devint dès lors épouse obéissante de Gunther.

Dans la lutte avec Brunehild, Sigfrid lui enleva sa ceinture et l'emporta : cette ceinture fut la première cause de son malheur et de la chute de toute la maison de Bourgogne.

Chriemhild, ayant découvert cette ceinture, tourmenta son mari par sa jalousie, jusqu'à ce que celui-ci, dans un moment de foiblesse, et contre la parole donnée à Gunther, trahit le mystère : il donna la ceinture de Brunehild à sa femme, qui, de son côté, lui promit de la garder secrètement.

Quelque temps après, les deux princesses se rendirent à l'église; Brunehild ne voulut pas permettre à l'épouse de Sigfrid, qui avoit été présentée comme vassale de Gunther, d'entrer à côté d'elle. Chriemhild, offensée, lui montra la ceinture, et l'appela concubine de son mari. Brunehild jura de tirer vengeance de cet affront; elle accusa Sigfrid de s'être vanté d'avoir joui des faveurs de la reine : celui-ci prouva son innocence par un serment public. Le roi étoit satisfait, mais la reine appela Hagen, qui lui promit de la venger par la mort de Sigfrid. Il communiqua son dessein aux princes et au roi, qui céda aux insinuations du traître et aux larmes de sa femme. Hagen feignit la plus tendre amitié pour Sigfrid, et, voyant Chriemhild, qui n'oublioit point son rêve, inquiète sur le sort de son mari, il lui promit de ne s'éloigner jamais de lui, en ajoutant toutefois que cela paroissoit assez inutile, puisque le héros étoit invulnérable. Alors Chriemhild révéla à Hagen le point vulnérable, et marqua, par une croix rouge, l'endroit entre les épaules où le sang du dragon n'avoit pas pénétré.

Le succès de la trahison étant assuré, on arrangea une chasse sur une île du Rhin; et, lorsque le héros alla se désaltérer à une fontaine dans la forêt, Hagen le perça: il fit placer le corps inanimé de Sigfrid devant la porte de Chriemhild, qui, le lendemain, fut épouvantée de ce spectacle lorsqu'elle sortit de ses appartements.

La première partie du poëme se termine ici. Chriemhild vécut dans le deuil le plus profond pendant treize années, pleurant la perte de son mari et le trésor des Nibelongs, qu'on lui avoit enlevé.

Etzel, roi des Huns, ayant entendu parler de la gloire de Sigfrid et de la beauté de sa veuve, résolut, après la mort de sa première femme, *Helche*, de demander la main de Brunehild. L'idée de se remarier, et surtout à un païen, effraya Chriemhild : elle ne céda que lorsqu'un des vassaux allemands d'Etzel, le margrave Rudiger, lui promit de ne l'abandonner jamais, de l'aider à venger l'assassinat de son premier mari et l'enlèvement du trésor des Nibelongs.

Chriemhild épousa le roi des Huns, qui la reçut à Vienne.

Sa douleur continua, et sa soif de vengeance contre Hagen s'accrut. Elle feignit de mourir du désir de revoir ses parents. Etzel, pour la consoler, lui promit d'inviter toute la cour des Bourguignons à venir la voir. Gunther fut ainsi invité : Hagen lui conseilla de ne pas y aller, mais le roi partit avec mille soixante chevaliers et neuf mille de ses gens.

Arrivés au Danube, Hagen se fit prédire l'issue du voyage par les nymphes du fleuve, auxquelles il enleva leurs habits : elles lui déclarèrent que tous devoient périr dans cette expédition, hors le chapelain du roi. Hagen, pour faire mentir la destinée, précipita le prêtre dans le fleuve : mais celui-ci fut sauvé miraculeusement. Alors Hagen brisa le seul vaisseau sur lequel ils avoient traversé le Danube, et annonça à ses compagnons qu'ils ne retourneroient plus chez eux.

Etzel reçut ses hôtes avec cordialité ; mais la reine ne cacha pas sa fureur contre Hagen. Elle tenta de le faire tuer lui seul ; n'ayant pu réussir, elle résolut de les faire périr tous. Tandis que les héros de Bourgogne étoient assis à un banquet, le maréchal du roi arriva, tout ensanglanté, avec la nouvelle que ses neuf mille soldats avoient été massacrés par Blodel, frère d'Etzel, qu'il venoit de tuer. Hagen se lève, abat la tête du jeune prince, fils d'Etzel et de Chriemhild, assis à table, et se retire avec les autres Bourguignons au château qui leur avoit été assigné pour demeure. Les Huns envoyés par la reine, ne pouvant y pénétrer, mirent le feu aux quatre coins de la forteresse : les chevaliers de Bourgogne étouffèrent l'incendie sous les cadavres des ennemis, et ranimèrent leurs forces épuisées en buvant du sang, d'après le conseil de Hagen, ce qui leur donna une rage et un courage invincibles.

Le lendemain, Rudiger et Théodoric cherchèrent en vain à obtenir le libre retour des Bourguignons : Chriemhild voulut la tête de Hagen, mais le roi refusa fortement de le livrer à sa vengeance. Rudiger, dont la fille devoit épouser le prince Giselher de Bourgogne, fut forcé, comme vassal d'Etzel, de renouveler l'attaque : après une scène attendrissante entre ce prince et Hagen, auquel il donna son bouclier (touché de l'héroïsme de son ennemi, qui lui demanda ce dernier signe de son estime), il attaqua les héros de Bourgogne : le prince Gernot tomba entre ses mains; enfin, lui et Giselher périrent au même moment en combattant corps à corps l'un contre l'autre.

Les gens de Rudiger furent tous tués. Lorsque les vassaux de Dietrich, roi des Amelongs (Ostrogoths), apprirent cette nouvelle, ils demandèrent la permission d'enlever le corps du margrave. Le roi Gunther étoit disposé à le leur donner, mais Wolkner et Hagen exigèrent d'eux de venir le reconnoître parmi les autres morts. Ainsi commença une querelle qui eut pour suite un nouveau combat, où tous les hommes de Dietrich, envoyés vers les Bourguignons, restèrent sur la place.

Le grand prince des Amelongs s'avança alors vers Hildebrandt, le plus brave de ses compagnons. Il pria le roi de se livrer à lui avec le peu de héros qui vivoient encore : sous cette condition il promit de sauver leur vie.

Les fiers Bourguignons refusèrent de se rendre; le héros des Ostrogóths vainquit le roi et Hagen, l'un après l'autre, et les emmena liés devant Chriemhild, en l'exhortant à respecter leur vie. Chriemhild parla d'abord à Hagen seul, en lui promettant la vie sauve, s'il vouloit lui dire ce qu'étoit devenu le trésor des Nibelongs. Hagen refusa de trahir le secret tant que son roi vivroit. Chriemhild lui fit montrer aussitôt la tête de Gunther. En la voyant, Hagen lui dit qu'il avoit prévu sa cruauté, et qu'il avoit voulu la pousser jusqu'au meurtre de son propre frère: il lui déclara qu'elle ne sauroit jamais le secret, que maintenant lui seul possédoit, après la mort de tous les princes de Bourgogne.

A ces mots, Chriemhild saisit un glaive, et fit voler la tête du héros. Hildebrandt, compagnon de Dietrich, à qui la garde de Hagen étoit confiée, saisi d'horreur, assomma la reine. Ainsi périrent les Bourguignons, et Etzel resta seul avec Dietrich pour pleurer les morts.

J'ajouterai à ces notes, communiquées par S. Exc. M. Bunsen, que les Allemands ont une tragédie d'Attila, de Warner. Il existe une Vie d'Attila, écrite dans le douzième siècle par Juvencus Cæcilius Calanus Delmaticus, et une autre Vie écrite dans le seizième par Olaüs, archevêque d'Upsal. Il a paru dernièrement en Allemagne une Histoire des Huns.

FIN DU TOME SECOND.

TABLE DES MATIÈRES.

ÉTUDES HISTORIQUES.

Second Discours. — *Seconde partie.* De Julien à Théodose Ier.. Page 3

Étude troisième, ou troisième Discours sur la chute de l'empire romain, la naissance et les progrès du christianisme et l'invasion des Barbares. — *Première partie.* De Valentinien Ier et Valens, à Gratien et à Théodose Ier.. 71

Seconde partie.. 96

Troisième partie... 141

Étude quatrième. — *Première partie.* D'Arcade et Honorius à Théodose II et Valentinien III............ 163

Seconde partie. De Théodose II et Valentinien III à Marcien, Avitus, Léon Ier, Majorien, Anthême, Olybre, Glycérius, Népos, Zénon et Augustule............. 191

Étude cinquième. — *Première partie.* Mœurs des Chrétiens. Age héroïque.................................... 219

Seconde partie. Suite des mœurs des Chrétiens. Age philosophique. Hérésies...................................... 259

Troisième partie. Mœurs des Païens...................... 290

Éclaircissements... 337

FIN DE LA TABLE.

www.ingramcontent.com/pod-product-compliance
Lightning Source LLC
Chambersburg PA
CBHW060334170426
43202CB00014B/2777